지명을 읽으면 **성경**이 보인다

지명을 읽으면 **성경**이 보인다
❸ 여부스 성에서 수산 왕궁까지

초판 1쇄 발행 2014년 2월 10일 **초판 4쇄 발행** 2016년 10월 18일

지은이 한기채 **펴낸이** 연준혁

디자인 하은혜

펴낸곳 (주)위즈덤하우스 **출판등록** 2000년 5월 23일 제13-1071호
주소 경기도 고양시 일산동구 정발산로 43-20 센트럴프라자 6층
전화 031)936-4000 **팩스** 031)903-3893 **홈페이지** www.wisdomhouse.co.kr

값 17,000원
ISBN 978-89-94806-04-4 04230
      978-89-961233-9-2 (세트)

국립중앙도서관 출판시도서목록(CIP)

지명을 읽으면 성경이 보인다. 3. 여부스 성에서 수산 왕궁까지
/ 지은이: 한기채. — 고양 : 위즈덤로드 : 위즈덤하우스, 2014
p. ;   cm

위즈덤로드는 (주)위즈덤하우스의 기독교 전문 브랜드임

ISBN 978-89-94806-04-4 04230 : ₩17000
ISBN 978-89-961233-9-2 (세트) 04230

성서 역사[聖書歷史]
성서 지리[聖書地理]

233.09-KDC5
220.9-DDC21   CIP2014002059

지명을 읽으면 성경이 보인다

③ 여부스 성에서 수산 왕궁까지

한기채 지음

위즈덤로드

추천사

성경의 지명을 이해하면 성경이 새롭게 열린다. 하나님은 사람과 사건과 장소를 따라 일하신다. 성경에 나오는 모든 장소에는 의미가 있다. 하나님께는 우연은 없고 섭리만 있을 뿐이다. 저자는 성경의 지명에 의미를 부여해 줌으로써 성경을 잘 이해할 수 있도록 도와준다. 이 책은 만남의 책이다. 구약과 신약이 만나고, 하나님과 인물이 만나고, 장소와 사건이 함께 만나 구속사를 펼쳐간다. 저자는 설교자요, 학자요, 예술가다. 저자는 이 책 속에 성경과 지리와 그림과 문학을 함께 담았다. 그리고 무엇보다 하나님의 손길을 담았다. 이 책은 성경을 이해하도록 도와주는 안내자요, 성경을 읽는 눈을 열어주는 빛 같은 책이다.

강준민 | LA새생명비전교회 담임목사

성경의 바른 이해를 위해서는 무엇보다도 균형 있는 성경해석이 필요하다. 바른 성경해석 방법으로 빼놓을 수 없는 것이 성경의 지리적 요소이다. 이번에 출간된 한기채 목사의 「지명을 읽으면 성경이 보인다」는 그런 필요를 충족시켜주는 강해설교집이다. 성경의 지명 설명과 함께 삽입된 명화와 사진 그리고 지도들은 쉽고 재미있게 성경을 풀어주는 시청각 자료 역할을 톡톡히 하고 있다.

권혁승 | 서울신학대학교 구약학 교수, 성결교회성서연구원장

성경의 지형과 역사 그리고 신학이 자연스럽게 조화되어 구약의 맥을 심도 있게 묘사함으로써, 이스라엘은 하나님을 역사에서 계시하기 위하여 사용된 '시청각 자료실'임을 보여주는 저자의 통찰력에 놀라움을 금치 못할 뿐이다. 균형 잡힌 학문과 영성이 조화된 학자이자 목회자인 저자의 주도면밀한 이야기 형식의 접근을 통하여 성경을 입체적으로 이해함으로써 지금까지 경험하지 못했던 새로운 은혜의 세계를 경험하게 될 것이다.

이성훈 | 전 성결대학교 구약학 교수, 남부성결교회 담임목사

한기채 목사의 「지명을 읽으면 성경이 보인다」는 구약성경 전체를 사건이 일어난 현장의 이름을 키워드로 해서 풀었다. 누구나 한 번쯤 생각해 볼 수 있지만 아무나 성공할 수 없는 과제를 한 목사는 성공적으로 도전했다. 이 책을 통해 구약의 말씀이 그때 거기(there & then)에서 일어난 하나님의 말씀으로부터 지금 여기(here & now)의 말씀으로 현장감 있고 입체적으로 완벽하게 되살아났다.

이윤재 | 분당한신교회 담임목사

이 책은 성경의 지명과 성경 본문 그리고 오늘의 메시지가 절묘하게 결합된 수작이다. 성경의 내용을 지명을 중심축으로 해설하는 최초의 시도로 그 기발한 아이디어에 저절로 감탄이 나온다. 지명과 결부된 성경해석이라는, 성경해석의 새로운 지평이 성공적으로 펼쳐지고 있는 점도 놀랍다. 게다가 적절하게 제시된 관련 성화(聖畵)와 그에 대한 해박한 해설, 그리고 한기채 목사의 삶으로 해석된 진솔한 고백도 이 책의 독창성과 가치를 한껏 드높여준다. 모든 독자들을 성경의 세계로 초대하는 탁월한 시도로 보여서 적극적으로 추천한다.

차준희 | 한세대학교 구약학 교수, 한국구약학연구소장

한기채 박사의 학자적 탐구가 목회 현장에서의 영성적 통찰에 의해 열매를 맺어 「지명을 읽으면 성경이 보인다」라는 책으로 나왔다. 그래서 기대를 하게 된다. 고대 이방종교들이 신화에 근거한 것들이었다면, 특별히 신구약성경의 하나님 계시는 역사적 사건 위에 서 있다. 바로 그 구원사는 이스라엘이라는 지리적 공간과 그 시간에서 인간을 통해 일으키신 하나님의 사건으로 구성되었다. 그렇다면 성경의 배경인 지리와 지명을 바로 알고 깨닫는 것은 하나님의 계시를 바로 이해하는 통로가 된다. 이 책을 읽고 따라가다 보면 하나님의 섭리와 우리에게 주시는 메시지를 확인하게 될 것이다.

최종진 박사 | 전 서울신학대학교 총장, 한국기독교학회장

일러두기

·본문에 사용된 한글성경은 개역개정 제4판을 참조했습니다.

·지명 및 고유명사 표기는 개역개정판 한글성경의 표기에 우선하여 사용했습니다.

머리말

학창시절, 저는 지리를 지지리도 못했습니다. 지리 과목이 차지하는 비중이 다른 과목들에 비해 그렇게 크지 않았던 교육 현실도 그렇지만, 조그만 시골에 살면서 지리 과목을 굳이 열심히 해야 할 필요성을 별로 느끼지 못했던 것 같습니다. 그러나 미국에 유학을 갔을 때, 그들의 생활에서 지도와 날씨가 얼마나 중요한 비중을 차지하는가를 보면서 저도 차츰 그 생활에 익숙하게 되었습니다. 세계 각 지역을 여행하면서 지정학적인 요소가 얼마나 그들의 역사나 문화에 중요한 영향을 미치는가를 보면서 지리적인 요소와 삶의 양태에 대해 많은 관심을 갖게 되었습니다. 개인사에서 지리적인 요소가 차지하는 비중도 만만치 않지만, 성경의 이해에 있어서도 지정학적인 요소는 나라와 역사의 승패는 물론이고, 그 방향마저 좌우할 정도로 매우 중요한 역할을 하는 것을 보게 됩니다. 이것은 성경의 기록이 지정학적인 위치에서 생긴 사건 현장에서 나오기 때문입니다.

성경에 나오는 대부분의 지명들은 그곳에서 일어난 의미 있는 사건들을 설명하고 있습니다. 사건이 먼저 있었든지, 그 사건 때문에 이름이 그렇게 바뀌었든지 간에 사건과 지명이 서로 밀접한 관계에 있는 경우가 많습니다. 사건이 지명이 되고, 지명이 사건을 설명해 주는 함수관계를 이루고 있는 것입니다. 그러므로 어떤 지역과 그 지역을 배경으로 하는 사건을 하나님의 말씀 속에서 살펴보면 성경의 이야기가 살아 움직이며 더욱 현장감 있게 다가옵니다. 이런 면에서 성경은 지리학이라고 할 수 있습니다. 기독교 신앙은 역사적 신앙사건에 근거하고 있고, 거기에서 인물과 현장은 매우 중요하게 다루어집니다. 그러므로 신앙사건을 인물과 현장 중심으로 풀어내는 것은 말씀의 현장성을 높여 주고 그 말씀을 실천으로 옮기는 데 도움을 줍니다.

그러므로 성경의 지리를 아는 것이야말로 성경을 잘 이해할 수 있는 지름길이라 할 수 있습니다. 성경 현장을 답사하는 것은 책으로 읽고 귀로만 듣던 하나님의 말씀을 입체적으로 보고 느끼고 체험할 수 있는 기회를 갖는 것입니다. 성경 현장답사는 기독교 신앙인이라면 한 번쯤 계획하고 꿈꾸어 볼 가치가 있는 일입니다. 따라서 저는 이 가치 있는 일의 사전 답사 차원에서 성경의 순서와 지명을 따라가면서 그곳을 배경으로 어떤 사건들이 벌어졌는지 살펴보는 '지명강해'를 시도해 보았습니다. 물론 모든 지명을 다룰 수 없어서 선별하여 신앙적으로 중요한 사건이 일어난 지역을 골라서 엮어 보았습니다. 이 지명 강해의 여정을 따라가는 동안 어쩌면 우리는 뜨거운 모래바람 때문에 입속에서 어석거리는 모래를 느낄 수 있을지도 모르겠습니다. 또 어떤 때는 사건 속의 주인공과 함께 긴 여정 끝에 오아시스에 도달하여 달디단 물맛의 진수를 경험할 수도 있을 겁니다.

이 여정을 통해 성경의 사건들이 현장감 있게 전달되어 성경을 관념적·이론적으로만 이해하는 데서 그치는 것이 아니라, 성경에 대한 이해를 일상생활에 적용하고 실천하는 데 도움이 되기를 바랍니다. 저는 평소에 말씀을 효과적으로 전달하기 위해서 실물설교 방식인 '쇼엔텔'(show and tell, 보여 주며 말하기)을 즐겨했습니다. 여기에서도 지도

나 그림들을 동원하여 이해를 돕도록 하였습니다. 전개해 가는 방식
은 이야기식입니다. 성경을 이론이나 관념으로 풀어내지 않고 이야기
로 풀면 체험에 훨씬 가깝게 도달할 수 있습니다. 사실 신앙 체험에서
이야기가 나왔고, 이야기에서 상징으로, 그리고 이론이나 원리로 발
전합니다. 따라서 이론으로 체험을 나누기에는 너무 멀기 때문에 소
기의 목적을 달성하기가 어렵습니다. 이야기가 체험에 가장 가깝기
때문에 이야기 형식을 통해 생생한 경험인 감동, 긴장, 흥분, 실망, 반
전, 공감을 쉽게 나눌 수 있습니다. 더구나 성경이 기록되기 이전에
구전의 이야기로 오랜 세월 동안 전해진 것을 감안한다면 성경은 이
야기로 들어야 제 맛을 느낄 수 있는 것입니다. 그래서 저의 증언은
귀납법적 이야기식 강해설교라고 할 수 있습니다. 여기에서 말씀은
지도이고 성령은 위치를 조명하는 장치로 자동위성항법장치(GPS) 같
은 역할을 하고 있습니다.

지도 따라, 사람 따라, 사건 따라 말씀을 생동감 있게 경험할 수 있
는 기회를 누리시길 바랍니다.

지명을 읽으면 성경이 보인다 * 머리말

이 책이 이렇게 나오기까지 많은 분들의 수고와 도움이 있었습니다. 말씀을 경청해 준 중앙교회 성도님들, 원고 정리를 도와준 김재명 목사님, 추천해 주신 선후배 목사님들, 그리고 좋은 책을 만들어 주신 위즈덤하우스 박선영 부사장님과 편집부에 감사드립니다.

차례

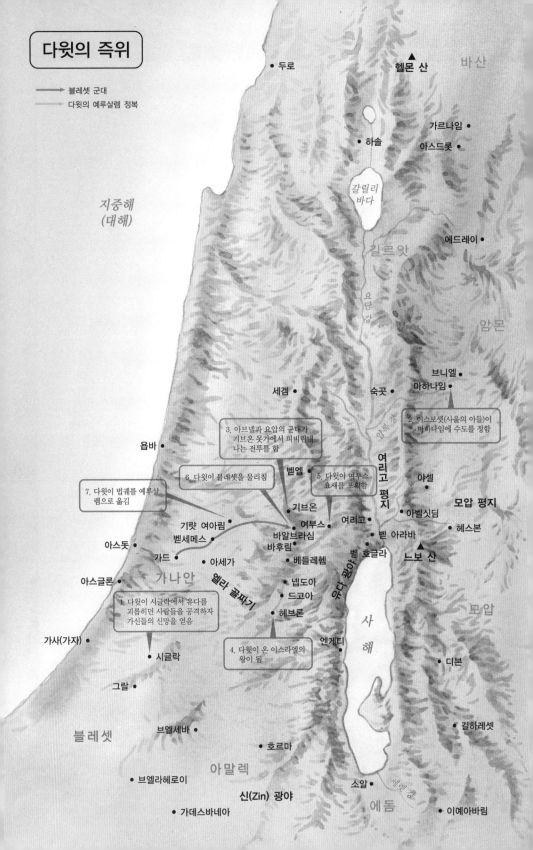

37 여부스 성 The Fortress of Jebus

다윗의 승승장구

사무엘하 5:1-10

하나님의 선민 이스라엘은 열두 지파로 구성되어 있습니다. 하지만 역사적으로 혹은 지리적으로 볼 때 남과 북에 거주하는 두 개의 큰 정치적 실체로 대별될 수 있습니다. 남쪽에서는 유다 지파가 맹주였는데 여기에 시므온 지파와 베냐민 지파가 가세하기도 했습니다. 북쪽에서는 에브라임 지파가 제일 강성했는데 그 지파를 중심으로 많은 지파들이 연합하고 있었습니다. 가나안 입성 때부터 두 세력은 주도권을 두고 경쟁해 왔고, 다윗 왕 때 비로소 통일왕국을 이루게 되었습니다. 하지만 그것도 오래 지속되지 못하고 애석하게도 솔로몬 왕 사후에 다시 남과 북으로 양분되고 말았습니다.

왕으로 추대된 다윗

다윗이 통일 왕국을 이루는 데는 상당한 시간이 소요되었습니다. 사울 왕과 그의 세 아들이 길보아 산에서 전사한 뒤에도 사울 왕가는 이스보셋과 군대장관 아브넬에 의해서 명맥이 유지되었습니다. 하지만 맹렬하게 공격하는 블레셋의 파상적 공세와 내분으로 얼마 가지 못해 자멸하고 말았습니다. 한편 남쪽에 있던 다윗은 헤브론에 도읍을 정하고 유다 지파의 왕으로 추대되었습니다. 다윗 치하에서 유다 지파는 안전과 평화를 누리게 되었습니다. 목자 잃은 양떼가 된 북쪽 지파는 그들의 구원자를 모색할 수밖에 없었고 그 답을 유다 지파의 다윗에게서 찾았습니다. 결국 다윗은 '유다' 지파뿐 아니라 북쪽 '이스라엘'의 왕이 되어 명실상부 통일왕국의 초대 왕이 되었습니다.

북쪽 지파의 장로들은 다윗이 그들의 "뼈와 살"임을 확인했고, 사울 치하에서도 실제적으로 백성을 지도하는 일과 군사적인 원정까지 다윗이 수행했다는 점을 들어 그의 자격이 충분함을 인정하였습니다. 이스라엘 모든 지파는 여호와 하나님이 다윗을 이스라엘의 목자와 지도자가 되게 하셨다고 하면서 왕이 되어 달라고 간청했습니다 (삼하 5:1-2).

북쪽 지파 사람들의 말을 통해 왕이란 어떤 직무를 지니고 있는지를 알 수 있습니다. 왕은 '목자' 같은 사람이어야 합니다. 목자는 양을 먹이는 자입니다. 사울처럼 자신만 먹이고 양을 돌보지 않으면 양은 다 흩어져 사나운 짐승들의 표적이 됩니다. 하지만 다윗은 남쪽과 북쪽 모든 지파의 양떼를 잘 먹일 수 있는 자격을 갖춘 참된 목자입니다.

왕은 또한 지도자입니다. 지도자는 히브리어로 '나기드'(nagid)인데, '말하다', '선포하다', '임명하다'는 의미인 동사 '나가드'(nagad)에서 파생

된 명사입니다. 그러므로 나기드는 '~으로 임명된 자', '~으로 선포된 자'로서, 이는 하나님에 의해서 특정한 사명을 위해 임명된 자라는 의미가 있습니다. '나기드'라는 호칭은 어떤 개인에 대해서 신성불가침한 특질을 부여하는 것이 아니라, 임명권자인 하나님께 책임을 져야 할 사람을 일컫는 말이라 할 수 있습니다. '나기드'는 왕이 아니라 왕자(prince)라는 뜻을 가지고 있습니다. 하나님만이 왕이시고, '나기드'는 하나님이 세우신 지도자입니다. 고대 근동의 왕이라는 개념과는 시작부터 다릅니다.

서두르지 말라

다윗은 왕이 되는 것을 서두르지 않았습니다. 때가 이르기를 기다렸습니다. 기다림의 표본을 보여 준다고 할 수 있습니다. 사무엘 선지자에 의해서 기름 부음을 받고 유다 지파의 왕이 되기까지 다윗에게는 17년이라는 연단과 훈련의 기간이 필요했습니다. 30세에 남쪽 유다의 왕이 되었지만 북쪽 지파들을 복종케 하려고 조급해하지 않았습니다. 37세가 되었을 때 북쪽 지파들이 제발로 찾아와 이스라엘의 왕이 되어 달라고 간청하였습니다. 결국 통일 왕국의 왕이 되어 33년 동안 이스라엘을 다스렸습니다. 전체적으로 보면 30세에 왕이 되어 헤브론에서 7년 동안 유다를 다스렸고, 37세부터는 예루살렘에서 유다와 이스라엘을 70세까지 다스렸습니다(삼하 5:5).

여호와 앞에 잠잠하고 참고 기다리라 자기 길이 형통하며 악한 꾀를 이루는 자 때문에 불평하지 말지어다 분을 그치고 노를 버리며 불평하지 말라 오히려 악을 만들 뿐이라 진실로 악을 행하는 자들은 끊어질 것이나 여호

와를 소망하는 자들은 땅을 차지하리로다(시 37:7-9)

이것은 다윗 자신의 인생에서 나온 간증입니다. 조급하여 원망하고 불평하게 되면 선보다 악을 이룬다는 점을 명심해야 합니다. 하나님은 영적 조숙아를 원치 않으십니다.

내가 여호와를 기다리고 기다렸더니 귀를 기울이사 나의 부르짖음을 들으셨도다 나를 기가 막힐 웅덩이와 수렁에서 끌어올리시고 내 발을 반석 위에 두사 내 걸음을 견고하게 하셨도다(시 40:1-2)

하나님의 시간이 되면 건져 주시고 안전하게 하시고 높여 주실 것입니다. 다윗은 이 기간에 인내하는 법을 배웠을 것입니다. 사실 사울 집권기 동안에도 실력으로 보나 하나님의 은총으로 보나 이스라엘의 실질적인 왕은 다윗이었습니다. 하지만 그는 하나님 앞에서 고요하게 기다렸습니다. 하나님의 뜻을 아는 것도 중요하지만 하나님의 때를 알고 기다리는 것도 중요한 덕목입니다.

성공을 이루는 자질 중 인내심이 거론되기도 합니다. 호아킴 데 포사다는 『마시멜로 이야기』에서 만족 유예의 법칙을 설명합니다. 눈앞에 먹음직스러운 마시멜로가 있음에도 불구하고 15분 동안 인내하고 참을 줄 아는 아이가 결국은 성공적인 삶을 산다는 것입니다. 더 큰 만족과 보상을 위해서 당장의 욕구 충족을 미룰 줄 아는 의지가 우리에게 있는가를 살펴보아야 합니다.

다윗은 샴페인을 터뜨릴 수 있는 여건이 되었지만 그렇게 하지 않았습니다. 오히려 하나님의 능하신 손 아래 자신을 낮추고 인내하며 더 좋은 날을 바라보았습니다. 자신을 지키고 믿음을 지켰습니다. 결국 전쟁을 벌이지 않고도 통일왕국의 왕이 되는 복을 누리게 되었습니다. 매사에 민첩하되 조급해하지는 말아야 합니다. 한 발자국씩 하나님의 인도하심을 따라 전진해야 합니다.

여부스 성 정복

통일 왕국의 왕이 된 다윗에게는 새로운 수도가 필요했습니다. 기존의 수도인 헤브론은 유다 지역의 중심이기는 하지만 통일 왕국의 입장에서 보면 너무 남쪽에 치우쳐 있습니다. 그렇다고 해서 북쪽 도시인 여리고, 길갈, 벧엘, 실로, 세겜 같은 곳도 수도로 삼기에 적절하지 않았습니다. 수도를 어디로 정하든지 분쟁과 갈등이 생길 여지가 있습니다. 그래서 다윗은 남쪽 유다 지역도 아니고 북쪽 이스라엘 지역도 아닌 제 3의 대안을 선택합니다. 다윗은 어느 한쪽 지파의 수장이 아니라 전체를 다스리는 왕이 되기 위해 중간 지대에 수도를 세웠습니다. 국토의 중앙에 있는 여부스 성을 정복하여 수도로 삼기로 한 것입니다.

당시 시온 산은 가나안 민족 여부스 사람들의 땅이었습니다. 요새 위에 세워진 산성이라 아직 정복되지 않은 땅이었습니다(수 15:63). 세겜, 벧엘, 예루살렘, 베들레헴, 헤브론은 중앙 산악 지대의 주요한 거점들입니다. 유다 산지 한가운데 있는 예루살렘은 지중해에서 동쪽으로 52킬로미터, 사해 북단에서 서쪽으로 24킬로미터 떨어진 해발 750미터 고지에 있습니다. 원래는 베냐민 지파에게 분배된 지역인데(수 18:11-28), 가나안 여부스 족이 여전히 점유하고 있었습니다. 사사기 1장 21절에는 "베냐민 자손은 예루살렘에 거주하는 여부스 족속

밀로 성벽 | 가나안의 한 부족으로 예루살렘 동부에 거주해 온 여부스 족속이 세운 성벽. 다윗은 여부스 족속의 시온 산성을 정복하여 다윗 성으로 삼으면서 이 밀로를 포함해서 성을 요새화하였다. 현재 다윗 성의 일부분으로 남아 있다.

을 쫓아내지 못하였으므로 여부스 족속이 베냐민 자손과 함께 오늘까지 예루살렘에 거주하니라"라고 기록되어 있습니다.

갈렙이 헤브론 산지를 차지한 것처럼, 다윗은 통일왕국의 왕으로서 여부스 성을 정복하여 새로운 성에 수도를 건설하고 싶었습니다. 그곳은 어느 지파에도 속해 있지 않고, 각 지파의 연합이 가능하며, 천연의 요새이자 교통 중심지이며, 기혼 샘이 있어 물의 확보가 용이한 곳이었습니다. 여부스 사람들의 요새를 차지하면 역으로 곧바로 이스라엘의 요새가 됩니다. 만약 남북한이 통일된다면 통일한국의 수도는 비무장지대 어느 곳을 선택하는 것도 하나의 좋은 대안이 될

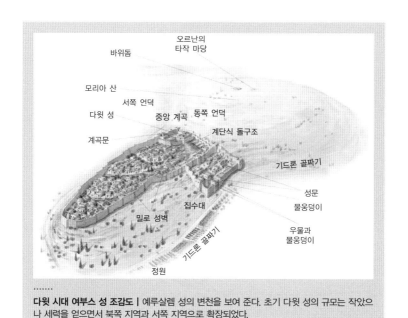

다윗 시대 여부스 성 조감도 | 예루살렘 성의 변천을 보여 준다. 초기 다윗 성의 규모는 작았으나 세력을 얻으면서 북쪽 지역과 서쪽 지역으로 확장되었다.

것입니다.

다윗과 그의 수종자들이 여부스 성을 공격하려 할 때 여부스 사람들은 다윗을 비난하고 조롱했습니다. "네가 결코 이리로 들어오지 못하리라. 맹인과 다리 저는 자라도 너를 물리치리라." 대치 상황에서 흔히 볼 수 있는 상대방에 대한 야유와 비난이었을 것입니다. 하지만 이 과정에서 이스라엘의 하나님 여호와의 이름을 조롱당한 것이 다윗을 격분시켰습니다. 골리앗이 자신의 장대한 신장과 무기를 믿고 이스라엘군과 여호와 하나님을 경멸할 때 그러했던 것처럼 말입니다. 여부스 사람들은 참되시고 살아 계신 하나님의 이름으로 나아오는 다윗을 알아보지 못하고, 시온 산성의 천혜의 조건과 그들이 섬기는 신을 의지했던 모양입니다. 다윗 군대를 조롱하려는 목적으로 실제로

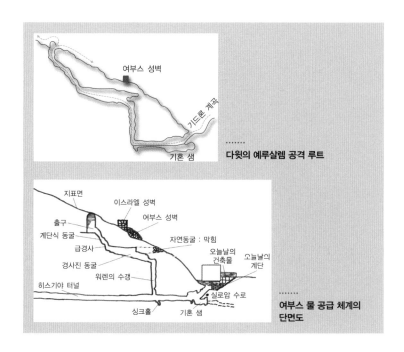

여부스 성벽

기드론 계곡

기혼 샘

다윗의 예루살렘 공격 루트

지표면

이스라엘 성벽

출구

여부스 성벽

계단식 동굴

급경사

자연동굴 : 막힘

오늘날의 건축물

오늘날의 계단

경사진 동굴

워렌의 수갱

히스기야 터널

실로암 수로

싱크홀

기혼 샘

여부스 물 공급 체계의 단면도

성벽 위에 맹인과 다리 저는 자를 군데군데 배치했을 수도 있습니다. 눈 감고 앉아서도 이길 수 있다는 허세를 부린 것입니다.

다윗은 시온 산성의 취약점이 바로 물길이라는 것을 파악하고 물길을 따라 습격했습니다. 1860년에 고고학자 워렌(Warren)이 예루살렘에서 수로를 하나 발견하였는데 시혼 샘에서 성 안까지 연결된 길이 69미터, 깊이 41미터의 수로였습니다. 외부로 드러나지 않았지만 이 물길을 통해 성 안으로 물이 공급되고 있었습니다. 너무 좁은 곳이라 군사가 그곳으로 들어오리라 상상도 못했을 것입니다. 자연히 방비도 허술했습니다. 다윗은 그들이 방심한 틈을 타서 그 수로를 통해 기습 공격을 했고 마침내 여부스 성을 정복했습니다. 여부스 족속에게 생명의 물을 공급하던 젖줄기가 죽음을 가져오는 통로가 된 것입니다. 다윗은 물길을 따라 올라가 여부스 성을 점령했고, 후에 히스기야는 터널을 만들어 앗시리아의 포위망으로부터 예루살렘을 지켜냈습니다.

새로운 수도, 예루살렘

똑같은 것이라도 사람에 따라 유리하게 또는 불리하게 작용합니다. 다윗은 군사들에게 물 긷는 데로 올라가 "자신이 미워하는 다리 저는 사람과 맹인을 치라"고 요구했습니다(삼하 5:8). 다윗이 실제로 장애인을 미워한다는 의미라기보다는 여부스 사람들의 조롱하는 말을 받아 여부스 사람들을 지칭한 것입니다. 그들이 의지하고 섬기는 신들이 눈이 있어도 보지 못하고 다리가 있어도 걷지 못한다는 의미에서 그런 소리를 한 듯합니다. 다윗이 절뚝발이 므비보셋을 왕궁에서 배려하는 것을 보면 그는 장애인이라고 해서 멸시하지 않습니다. 다윗은 '여부스 성'을 정복하고 '다윗 성', '시온 산성'이라 하다가, 정치적 입지가 확고해진 후 '예루살렘'이라 명명하였습니다. 아브라함 시대에는 '살렘'(창 14:18)이라고 불렸던 곳입니다. 다윗이 예루살렘을 정복한 것은 출애굽 후 300년이 지난 때였습니다.

　예루살렘 다윗 시티의 다윗 타워에서는 날씨가 좋은 날 저녁 시간에 레이저 쇼가 펼쳐집니다. 바위에 새겨진 역사를 보여 줍니다. 성벽에 레이저 영상을 비추어, 바위는 진실을 알고 있다고 하면서 바위가 말하는 이야기를 들려줍니다. 예루살렘을 중심으로 한 이스라엘의 전 역사가 펼쳐집니다. 다윗 이후로 모든 정복자가 예루살렘을 원했습니다. 예루살렘을 가진 자는 세계를 가진 자로 생각되었습니다. 다윗 왕조로부터 바벨론, 페르시아, 알렉산더 대왕, 로마 제국, 십자

군, 이슬람 살라딘, 오스만 터키, 나폴레옹, 영국, 아랍, 팔레스타인까지 모두 예루살렘을 원했지만 아무도 독점하지는 못했습니다. '평화의 도시'라는 이름 뜻을 가지고 있지만 예루살렘에는 아직 평화가 없습니다. 그래도 이스라엘인들은 서로 만나면 "샬롬"을 외칩니다. 역사의 아이러니입니다.

다윗의 성장 이야기

이새의 여덟 아들 중 막내아들, 아버지의 양을 돌보느라 양들의 꽁무니를 따라다니던 다윗, 그가 이제 통일 이스라엘의 초대 왕이 되었습니다. 예루살렘을 정복하여 다윗 성으로 삼고 수도를 정하였습니다. 역사적인 위업을 달성한 것입니다!

이제 정점에 올랐으니 내려가는 것뿐일까요? 하지만 하나님은 기왕에 주신 은혜 위에 더 큰 것을 주셨습니다. "만군의 하나님 여호와께서 함께 계시니 다윗이 점점 강성하여 가니라"(삼하 5:10). 다윗은 왕이 된 뒤에도 점점 강성하여 갔습니다. 히브리어 원어를 보면 '다윗은 더 큰 걸음과 더 넓은 마음으로 걸어갔는데 만군의 여호와께서 그와 함께하셨기 때문이다'라고 번역할 수 있습니다. '더 큰 걸음과 더 넓은 마음으로'('할로크 브가돌') 걸어가는 다윗을 상상해 보십시오. 왕이 된 뒤에도 다윗은 계속해서 성장했고 성숙해 갔습니다. 다윗 이야기는 전형적인 성장 이야기입니다.

그의 종 다윗을 택하시되 양의 우리에서 취하시며 젖양을 지키는 중에서 그들을 이끌어내사 그의 백성인 야곱, 그의 소유인 이스라엘을 기르게 하셨더니 이에 그가 그들을 자기 마음의 완전함으로 기르게 하셨더니 이에

그가 그들을 자기 마음의 완전함으로 기르고 그의 손의 능숙함으로 그들을 지도하였도다(시 78:70-72)

성경은 많은 성장 이야기를 담고 있습니다. 창세기의 요셉이 그러했고 다윗 역시 그러합니다. 통일 이스라엘의 왕이 되기 이전에 다윗은 7년 반 동안 헤브론에서 한 지파 유다의 왕이었습니다. 유다 왕이 되기 2년 전에는 광야에서 부랑자 600명을 이끄는 지도자였습니다. 그전에는 8년 동안 사울의 추격을 피해 도망자 생활을 했습니다. 사울을 피해 유대 광야 십 황무지(삼상 23장), 엔게디 동굴(삼상 24장), 하길라 산(삼상 26장), 마온 광야(삼상 25장)로 전전했습니다. 그러나 광야가 그를 더 크고 강하게 키웠습니다. 다윗이 그러했던 것처럼 환난이 당신을 넘어뜨리지 못하면 오히려 당신을 크게 만들어 줍니다.

성경을 통해 다윗이 어떻게 성장해 왔는지를 살펴보는 일은 우리에게 참으로 유익합니다. 다윗은 그 전에 궁정 악사로, 골리앗 킬러로, 목동으로 살았습니다. 다윗은 매사를 성장의 기회로 삼았습니다. 다윗은 매 사건을 경험하면서, 다음 사건으로 그 사건을 흡수 통합하면서, 그 전보다 더 다윗다워집니다. 우리 육체의 지도, 시간은 흘러가지 않고 축적됩니다. 몸이나 기억에 축적된 경험의 흔적은 남아 있습니다. 다윗은 사울의 적대감에도 비참해지지 않았고 오히려 자기 안에도 숨어 있는 사울을 제거하였습니다. 광야 생활에서 탈선하지 않았고 오히려 그것을 깨어짐의 학교로 삼았습니다. 과거의 명성을 우려먹고 사는 나태함에 빠지지 않고 날마다 새로운 마음으로 시작하였습니다. 모든 미움과 사랑과 고통은 그를 더욱 큰 사람으로 만들었습니다. 하나님은 특정한 일을 성취하는 것보다 그 일을 통하여 우리를 성장시키는 데 더 관심이 있으십니다. 우리의 과정이 하나님께는 목적인 셈입니다. 모든 실패와 고난은 성장을 위한 촉매제입니다.

다윗은 고난을 잘 승화하였습니다. 큰 아픔을 겪을 때 보복하려는 의지를 불태운 것이 아니라 오히려 끌어안는 포용 정책을 폈습니다. 그는 힘과 권위를 다른 사람을 파괴하거나 끌어내리는 데 사용하지 않았습니다. 모두 하나가 되게 하고 다른 사람을 섬기고자 하였습니다. 다윗은 단순히 변화된 것이 아니라 성장하였습니다.

이제 서른일곱의 다윗은 열일곱의 다윗보다 더 큰 사람입니다. 더 많이 찬양하고 더 바르게 판단하며 더 깊이 사랑하는 다윗, 더 다윗다운 사람, 하나님이 주신 자신의 인간성을 더욱 잘 실현하며 하나님을 영화롭게 하는 다윗이 되었습니다. 이와 같이 내가 성장하고 나의 세계가 커질수록 나의 하나님도 커집니다. 좁은 사람은 하나님조차 작게 만듭니다.

법궤를 모셔 옴

다윗은 이스라엘의 왕이 되어 예루살렘에 수도를 세우고 왕권을 세울 때 가장 먼저 하나님의 법궤를 예루살렘으로 모셔 오려 합니다. 다시 말해 하나님의 왕권을 예루살렘에 세우고자 하였습니다. 예루살렘이 정치적인 수도에 이어 영적인 수도가 되는 것이 그에게는 더 중요했습니다. 삶의 우선순위가 하나님께 있었기 때문입니다. 반면 사울 왕은 40년 동안 통치하면서 다른 일에 바빴습니다. '바쁜 아빠, 나쁜 아빠'라고 하는데, 사울은 무가치한 일에 바빴습니다. 삶을 밖으로 밖으로만 경영하였기에 늘 쫓기는 삶을 살았습니다. 내면이 허약한 사람의 전형이 되었습니다.

다윗과 사울의 다른 점이 바로 이것입니다. 이것은 엄청난 차이를 만들어냈습니다. 삶의 우선순위를 '하나님 제일주의'로 삼고, 소중한 일을 먼저 하면서, 내면을 충실히 가꾸면서, 안에서 밖으로 삶을 경영할 때 우리는 승승장구할 수 있습니다. 다윗은 블레셋에 빼앗겼던 법궤를 이스라엘의 새로운 수도인 예루살렘으로 가져와서 그것을 하나님 통치의 상징으로 삼으려고 했습니다. 예루살렘은 하나님이 통치하시는 곳, 그래서 하나님을 경배하는 곳이 될 예정이었습니다.

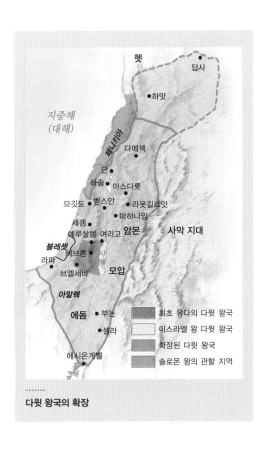

다윗 왕국의 확장

다윗은 이스라엘 무리 가운데 3만 명을 뽑아 법궤 이송팀을 짰습니다. 당시 법궤는 예루살렘 서쪽 16킬로미터 지점에 있는 기럇여아림이라는 작은 마을, 아비나답의 집에 20년간 머물러 있었습니다(삼상 7:1). 법궤가 이곳에 있게 된 까닭은 이렇습니다. 사사 시대 말기 엘리가 대제사장일 때였습니다. 이스라엘은 블레셋과의 전쟁에서 패하자 다시 전장에 나갈 때 실로에 있던 법궤를 가지고 에벤에셀까지 나

갔습니다. 법궤에서 신통한 능력이 나와 블레셋을 무찔러 주리라 기대했던 것입니다. 그러나 타락한 형식적인 신앙으로는 아무런 역사가 나타나지 않았습니다. 결국 이스라엘은 전쟁에 대패하고, 법궤도 빼앗기고, 홉니와 비느하스 제사장도 죽는 '이가봇'(하나님의 영광이 이스라엘에서 떠나다)이 되었습니다(삼상 4:1-11).

블레셋은 전리품인 법궤를 에벤에셀에서 옮겨 자기들의 진영인 아스돗 다곤 신전에 두었습니다(삼상 5:1). 자신들의 신 다곤의 승리를 자랑이나 하는 듯 말입니다. 아스돗은 지중해를 따라 텔아비브 남쪽 35킬로미터에 위치한 도시입니다. 그런데 아침에 일어나 보니 법궤 앞에서 다곤 신상이 처참하게 부서져 있었습니다.

여기부터 하나님의 법궤를 통해 하나님이 홀로 수행하시는 전쟁이 나옵니다. 블레셋은 법궤를 가드와 에그론으로 옮겼는데, 옮기는 곳마다 그 성읍 사람들이 환난을 당하게 되었습니다. 법궤가 들어가는 지역마다 재앙이 내리므로 블레셋 사람들은 법궤를 이스라엘로 돌려보내기로 하였습니다. 지극한 예를 갖추어 제사를 드리고 새 수레에 실어 벧세메스로 보내었고(삼상 6:13), 그래서 결국 법궤가 기럇여아림으로 돌아오게 된 것입니다(삼상 7:1). 그리고 그곳 아비나답의 집에서 20년간 있었습니다(삼상 7:2). 거의 방치된 것이나 다름없습니다.

이제 다윗은 사무엘도 사울도 시도하지 않았던 일을 시작합니다. 깨끗한 새 수레를 준비하여 법궤를 싣고, 아비나답의 두 아들 웃사와 아효로 하여금 수레를 몰게 하였습니다. 다윗과 온 이스라엘은 여호와 앞에서 여러 가지 악기를 연주하며 흥겹게 예루살렘으로 올라오고 있었습니다. 그런데 그때 큰 사단이 나고 말았습니다. 나곤의 타작마당에 이르자 소들이 날뛰기 시작했고, 법궤가 땅에 떨어질 듯 위태해지자 웃사가 손을 들어 하나님을 궤를 붙들었습니다. 이에 하나님이 진노하사 웃사를 쳐서 법궤 옆에서 죽게 하셨습니다. 참으로 알 수 없는 노릇입니다.

법궤 이송 실패의 원인

지금 법궤를 이송하는 일은 하나님 경외하는 것을 널리 퍼뜨리려 하는 것이고, 시골에 방치되어 있는 법궤를 다윗 성으로 모셔와 안치하려는 다윗의 선한 뜻도 분명합니다. 또 웃사가 법궤를 만진 것은 떨어지려는 법궤를 보호하려는 무의식적 행동이었을 텐데, 왜 하나님은 이렇게 반응하신 것일까요? 다윗은 이 일을 보면서 그곳을 '베레스웃사'라고 부르고 법궤 운송을 일시적으로 중단했습니다. 법궤는 가드 사람 오벧에돔의 집에서 석 달 동안 지내게 되었습니다.

■ 기도로 준비하지 못함

법궤 이송 실패의 원인이 무엇일까요? 우선 기도로 준비하지 않았기 때문입니다. 사실 다윗은 무슨 일을 하든지 항상 하나님께 기도로 묻고 순종했던 사람입니다. 그런데 어찌 된 일인지 이번 일에는 하나님께 물었다는 기록이 없습니다. 다윗은 사람들과 상의하고 자신의 생각대로 했습니다. "다윗이 천부장과 백부장 곧 모든 지휘관과 더불어 의논하고"(대상 13:1). 선한 일, 하나님의 일을 하는 것도 중요하지만 기도를 통해 하나님의 인도하심을 받아야 합니다. 사전에 기도로 철저히 준비하지 않았던 것을 실패의 첫째 이유로 들 수 있겠습니다.

■ 규례를 따르지 않음

다음은 규례대로 하지 않았다는 것입니다. 하나님은 당신을 섬기는 방법과 규례를 자세히 알려 주셨습니다. 민수기 4장과 7장에 보면 법궤를 포장하고 이송하는 규례가 잘 기록되어 있습니다. 칸 막는 휘장으로 법궤를 덮고, 그 위에 해달 가죽을 덮고, 그 위에 순청색 보자기를 덮도록 되어 있습니다. 그리고 레위 지파 중 고핫 자손이 그 법궤를 채를 꿰어 어깨에 메고 가야 합니다. 하지만 그들은 이런 절차를 무시했습니다.

수레로 운반한다는 생각도 잘못이었습니다. 이것은 블레셋 사람들이 먼저 선 보인 방식입니다. 수레에 실어 보내는 방법은 블레셋이 고

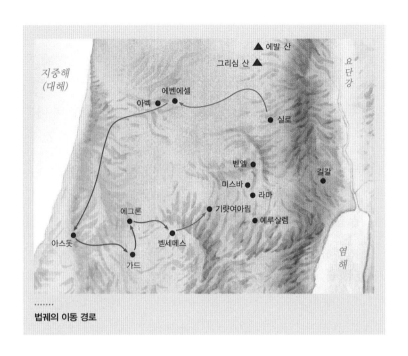

아벡 에벤에셀
에발 산 ▲
그리심 산 ▲
지중해
(대해)
실로
요단강
벧엘
미스바
라마
길갈
에그론
기럇여아림
예루살렘
아스돗
벤세메스
가드
염해

법궤의 이동 경로

안한 것입니다. 암소가 끄는 수레에 법궤를 실어 에그론에서 벧세메스로 보냈을 때 말입니다(삼하 6:10-16). 다만 사람이 옆에 함께하지 않았다는 것 빼고 말입니다. 그래도 법궤가 떨어지지 않고 정확하게 이스라엘 진영까지 왔습니다. 이것은 어디까지나 특별한 경우입니다. 하나님의 백성이 블레셋을 따라 해야 하겠습니까? 언제 하나님이 민수기에 말씀하신 것을 폐하셨습니까? 기럇여아림에서 예루살렘까지 18킬로미터나 되는 길을 도보로 이동하는 것은 너무 느리고 힘든 일이었을 것입니다. 물론 깨끗한 새 수레를 준비했겠지만 이것은 전적으로 인간의 생각이며, 거룩의 본질을 고려하지 않은 방법이었습니다. 정성도 없고, 거룩함과 경외심도 없고, 신비도 없습니다. 이것은 하나님의 법과 의지에 반하는 방법입니다.

■ 하나님의 방법으로 행하지 않음

하나님의 일을 하는 것도 중요하지만 하나님의 방법으로 행해야 합니다. 바른 목적도 중요하지만 바른 방법도 중요합니다. 목적이 수단을 정당화하지 않습니다. 하나님의 일을 한다고 해서 무례하게 행하거나 자신의 의지대로 해서는 안 됩니다. 하나님의 일을 하나님의 방법대로 해야 합니다. 목적도 좋아야 하지만 수단 역시 좋아야 합니다. 그것이 하나님의 일입니다. 하나님의 일을 할 때는 우리의 헌신이 필요합니다. 소에 실어 끌고 가는 방법으로는 안 됩니다. 속도나 효율만 중시해도 안 됩니다. 부흥은 땀과 눈물을 요구합니다. 믿음과 수고와 시간과 물질이 들어가야 합니다. 여기에서 궤를 옮기는 과정이 중요하다는 것을 배울 수 있습니다. 하나님이 가치 있게 생각하시는 것을 우리도 가치 있게 여기는 훈련이 필요합니다.

웃사에게도 책임이 있습니다. 하나님의 궤를 만지면 죽는다는 것을 알고 있었을 터인데, 그것을 경시했기 때문입니다. 그러므로 웃사는 하나의 경고입니다. 웃사는 갑자기 죽은 것이 아니라 오래 전부터 서서히 죽어 가고 있었습니다. 자기 집에 법궤가 있을 때부터 그렇게 대하는 것이 습관이 되었을 수도 있습니다. 거룩함에 자주 노출되는 사람들은 그것이 형식적으로 되는 것을 주의하지 않으면 안 됩니다. 성직을 일로 처리하고 경외심을 잃어버리게 되면 자신부터 죽습니다. 하나님의 거룩함을 드러내지 않고 자신을 과시하는 수단으로 삼으면 죽습니다. 어느덧 자기가 주인이 되고 하나님은 도구가 됩니다. 웃사는 마치 자신이 하나님의 보호자가 된 것처럼 행세를 한 것입니다.

다윗의 새로운 시도

즐거운 일이 되어야 할 법궤 이송이 웃사의 죽음으로 엉망이 되고 보니 이 일을 계획한 다윗 왕의 체면은 말이 아니게 되었습니다. 모였던 백성들은 눈치를 보면서 하나둘 자리를 떠나고 어느새 파장 분위기가 되고 말았습니다. 다윗은 실패의 이유를 알 수 없어서 처음에는 화를 내고 두려워했습니다. 하지만 다윗은 이런 실수를 계기로 일을 성찰할 수 있는 성숙한 안목을 지닌 사람이었습니다.

누구나 실수는 합니다. 실패를 통해 배우지 못하는 것이 안타깝고, 실패를 반복하는 것이 어리석은 것이지, 실패를 배움의 기회로 삼는다면 더 나아질 수 있습니다. 석 달 후 다윗은 하나님이 그 궤로 말미암아 오벧에돔의 집에 복을 주셨다는 것을 듣고 용기를 내어 다시 법궤를 옮기려 합니다. 이번에는 종전과 달랐습니다. 역대상 15장에 따르면, 다윗은 준비를 철저히 하고 말씀을 따라 정성을 다하여 법궤를 모셨습니다. 자신이 하나님의 말씀대로 하지 않아 어려움을 겪었다는 것을 뒤늦게 깨달았습니다. "다윗이 이르되 레위 사람 외에는 하나님의 궤를 멜 수 없나니 이는 여호와께서 그들을 택하사 여호와의 궤를 메고 영원히 그를 섬기게 하셨음이라"(대상 15:2). 그리하여 레위인들을 동원하고 그들을 성결하게 하고 규례를 가르쳐 소홀함이 없게 했습니다.

그 어떤 것도 순종을 대신할 수 없습니다. 하나님을 기쁘시게 하는 유일한 길은 하나님의 뜻에 온전히 순종하는 것입니다. 광야 시절 아론의 아들 나답과 아비후가 다른 불을 담아 여호와께 드리다가 죽게 된 것은 우리의 거울이 됩니다. 특별히 하나님 가까이에서 섬기는 자가 "하나님의 거룩함을 드러내야" 합니다.

사울이 하나님의 은총을 받아 이스라엘의 왕이 되었다가 폐위된 것은 불순종의 길을 고집했기 때문입니다. 아말렉을 진멸하라는 말씀에 순종하지 않았기 때문입니다. 하나님은 불순종하는 자의 희생을 받지 않으십니다. 순종이 제사보다 낫습니다. 모세도 말년에 큰 실수를 했습니다. 느비딤에서 물을 구하는 백성을 향하여 여호와의 거룩함을 드러내지 않고 짜증스럽게 반석을 쳐서 물을 공급했습니다. 그 일로 모세는 오매불망하던 가나안 땅을 먼 발치에서 바라보기만 하고 생을 마감해야 했습니다. 하나님은 능력이 부족해서 우리의 도움을 요구하시는 분이 아닙니다. 다만 우리의 순종을 원하실 뿐입니다.

웃사가 될 것인가, 오벧에돔이 될 것인가

이제 다윗은 친히 이송의 전반적 책임을 감당합니다. 관리자가 아니라 예배자라는 정체성을 분명히 하고 말입니다. 법궤 안에 들어 있는 십계명의 두 돌판, 만나, 그리고 아론의 싹난 지팡이는 하나님의 구원 역사를 보여 줄 뿐만 아니라 현재적인 여호와의 임재를 상징합니다. 다윗은 법궤 관리자가 아니라 예배자로서 행동합니다. 최선을 다해, 정성을 다해 법궤를 이송하려 합니다.

우리는 선택해야 합니다. 다윗이 될 것인가, 웃사가 될 것인가? 예배자가 될 것인가, 관리자가 될 것인가? 다윗은 예배자가 되기로 결심했습니다.

법궤가 오벧에돔의 집에 머무는 석 달 동안 하나님이 그의 집과 모든 소유에 복을 내리셨습니다(대상 14:14). 어떻게 오벧에돔은 이렇게 많은 복을 받았을까요? 그는 예배자의 모습으로 살았을 것입니다. 하나님의 임재를 상징하는 법궤 앞에서 웃사와는 정반대로 매일매일 자신의 삶을 돌아보고 거룩한 언행을 하며 '코람데오'의 정신으로 살았을 것입니다. 오벧에돔은 법궤 관리자가 아니라 예배자로서 살았습니다. 같은 법궤를 모셔도 웃사와 같이 죽음을 당하는 자와 오벧에돔과 같이 복을 받는 자가 있습니다.

다윗은 오벧에돔의 집에서 법궤를 모셔올 때 레위인들로 하여금 그것을 메게 했고, 첫 여섯 걸음을 뗀 뒤에 여호와 하나님께 소와 살진 것으로 제사를 드렸습니다(삼하 6:13). 다윗은 한 명의 예배자로서 여호와 앞에서 힘을 다하여 춤을 추었습니다. 그렇게 다윗과 온 이스라엘은 즐겁게 환호하고 나팔을 불고 여호와의 궤를 메고 예루살렘에 들어와 지정된 자리에 안치했습니다.

미갈의 어리석음

흥겨운 악기 소리에 맞추어 법궤가 예루살렘에 들어올 때 사울의 딸 미갈은 창문으로 다윗이 춤추는 것을 보게 되었습니다. 악대의 반주와 무리의 함성에 맞추어 다윗이 길거리에서 춤을 추고 있었습니다. 어찌나 힘을 다해 흔들어대는지 맨살이 드러날 지경이었습니다. 다윗은 법궤를 하나님의 임재의 상징으로 보고 왕이신 하나님이 예루살렘으로 돌아오심을 아이처럼 반기며 기뻐했습니다. 다윗은 다른 사람이 어떻게 생각하든, 이스라엘의 왕의 체면이 어떻든 전혀 개의치 않았습니다.

이런 다윗을 보며, 미갈은 처음에는 당황했고 다음에는 멸시하는 마음을 품었습니다. 미갈은 하나님을 기뻐하는 것보다 왕의 품위를 지키는 것에 더 관심이 있었습니다. '어찌하여 다윗은 왕다운 체통을

....
「법궤를 예루살렘으로 가져온 다윗 왕(King David brings the Ark into Jerusalem)」 1816, 루이지 아데몰로, 프레스코화.

지키지 못하고 저리 경망스럽게 구는가' 하고 부끄러워했습니다. 그래서 다윗이 백성들을 축복하고 돌려보낸 뒤에 자신의 가정을 축복하기 위해 들어오자 다짜고짜 마음에 품었던 말을 내뱉습니다. "이스라엘 왕이 오늘 어떻게 영화로우신지. 방탕한 자가 염치없이 자기의 몸을 드러내는 것처럼 오늘 그의 신복의 계집종의 눈앞에서 몸을 드러내셨도다." 조롱하며 비난하는 독설입니다. 하나님 앞에서 하나님을 바라보며 기쁨으로 춘 춤을 음란한 행위로 매도하고 있습니다.

미갈은 하나님의 안목이나 하나님과의 친밀함보다 사람의 이목을 더 크게 생각했습니다. 미갈은 예배의 참여자가 아니라 방관자였고 나아가 비방자였습니다. 다윗의 시선은 하나님을 향했고, 미갈의 시선은 사람을 향했습니다. 다윗은 하나님께 집중한 반면, 미갈은 사람에 집중했습니다. 미갈을 '다윗의 처'가 아니라 '사울의 딸'이라고 소개한 이유를 이제 알 것 같습니다. 미갈은 다윗의 아내 자리를 저버렸습니다. 자신의 아버지 사울, 그리고 법궤의 관리자 역할을 자처했던 웃사의 길을 걷고 있었습니다.

다윗은 미갈에게 화를 내지 않습니다. 다만 자신의 행동이 하나님을 향한 것이라는 점을 분명히 했습니다. '당신 보라고 한 것이 아니라 하나님 보시라고 한 것이라' 했습니다. 하나님 앞이 아니라면 다윗은 결코 그렇게 행동하지 않았을 것입니다.

이는 여호와 앞에서 한 것이니라(삼하 6:21)

부모 앞에서 재롱을 부리는 귀여운 자녀의 모습을 떠올려 봅니다. 다윗은 자신을 왕으로 세우신 하나님 앞에서라면 더 낮아져 천하게 될지라도 상관없다고 말했습니다. 이 일 때문에 미갈은 결국 자녀 없이 평생을 살게 되었습니다. 자녀의 재롱을 보는 어머니의 기쁨을 누릴 수 없었습니다.

예배자 다윗과 함께하신 하나님
성경에는 모세의 장막, 다윗의 장막, 솔로몬의 성전이 나옵니다. 그중에 하나님이 가장 좋아하신 집은 다윗의 장막이었습니다. "이후에 내가 돌아와서 다윗의 무너진 장막을 다시 지으며 또 그 퇴락한 것을 다시 지어 일으키리니"(행 15:16). 왜 하나님은 다윗의 장막을 잊지 못하실까요? 건물이 화려하고 좋아서가 아닙니다. 하나님은 다윗에게 받았던 그 예배를 잊지 못하시는 것입니다.

다윗은 하나님을 향한 열정의 사람이었습니다. 하나님께만 집중하는 예배를 드린 사람입니다. 왕의 신분도 내려놓고 옷이 벗겨지는 줄도 모르고 하나님 앞에 춤을 추는 사람이었습니다. 하나님은 바로 이런 다윗의 마음을 받으셨던 것입니다. 하나님이 찾으시는 것은 장소가 아니라 바로 이런 마음입니다. 사슴이 시냇물을 찾기에 갈급함같이 하나님을 향해 갈급해하는 영혼을 찾고 거기에 임재하십니다.

그러므로 '다윗의 장막'은 장소라기보다는 사건입니다. 하나님을 향한 뜨거운 사랑과 열정이 펼쳐진 현장 말입니다. 애석하게도 오늘날의 교회는 일련의 이러한 사건과 예배가 아니라 건물이 되고 말았습니다. 우리가 회복해야 하는 것은 건물이 아니라, 다윗과 같은 예배의 열정입니다. 하나님은 궁정이 아니라 열정을 원하십니다. 이것이 하나님이 원하시는 예배의 회복입니다.

언약궤가 봉헌된 이후 다윗은 승승장구하게 되었습니다. 하나님이 다윗과 언약을 맺으셨고, 블레셋 격퇴(삼하 8:1), 모압 격퇴(삼하 8:2), 암몬 격퇴(삼하 10:14), 아람 격퇴(삼하 10:19)가 이어졌습니다. 그리하여 다윗이 37세에 통일왕국의 왕이 된 후 49세까지 다윗 왕국은 황금기를 이루었습니다. 서쪽으로는 블레셋을, 동쪽으로는 모압과 암몬을, 북쪽으로는 시리아를, 그리고 남쪽으로는 에돔과 아말렉을 모두 정복했습니다. 영토는 사울 때보다 얼 배나 넓어졌습니다. 1만 5,600제곱킬로미터에서 15만 6,000제곱킬로미터로 확장되었습니다.

다윗의 통치 영역은 전성기 때의 이집트 면적과 거의 같았습니다. 남으로는 아카바 만 북단에서부터 애굽 시내 하구의 지중해변에 이르는 팔레스타인의 동부와 서부 전역을 차지했고, 서쪽으로는 사론 평야와 두로까지 이어지는 지중해변과 두로의 국경선에서 오론데스 강의 가데스 부근까지 뻗었고 그곳에서 동쪽으로 약간 구부러져 하맛의 국경선과 접하며 북쪽으로는 유프라테스 강 상류까지 이르렀습니다. 이 모든 것이 여호와 하나님이 예배자 다윗과 함께하셨기 때문입니다.

사울과 다윗의 영토 비교

- ▬ ▬ ▬ ▬ 다윗의 영토
- ▬ ▬ ▬ ▬ 사울의 영토

딥사 •

하맛 •

지중해
(대해)

다메섹 •

• 단

• 하솔

갈릴리
바다

• 아스다롯

길르앗

무깃도 •

• 벧스안

• 야베스길르앗

• 마하나임

세겜 •

암몬

사막 지대

아스글론 •

• 기브아

• 여리고

• 디스베

• 예루살렘

블레셋

• 헤브론

사

해

모압

• 라파

브엘세바 •

아말렉

에돔

• 부논

• 셀라

• 에시온게벨

홍
해

38 다윗 성 The City of David
하나님의 마음에 합한 자

사무엘하 7:18-29

목회 사역을 하다 보면 한 주에 한 번 이상 장례식 집례와 결혼식 주례를 하게 됩니다. 결혼식은 미리 날짜를 정하지만 장례식은 예정에 없이 닥칩니다. 상을 당한 가족에게 가서는 함께 슬퍼하고, 결혼식장에서는 함께 기뻐합니다. "즐거워하는 자들과 함께 즐거워하고 우는 자들과 함께 울라"(롬 12:15). 문제는 결혼식과 장례식이 연거푸 있는 날입니다. 울다 웃는 것이 보통 힘든 게 아닙니다.

그런데 그보다도 어려운 일이 있습니다. 집례자로서 고인에 대해서 딱히 무엇이라고 드릴 말씀이 없을 때입니다. 살아 생전 헌신과 사랑으로 많은 봉사를 하신 분이 소천하신 경우에는 집례자의 입술에 위로와 축복의 말씀이 넘칩니다. "내 속에는 말이 가득하니 내 영이 나를 압박함이니라. 보라, 내 배는 봉한 포도주통 같고 터지게 된 새 가죽 부대 같구나. 내가 말을 하여야 시원할 것이라. 내 입을 열어 대답하리라"(욥 32:18-20). '사랑이 많은 분', '봉사를 많이 하신 분', '주일학교 교사로 평생을 헌신하신 분', '찬양대원으로서 한 번도 빠지지 않고 성실하게 찬양을 올려 드렸던 분' 등으로 모티브를 잡아 영원한 위로를 선포하면 됩니다. 고인의 성품과 행하신 일들의 이야기가 사람들을 감동하게 만듭니다. 하지만 아무런 아름다운 이야기를 남기지 않고 떠나시는 분은 너무나 안타깝습니다.

하나님의 마음에 합한 자

그럼, 하나님은 다윗에 대해 무엇이라고 평가하셨을까요? 하나님은 다윗을 어떻게 기억하셨을까요? 우리는 다윗에 대해서 '골리앗을 죽인 사람', '사울과 라이벌이었던 사람', '요나단의 친구', '예루살렘에 수도를 건설한 사람', '이스라엘 역대 최고의 왕', '밧세바와 간음한 사람' 등으로 기억합니다. 하지만 하나님은 이와 다르게 기억하십니다.

> 내가 이새의 아들 다윗을 만나니 내 마음에 맞는 사람이라 내 뜻을 다 이루리라(행 13:22)

'내 마음에 맞는(합한) 자가 바로 다윗이었습니다. 그가 이 세상을 살아갈 때나 그가 세상을 떠났을 때에도 마찬가지였습니다. 그래서 훗날 분열왕국 시대에 남왕국 20명의 왕들과 북왕국 19명의 왕들을 평가하는 기준이 된 것은 다윗이었습니다. 왕들은 '다윗의 행위대로 행했는가 그렇지 않은가'로 평가받았습니다. 왕에게 주어지는 최고의 평가는 "그가 다윗의 행위를 본받았다"는 것이었습니다. 사실 인류의 메시야 그리스도도 다윗의 자손으로 오신 분입니다.

'마음에 합하다'는 표현은 둘의 마음이 서로 일치하여 편안하다는 의미입니다. 실제의 얼굴과 거울에 비친 얼굴처럼 서로의 마음이 부딪힘 없이 맞아 편안하다는 것입니다. 하나님과 다윗의 마음이 그러했다는 것인데, 다윗의 영혼과 마음에 여호와께서 임재하셨음을 추론해 볼 수 있습니다. 다윗은 끊임없이 하나님의 마음을 '쫓았고', 그리하여 그의 마음이 하나님의 마음을 '닮았을' 것입니다. 다윗은 하나님의 임재를 갈

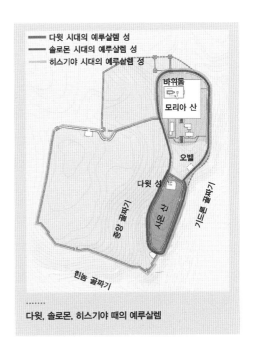

다윗, 솔로몬, 히스기야 때의 예루살렘

망하면서 하나님을 추격하는 자(God Chaser)였습니다.

'하나님의 마음에 합한 자'라는 표현은 언제부터 나오게 된 것일까요? 이스라엘의 초대 왕인 사울이 하나님의 말씀을 행하지 않았을 때 하나님은 "하나님 마음에 맞는 사람"을 구하여 왕을 삼겠다고(삼상 13:14) 말씀하셨습니다. 그리고 다윗을 선택하여 사울 대신 이스라엘의 왕을 삼으셨습니다. 이때부터 이 말은 다윗의 별명이 되었습니다. 하나님의 마음에 합한 자를 선별할 수 있는 눈은 오직 하나님께만 있습니다. 사람은 그것을 제대로 보지 못합니다.

하나님이 보시는 것
사무엘이 베들레헴에 살고 있는 이새의 집에 하나님의 보내심을 받아

왕을 예선하러 갔을 때 이새는 말째 아들 다윗을 들에 남겨 놓고, 다른 일곱 아들로 사무엘 앞에 지나가게 합니다. 사무엘이 장자 엘리압을 보니 왕이 될 만한 훌륭한 용모를 가진 청년이었습니다. 그런데 하나님은 "그의 용모와 키를 보지 말라. 내가 이미 그를 버렸노라. 내가 보는 것은 사람과 같지 아니하니 사람은 외모를 보거니와 나 여호와는 중심을 보느니라"(삼상 16:7)고 하셨습니다.

이렇게 하나님이 보시는 눈은 여덟 아들을 키웠던 이새가 보는 것과 다르고, 사무엘이 보는 것과도 달랐습니다. 일곱 아들을 모두 살펴보아도 하나님의 응답이 없자 사무엘은 이새에게 "이게 당신 아들 전부냐?"고 물었습니다. 그때 이새는 아직 말째가 있기는 하지만 지금 들에 있다고 하였습니다. '보나마나'라는 투로 말했을 것입니다. 이새는 다윗의 형들같이 뛰어난 사람들도 자격이 안 된다면 다윗은 어림도 없다고 생각했을 것입니다. 그래서 그 자리에 올 것도 없이 들에서 양이나 치게 했을 것입니다.

그러나 하나님은 아버지가 볼 수 없는 것을 보십니다. 사무엘은 다윗을 데려오라고 했습니다. 전갈을 받은 다윗은 아무 준비도 없이 목동 차림으로 허술하게 사무엘 앞에 섰습니다. 이때 하나님의 말씀이 사무엘에게 들렸습니다. "이가 그니 일어나 기름을 부으라"(삼상 16:12). 사무엘은 하나님의 말씀대로 다윗에게 기름을 부어 이스라엘의 왕으로 삼았습니다.

하나님은 모든 시대, 모든 나라, 모든 환경 속에서 그분의 마음에 합한 자를 찾으십니다. 그리고 그를 통하여 하나님의 모든 뜻을 이루십니다. 하나님의 마음에 합하다는 것은 외부적인 조건에서 오는 것이 아닙니다. 하나님의 보시는 기준은 사람의 것과 다릅니다. 하나님은 중심을 보십니다. 비록 부모가 모르고, 사람들이 몰라준다고 해도 하나님은 그분의 마음에 합한 자를 찾아 역사 속에서 사용하십니다. 그렇기에 우리 신앙 생활의 목표는 하나님의 마음에 합한 사람이 되는 것입니다. 사람을 기쁘게 하는 삶이 아닙니다. 하나님을 기쁘시게 하고 하나님이 인정하시는 일꾼이 되어야 합니다. 그렇다고 다윗이 완벽한 사람이라거나, 도덕적으로 아무 흠도 없는 사람이란 뜻은 아닙니다. 그는 많은 지식이나 재물이나 가정적인 배경을 가지지 않았고 뛰어난 용모를 가진 사람도 아니었습니다. 우리와 같이 평범한 사람이었고, 때로는 잘못도 저지르는 사람이었습니다.

하나님이 기뻐하시는 자질

하나님의 마음에 합하다는 평가를 받을 만한 자질은 성경을 통해 수집해 볼 수 있습니다. 다윗은 작은 일에 충실하였고, 하나님을 절대적으로 의지하고 나아가는 적극적인 믿음의 소유자였습니다. 그는 겸손과 감사로 충만한 사람이었습니다. 다윗은 어떠한 경우에도 순수함을 잊지 않았습니다. 상대방의 말을 순수하게 믿었고, 권위가 아니라 순복하는 삶을 살았습니다. 법이나 정의에 매이기보다 인내하는 삶을 살았고, 마음으로 따르게 하는 감동 리더십을 가지고 있었습니다. 다윗은 전력투구하는 뜨거운 열정을 품고 한결같이 목적이 이끄는 삶을 살았습니다.

다윗은 마음을 온전히 하나님께 드리는 사람, 행동뿐만 아니라 그 뒤에 있는 동기까지 하나님을 향한 사람이었습니다. 하나님보다 중요한 것이 없는 사람이었습니다. 다윗은 목적이 분명한 사람이었습니다. 그래서 여호와의 싸움을 싸웠던 사람, 하나님의 영광을 위해 싸웠던 사람입니다. 또한 공감하는 마음을 가진 사람으로, 지체장애인으로 사면초가에 빠진 므비보셋을 복권시켜 준 사람입니다. 다윗은 모두를 포용할 줄 아는 사람입니다. 다윗은 하나님이 가치 있게 여기시는 일을 가치 있게 여기는 사람입니다. 다윗은 하나님의 말씀을 진지하게 듣는 사람입니다. 그 외에 다윗이 하나님의 마음에 합하다는 평가를 받을 수 있었던 자질은 또 무엇이 있을까요?

■ 하나님께 의탁하고 기다리라

다윗은 하나님께 전적으로 맡기고 인내하며 참을 줄 알았습니다. 그는 하나님을 믿고 하나님의 뜻이 하나님의 시간에 하나님의 방법으로 이루어지기를 기다렸습니다. 이것이 하나님 마음에 들었습니다. 사무엘에게서 기름 부음을 받고, 골리앗 장수를 이긴 이후에 다윗은 하나님의 약속을 받은 자이면서도 실제로는 사울의 시기와 질투로 인해 시련과 방황의 세월을 보내야 했습니다. "나와 죽음 사이는 한 걸음뿐"(삼상 20:3)이라고 할 정도로 많은 죽을 고비를 넘기면서, 먹지 못하고, 자지 못하고, 바위와 광야 동굴에 거하면서 도망다녔습니다. 결국 망명 생활까지 하면서 유리하는 삶을 살았습니다. 아둘람 굴(삼상 20:1), 엔게디의 황무지(24:1), 바란 광야(25:1), 하길라 산 십 황무지(26:1-2), 이후에는 이방 블레셋 땅(27:1)으로 도피하면서 다윗은 많은 사람들에게 멸시를 받고, 위협을 당했습니다. 때로는 다윗을 돕던 자들이 죽임을 당했습니다. 블레셋 사람 앞에서 다윗은 미친 사람처럼 행동하기도 했습니다. 이와 같이 다윗은 왕이 되기 전에 길고 긴, 그 끝을 알 수 없는 시련의 터널을 통과해야 했습니다.

「목숨을 해하지 않았음을 사울에게 보여 주는 다윗(David Showing Saul that He had Spared His Life)」 1855, 귀스타브 도레, 판화, 『도레 성경삽화』

물론 이 모든 시련을 한번에 종식시킬 수 있을 것 같은 천재일우(千載一遇)의 기회도 있었습니다. 사울 왕이 자신을 죽이러 왔을 때 그를 죽일 수 있는 기회가 두 번 있었습니다. 하지만 다윗은 사울을 죽이지 않았습니다. 하나님이 기름 부으신 종을 자신의 손으로 죽일 수 없다는 이유로 사울을 죽이고자 하는 부하들을 말리기도 했습니다. 자신에게 사울 왕에 대한 역심과 살의가 없음을 증명하기 위해서 자고 있는 사울 왕의 겉옷 일부를 칼로 잘라낸 일로 그는 양심의 고통을 받기도 했습니다. 결벽증에 가까운 마음을 보인 것입니다.

그런 선한 양심과 하나님에 대한 충성의 대가는 더 길고 긴 방황과 위험천만한 위기 상황이었습니다. 하지만 다윗은 하나님을 바라보며 인내하였습니다. 하나님이 주신 소명과 꿈 때문에 많은 어려움을 받았지만 자기의 방법으로 왕이 되기를 거절하고 하나님의 뜻을 하나님의 때에 하나님의 방법으로 이루기를 기다렸습니다.

내가 또 이 고난을 받되 부끄러워하지 아니함은 내가 믿는 자를 내가 알고 또한 내가 의탁한 것을 그날까지 그가 능히 지키실 줄을 확신함이라 (딤후 1:12)

■ **소명을 따르라**

다윗은 사울을 대항하지 않고 늘 피하며 살았지만 하나님은 다윗을 합당하다고 판단하셨습니다. 그리하여 다윗의 목적을 이루어 주셨습니다. 다윗은 하나님이 이끄시는 소명의 삶을 살았지만 사울은 쫓기는 삶을 살았습니다. 사울은 자살하고(삼상 31:4), 다윗은 이스라엘의 왕위에 오르게 됩니다. 이로써 다윗은 피 위에 자기 왕조를 세우거나 쿠데타를 일으켜 왕위를 차지하는 폭군이 되지 않았습니다. 하나님께 더 많이 맡기고 더 많이 내려놓고 살았습니다.

여기에 다윗은 모든 원수와 사울에게서 벗어난 날에 "나의 힘이신 여호와여, 내가 주를 사랑하나이다. 여호와는 나의 반석이시요 나의 요새시요 나를 건지시는 이시요 나의 하나님이시요 내가 그 안에 피할 나의 바위시요 나의 방패시요 나의 구원의 뿔이시요 나의 산성이시로다"(시 18:1-2)라고 찬양을 드렸습니다.

....
하프 켜는 다윗 왕

■ 전적으로 하나님을 믿고 의지하라

하나님은 그분을 전적으로 믿고 의지하는 사람을 기뻐하십니다. 하나님은 결코 시간을 낭비하지 않으십니다. 부름 받은 자가 준비가 되었다면 무엇 때문에 시간을 허비하게 하시겠습니까? 약속된 것이 아직 주어지지 않는다면 불평할 것이 아니라 아직 준비가 덜 된 줄 알고 하나님의 능하신 손 아래 자신을 낮추고 기다려야 합니다. 영적 조숙아들은 자신을 보지 못하고, 하나님의 섭리도 알지 못하며, 자신의 방법으로 일을 성취하려 합니다. 하지만 그 결과는 패가망신입니다. 모든 것이 하나님이 절대적 주권과 섭리에 의해 진행된다고 믿는다면 조급해하거나 편법을 사용하지 않을 것입니다. 다윗은 철저히 하나님께 맡기고 인내함으로써 '하나님의 마음에 합한 자'가 되었습니다.

하나님을 왕으로 모시는 다윗

다윗은 하나님을 자기 인생의 왕으로 모시고 살았습니다. 하나님 대신 왕을 구한 이스라엘 백성이나 이스라엘의 왕이 된 후 스스로 이스라엘 최고 우두머리인 것처럼 살았던 사울과 달랐습니다. 다윗은 늘 하나님을 자신의 왕으로 모시고 살았습니다. 자신의 왕 하나님의 이름으로 골리앗과의 전장에 나갔을 뿐 아니라 하나님의 종으로서 하나님의 때를 기다리며 어려운 역경을 이겨냈습니다.

하나님을 왕으로 모신다는 것은 하나님의 주권과 하나님의 섭리를 믿는 것입니다. 내 인생의 조각이 전체 그림에 어떻게 맞을지 모를 때도 그분을 믿는 것입니다. 다윗이 기록한 수많은 시편에서 여호와 하나님을 절대적 주권을 지니신 왕으로 묘사하고 찬양하고 있는데, 이는 깊은 묵상을 통해 하나님과 심정을 통한 증거라고 할 수 있습니다. "여호와께서 다스리시니 스스로 권위를 입으셨도다. 여호와께서 능력의 옷을 입으시며 띠를 띠셨으므로 세계도 견고히 서서 흔들리지 아니하는도다. 주의 보좌는 예로부터 견고히 섰으며 주는 영원부터 계셨나이다"(시 93:1).

또한 다윗은 그가 성공하고 영광의 정점에 달했을 때에도 자신이 누구인지를 잊지 않고 왕 되신 하나님께 감사드렸습니다. "하나님, 내가 누구이며 내 집안이 무엇이기에 나를 여기까지 이르게 하셨나이까?"(삼하 7:18)라고 고백했습니다. 모든 것을 하나님의 은혜로 돌리고 겸손하게 감사하는 모습입니다.

다윗의 소원 — 성전 건축

사무엘하 7장은 소위 다윗 언약을 주시는 장면입니다. 여기에서도 다윗은 하나님을 왕으로 모시고 그분의 의지에 철저하게 굴복하는 모습을 보여 줍니다. 자신의 선한 의지라고 해서 관철시키려 하지 않았습니다.

사무엘하 7장 1절은 "여호와께서 주위의 모든 원수를 무찌르사 왕으로 궁에 평안히 살게 하신 때에"라고 하고 있습니다. 모처럼 다윗의 생애에 평화롭고 조용한 휴식기였습니다. 그때 다윗은 나단을 불러 말했습니다. "볼지어다. 나는 백향목 궁에 살거늘 하나님의 궤는 휘장 가운데에 있도다"(삼하 7:2). 많은 방황을 해 본 다윗은 집 없는 설움을 잘 알고 있었을 것입니다. 또 다윗에게는 하나님을 위해 무엇인가를 하고 싶은 소원이 있었습니다. 다윗은 하나님이 거하실 성전을 지을 소원을 갖게 된 것입니다. 하나님을 생각하는 다윗의 마음을 볼 수 있습니다. 자신은 두로 왕 히람이 보낸 백향목으로 지은 화려한 궁궐에 살고 있는데, 하나님의 법궤는 투박한 장막 속에 안치되어 있었기 때문에 마음이 괴로웠습니다. 잘 먹고 잘 입고 좋은 집에 거하는 것도 왠지 죄송한 마음이 들었습니다.

왕의 의중을 깨달은 나단 선지자는 처음에는 열렬히 환영하였습니다. 신자들이 하나님께 무엇인가 헌신하고자 하면 목사가 얼마나 기쁘겠습니까? 그러나 나단에게 들리는 하나님의 말씀은 '노 땡큐'였습니다. 나단은 난처했을 것입니다. 선한 동기로 시작한 하나님의 일에 대해 하나님의 뜻이 아니라고 말하는 것 말입니다. 그러나 그는 다윗에게 전했고 다윗은 그 말씀을 받았습니다. 할 수 있는 것을 하지 않

성전 산

서문

발굴 지역

다윗 성 추정 지역

기드론 골짜기

중앙 골짜기

힌놈 골짜기

다윗 성의 추정도 | 남쪽 상공에서 예루살렘을 내려다본 모습. 빨간 구역이 다윗 성으로 추정되는 지역이다.

는 데에도 용기가 필요합니다. 성전 짓는 일뿐 아니라 사울을 죽이지 않은 것, 반역하지 않은 것, 왕국을 분열시키지 않은 것, 아비가일 앞에서 돌아온 것 등, 이 모든 일은 다윗이 '할 수 있고 할 역량이 있지만 하지 않는 용기'를 보여 준 것들입니다. 우리에게도 '할 수 있지만 하지 않는 윤리'가 필요합니다.

다윗의 집을 견고하게 하심

하나님은 하나님의 집을 짓겠다는 다윗의 제안을 승인하지 않으셨습니다. 하나님은 출애굽한 백성들과 늘 함께하기 위해서 성막이나 장막을 통해 이동하신 전례가 있었고, 젖과 꿀이 흐르는 가나안에 정착한 이후에도 어떤 지파에게든지 집을 지어 달라고 요청하신 적이 결단코 없었습니다. 하늘이 하나님의 보좌요 땅이 그분의 발등상인데 어찌 그분이 거하실 집을 지을 수가 있겠습니까? 하나님의 임재는 어디에나 가득합니다. 본질적으로 하나님의 집은 하나님께 필요한 것이 아닙니다. 다만 인간의 경건과 예배를 위해서 즉 사람을 위해서 필요할 뿐입니다. 그래서 일단은 거절하십니다. 하지만 그의 마음만은 받아 주셨습니다. "이 마음이 네게 있는 것이 좋도다"(대하 6:8).

하나님은 다윗을 축복하셨습니다. 그리고 놀라운 제안, 뒤집어진 제안을 하셨습니다. "다윗, 네가 나를 위해서 집을 세울 것이 아니다. 나 여호와가 너 다윗을 위해서 집을 지어 주마"라고 말입니다. 하나님께 먼저 드려 하나님을 유익하게 하는 자는 있을 수가 없습니다. 먼저 선을 베푸시는 분은 오직 하나님이십니다. 하나님이 주도자가 되십니다. 하나님이 주인이 되십니다. 내가 하나님의 일을 하면 하나님이 내 일을 해 주십니다. 다윗이 하나님의 집을 세우려고 마음만 먹어도 하나님이 오히려 다윗의 집을 견고케 하셨습니다.

다윗에게 집을 지어 주신다는 말뜻은 무엇일까요? 이미 백향목으로 지은 훌륭한 궁궐이 있으니 건물을 지어 주시겠다는 의미는 아닐 것입니다. 그것은 다윗의 이름이 위대한 자의 이름처럼 유명하게 되는 것, 그의 왕국이 외세의 침략으로 멸망하지 않는 것, 무엇보다 다윗의 혈통에 의한 왕좌가 지속될 것이라는 의미입니다. 다시 말해서 하나님 백성의 운명과 다윗 왕가의 운명이 결합되는 것입니다. 다윗 왕가가 영원하다면 이스라엘 민족도 영원할 것입니다. 그 반대 역시 성립됩니다.

다윗 시티 발굴 현장 | 예루살렘 성 분문(dung gate) 밖 언덕 아래로 다윗의 성터가 있었던 곳. 2005년부터 지금까지 발굴이 한창이다.

다윗 언약

이것은 하나님이 다윗에게 주신 언약입니다. 다윗 언약의 특성은 무조건적이라는 데 있습니다. 성서신학에서 모세의 쌍무계약과 다윗의 무조건적인 계약은 두 가지 중요한 계약 전통입니다. 하나님은 모세 그리고 이스라엘에게 조건부적인 계약을 하셨습니다. "세계가 다 내게 속하였나니 너희가 내 말을 잘 듣고 내 언약을 지키면 너희는 모든 민족 중에서 내 소유가 되겠고 너희가 내게 대하여 제사장 나라가 되며 거룩한 백성이 되리라"(출 19:5-6). 신명기적인 사관에서는 특별히 하나님과의 조건부적인 계약 관계에서 하나님께 순종하면 복을 받고 불순종하면 저주를 받는, 철저히 쌍무적인 계약 신학이 나타납니다.

그런 관계에서 사울이 버림받은 것은 사울의 불순종 때문입니다.

그런데 하나님을 왕으로 섬기며 하나님을 기뻐하는 다윗에게 하나님은 무조건적인 언약을 주십니다. 영원한 언약, 다윗이 아니라 하나님이 일방적으로 언약을 지킬 의무를 가지시는 것입니다. 다윗 가문이 범죄하면 하나님이 채찍을 들어 징계하실지라도 앞에 사울을 버리신 것같이 아주 버리지는 않으신다는 말씀입니다.

네 집과 네 나라가 내 앞에서 영원히 보전되고 네 왕위가 영원히 견고하리라(삼하 7:16)

잘못해서 매를 맞는 경우는 있어도 버림을 받지는 않는다는 것입니다. 하나님의 무조건적인 사랑이 나타납니다. 모세의 쌍무적인 언약은 신명기적 사관이며 오늘날 자유의지를 주장하는 교리적 배경을 이룹니다. 무조건적인 다윗 언약은 역대기적 사관이며 오늘날 하나님의 절대적 주권을 믿는 예정론에 속합니다. 이 두 가지 계약은 성서해석에서 매우 중요하며, 둘 다 성서적입니다. 다윗은 하나님과 영원한 언약을 맺어 그의 후손이 계속해서 이스라엘 왕위에 오르게 되고 결국 예수 그리스도의 조상이 됩니다.

진정한 순종과 겸손

다윗이 하나님 마음에 합하게 된 것은, 선한 동기로 시작된 계획이라도 하나님의 말씀에 따라 굽힐 줄 알았다는 점 때문입니다. 선한 계획이라고 모두 하나님의 계획은 아닙니다. 우리는 우리의 계획을 하나님의 계획으로 말하기 좋아합니다. 그러나 다윗은 하나님의 뜻을 받아들이고 자신의 원대한 꿈을 접었습니다. 하나님은 본질적으로 지상의 건물로서의 성전이 필요 없는 분이십니다. 다만 백성의 유익을 위해서 차후에 건설을 허용하실 작정이었습니다. 그렇게 한 세대의 간격을 두심으로써 백성들로 하여금 성전에 대한 환상을 갖지 못하게 하실 작정이었을 것입니다.

> 너희는 이것이 여호와의 성전이라 여호와의 성전이라 여호와의 성전이라 하는 거짓말을 믿지 말라 너희가 만일 길과 행위를 참으로 바르게 하여 이웃들 사이에 정의를 행하며 이방인과 고아와 과부를 압제하지 아니하며 무죄한 자의 피를 이곳에서 흘리지 아니하며 다른 신들 뒤를 따라 화를 자초하지 아니하면 내가 너희를 이곳에 살게 하리니 곧 너희 조상에게 영원 무궁토록 준 땅에니라(렘 7:4-7)

하나님은 다윗의 후임자로 하여금 성전을 짓도록 허용하실 계획이었습니다. 다윗은 손에 피를 많이 묻혔는데 하나님을 경외하는 성전은 깨끗한 손으로 지어야 하는 화평의 집이기 때문입니다. 이에 대해서 다윗은 모든 것을 수긍했고 감사했습니다. 그리고 최선을 다해서 성전 건축을 위한 물질을 준비했습니다. 진정한 순종과 겸손의 모습입니다.

다윗의 범죄와 회개

다윗은 상한 심령으로 회개하기에 빨랐습니다. 다윗도 많은 죄를 지었습니다. 왕조가 든든해지면서 계속되는 승리로 교만해지고 영적으로 나태할 때 죄를 지었습니다. 육신의 정욕에 눈이 어두워 많은 아내를 두었고 그것 때문에 인생 말기에 많은 고통을 당하게 됩니다.

다윗의 대표적인 두 가지 범죄를 들어 본다면, 사무엘하 11장에 나오는 우리아의 아내 밧세바를 범한 죄와, 사무엘하 24장에 나오는 인구 조사를 한 죄입니다.

부하들은 암몬과의 전쟁으로 랍바 성을 포위 공격하고 있었을 때입니다. 왕은 오후 서늘할 때 왕궁 지붕을 거닐게 되었는데 그때 마침 목욕을 하고 있는 한 여인을 보고 음욕을 품어 범죄한 것입니다. 알고 보니 자신을 위해서 목숨을 걸고 충성하며 전쟁터에 나가 있는 우리아 장군의 아내였습니다. 그는 간음을 은폐하기 위해 우리아 장군을 예루살렘으로 소환하여 집으로 가게 했습니다. 하지만 우리아는 거룩한 전쟁 관행을 준수하는 사람이었습니다. 우리아는 전쟁터에서 생사를 가르는 상황에 있는 부하들을 생각할 때 아내와 더불어 쉴 수가 없었습니다. 악한 왕에 충성스러운 장군입니다. 결국 다윗은 우리아를 최전선에 내보내라는 밀서를 현장 지휘관에게 내려 그를 죽게 했습니다. 그리고 밧세바를 취하여 아내로 삼았습니다.

아무도 모르게 죄를 은폐했다고 생각했겠지만 하나님은 이 일을 나단 선지자에게 알리시고 나단 선지자를 통해 다윗을 책망하셨습니다. 거대한 제국을 세운 왕이 일개 선지자로부터 꾸지람을 받았습니다. 이를 불쾌하게 여겨 나단 선지자를 감금하거나 무시할 수도 있습니다. 하지만 다윗은 나단 뒤에 계시는 하나님을 보았습니다. 기가 막힐 웅덩이와 수렁에서 건져 반석 위에 발을 두게 하신 하나님, 걸음을 견고하게 하신 전능하신 하나님, 모든 은혜를 베풀어 여기까지 오게 하신 하나님을 보았습니다.

그리하여 다윗은 나단 선지자의 말을 사람의 말로 듣지 아니하고 하나님의 말씀으로 듣고 회개하기에 빨랐습니다. "내가 여호와께 범죄하였노라"(삼하 12:13)고 자백하였습니다. 그리고 유명한 시편 51편의 회개 기도를 드립니다.

하나님이 구하시는 제사는 상한 심령이라 하나님이여, 상하고 통회하는 마음을 주께서 멸시치 아니하시리이다(시 51:17)

또한 다윗은 인생의 만년이 되어 하나님의 능력을 불신하고 교만한 마음에 인구 조사를 실시하는 죄를 범합니다(삼하 24:1). 요압 장군의 강력한 만류에도 불구하고 그를 재촉하여 인구를 조사하게 했습니다. 사람이 정욕에 휩싸이게 되면 그 어떤 것도 막을 수가 없습니다. 그 일이 이루어질 때까지 마음에 쉼도 없어집니다.

요압이 백성의 수효를 다윗에게 보고하니 이스라엘 중에 칼을 뺄 만한 자가 백십만 명이요 유다 중에 칼을 뺄 만한 자가 사십칠만 명이라(대상 21:5)

맨 주먹으로 일어나 157만 대군을 거느린 대제국을 건설하게 된 것입니다. "바로 나 다윗이!" 이로써 교만과 허영심이 잠시 충족되는 듯싶었지만 곧바로 불안과 두려움이 찾아왔습니다. 즉시 다윗은 "마음에 자책하여" 하나님께 "큰 죄를 범했음"을 아뢰며 회개하였습니다. "내가 심히 미련하게 행하였나이다"(삼하 24:10). 하나님보다 사람을 의지하려 한 자신이 무척이나 부끄러웠을 것입니다.

이 문제로 하나님은 다윗에게 갓 선지자를 보내어 징벌을 선택하게 하셨습니다. 다윗은 자연 재해인 7년 기근이나 사람 재난인 원수에게 쫓기는 것을 선택하지 않고 하나님의 손에 빠지는 것을 선택했습니다. 하나님은 긍휼이 크시기 때문입니다. 결국 이스라엘에 전염병이 돌아 단에서부터 브엘셀바까지 7만 명의 백성이 죽어 나갔습니다.

이에 다윗은 자신과 자신의 가문이 그 죄벌을 감당하겠다고 자진하게 되었고 하나님은 뜻을 돌이키셔서 진노를 멈추셨습니다. 여호와의 사자가 여부스 사람 아라우나 타작마당에 멈추어 섰기 때문에 다윗이 그곳으로 올라가 여부스 사람에게서 은 오십 세겔을 주고 타작마당과 소를 사고 제단을 쌓아 하나님께 번제와 화목제를 드렸습니다(삼하 24:24-25). 아라우나는 기쁘게 그냥 드리겠다고 했으나 다윗은 "값 없이는 내 하나님 여호와께 번제를 드리지 아니하리라" 하고 그 땅값을 지불하고 샀습니다. 값진 희생을 드리는 정신입니다. 우리의 죄도 예수 그리스도의 값진 희생을 통해 구원을 받은 것입니다. 이곳이 바로 아브라함이 이삭을 번제로 드렸던 모리아 제단과 같은 장소입니다. 결국 이 일을 계기로 장차 솔로몬이 지을 여호와의 성전 터를 다윗이 마련하게 된 것입니다.

세상에 범죄하지 않은 사람은 없습니다. 하나님은 우리가 회개하고 돌아보는 것을 기뻐하십니다. 다윗은 지은 죄를 정당화하거나 핑계 대지 않고 자백하고 회개하였습니다. 선지자의 음성을 통해서든 양심의 소리를 통해서든 다윗은 하나님의 말씀을 듣고 회개하기를 늦추지 않았습니다.

다윗이 압살롬을 피하여 도망할 때 있었던 일들도 하나님의 마음에 합한 다윗의 면모를 보여 줍니다. 하나님의 임재를 상징하는 법궤

를 메고 다윗을 따르는 제사장들을 예루살렘으로 다시 돌아가게 한 것은 하나님을 향한 그의 신실한 믿음을 보여 줍니다. "왕이 사독에 게 이르되, 보라 하나님의 궤를 성읍으로 도로 메어 가라. 만일 내가 여호와 앞에서 은혜를 입으면 도로 나를 인도하사 내게 그 궤와 그 계신 데를 보이시리라"(삼하 15:25).

도망자 신세인 다윗을 저주하는 시므이를 처단하겠다는 아비새 장 군을 만류하는 말에도 믿음이 들어 있습니다. "그가 저주하는 것은 여호와께서 그에게 다윗을 저주하라 하심이니 네가 어찌 그리하였느 냐 할 자가 누구겠느냐 하고 또 다윗이 아비새와 모든 신하들에게 이 르되 내 몸에서 난 이들도 내 생명을 해하려 하거든 하물며 이 베냐민 사람이랴. 여호와께서 그에게 명령하신 것이니 그가 저주하게 버려 두라. 혹시 여호와께서 나의 원통함을 감찰하시리니 오늘 그 저주 때문에 여호와께서 선으로 내게 갚아 주시리라"(삼하 16:10-12).

다윗의 길

하나님께 전적으로 모든 것을 맡기고 인내하는 삶, 하나님을 자신의 왕으로 삼고 그분의 결정에 전적으로 순종하는 삶, 그리고 범죄했을 때 무릎을 꿇고 하나님께 회개하는 삶을 통해 다윗은 하나님의 마음에 합한 자가 되었습니다.

다윗은 결국 이스라엘을 견고한 토대 위에 세웠고, 다윗은 후기 왕들을 평가하는 기준이 되었습니다(왕상 11:4; 14:8; 15:3; 15:11). 다윗의 길을 따라 행한 왕은 성군이요, 다윗의 길을 따르지 않은 자는 악한 왕이었습니다. 다윗처럼 하나님 마음에 드는 사람이 되어 하나님의 쓰임을 받는 성도가 되시기를 바랍니다.

너의 하나님 여호와가 너의 가운데에 계시니 그는 구원을 베푸실 전능자이시라 그가 너로 말미암아 기쁨을 이기지 못하시며 너를 잠잠히 사랑하시며 너로 말미암아 즐거이 부르며 기뻐하시리라 하리라(습 3:7)

예루살렘과 암몬 랍바

랍바

모압 평지

암몬

아벨싯딤

벧 여시못

해스본

느보 산

벧 여시못

모압

사 해

벧 아라바

여리고 평지

길갈

여리고

벧 호글라

룬란

아둠 골짜기

막마스

아이

벧엘

오브라

미스바

기브아

감람산
(스코푸스 산)

베들레헴

예루살렘

기브온

가나안

기럇여아림

39 예루살렘 왕궁 I
The Palace of Jerusalem

다윗 스캔들

사무엘하 11:1-5

"옥에 티"라는 말이 있습니다. 완벽하다는 평가를 받을 만한 것에 한 가지 작은 흠이 있고, 그것으로 인해 아쉽다는 의미입니다. 때로는 옥에 있는 티 하나 때문에 전체를 버려야 하는 경우도 있습니다. 지금까지 우리는 다윗을 살펴보면서 '하나님의 마음에 합한 자'요, 그가 어디에 있든지 하나님이 함께해 주셔서 승리하게 하셨다는 것을 알았습니다. 하지만 그에게 정말 옥에 티와 같은 일이 벌어지고 말았습니다. 이 실수는 결코 작다고 할 수가 없습니다. 이 일로 인해서 다윗 개인은 물론이거니와 이스라엘 왕국이 격랑에 휩싸이게 되었고 두고두고 인구에 회자되는 이야기를 만들었기 때문입니다.

풍부의 시험

우리는 성경의 어떤 인물보다도 다윗에 대해서 속속들이 잘 알고 있습니다. 그의 유년기, 성인기, 노년기, 그리고 전쟁과 평화, 우정과 배신, 성공과 실패, 거룩함과 추악함 모두를 말입니다. 그래서 다윗의 이야기는 우리 이야기와 많은 접촉점을 가지며 우리 이야기의 지평을 넓혀 줍니다. 다윗은 20대의 도피 생활, 30대의 유다 왕 즉위 그리고 통일 이스라엘 왕으로 즉위, 40대의 영토 확장에 이어, 이제 50대에 이르게 됩니다. 다윗이 왕으로 20년을 지내는 동안 이스라엘은 최전성기를 맞이했고 다윗은 무엇이든지 할 수 있는 절대 권력을 가지게 되었습니다. 이때 시험이 찾아왔습니다.

다윗은 광야의 시험, 없음의 시험은 잘 통과했는데, 가나안의 시험, 풍부의 시험이라고 할 수 있는 왕궁의 시험에서 넘어집니다. 광야에도 위로가 있고 가나안에도 위험이 있습니다. 번영과 안락의 시기는 축복의 때일 뿐만 아니라 위험의 때이기도 합니다. C. S. 루이스의 『스크루테이프의 편지』에 보면 "길고 지루하고 단조로운 중년의 번영은 (마귀가) 출정할 수 있는 최상의 기후 조건이 된다"고 했습니다. 인생 광야에 있을 때 다윗은 하나님을 전적으로 의지했습니다. 하지만 이제 승승장구하며 명성과 권력이 커지고, 자신의 중요성이 부각될 때 위험에 빠지고 말았습니다. 자기를 살피고 점검해 줄 사람이 없을 때 특히 그렇습니다. 그 사건이란 다름 아니라 다윗 왕이 우리아의 아내 밧세바와 간음한 사건, 그리고 그 간음 사건에 이어 벌어진 죄악들입니다.

다윗의 생애에서 골리앗과 밧세바는 분수령을 이루는 사람입니다. 블레셋의 적장이요 강인한 거인 골리앗은 다윗을 무명 목자에서 일약 '이스라엘의 목자'로 부각시켜 줍니다. 부하 장수의 아내요, 아름답고 부드러운 밧세바는 다윗 왕을 최전성기에서 수치의 나락으로 떨어뜨리는 계기가 됩니다. 다윗 인생에서 골리앗은 디딤돌이 되었고 밧세바는 걸림돌이 되었습니다. 정말 아이러니가 아닐 수 없습니다.

범죄의 배경

다윗이 죄를 짓게 된 데는 몇 가지 조건이 있었습니다. 이전에는 전쟁이 나면 다윗이 군대를 이끌고 앞장서서 나갔습니다. 하지만 이번에는 "왕들이 출전하는 때"가 되었지만 군대만 보내고 다윗 왕은 예루살렘 왕궁에 혼자 남아 있습니다. "왕들이 출전하는 때"는 농경 사회인 고대 근동에서 우기인 겨울과 추수기인 봄 사이로 보입니다. 이때는 각국의 왕들이 직접 병력을 통솔하여 출전했습니다. 그런데 다윗은 침실에 있었습니다. 야전 사령관으로 잔뼈가 굵은 다윗이 왕궁 침대에서 대낮에 빈둥대고 있다는 것은 무엇인가 안 좋은 일이 일어날 조짐입니다.

우리가 받은 직분의 특권을 먼저 책임으로 느끼지 않는다면 큰 문제가 됩니다. 이스라엘 백성이 사사 사무엘에게 왕을 요청하였을 때, 그들은 이웃 나라들처럼 자신들에게도 왕이 있어야 전쟁을 잘 수행하여 국태민안(國泰民安)을 이룬다고 주장하였습니다. 따라서 이스라엘에게 왕의 존재 의의는 전쟁과 승전이었습니다. 그 일을 잘 하라고 왕에게 막대한 권한과 부와 특권을 주었습니다. 그런데 지금 다윗은 부하들만 암몬 족속을 상대하게 하고 자신은 편안히 왕궁에 거하고 있습니다.

특권에는 책임이 따릅니다. 모병제인 영국에서는 왕실의 왕자들이 군에 자원하여 훈련을 받고 전쟁이 발발하면 가장 먼저 최일선 배치

....
다윗 시대의 예루살렘 모형도

를 희망한다고 합니다. 이렇게 위험한 일에 자원하는 것은 그들이 누리는 특권 때문입니다. 이것을 '노블리스 오블리주'(noblesse oblige)라고 합니다. 사회 지도층에게는 이런 솔선수범이 있어야 합니다. 그러나 다윗에게는 이런 정신이 실종되었습니다.

시험은 한가한 여가 시간에 찾아옵니다. 너무 바쁜 사람은 바빠서 죄 지을 시간도 없습니다. 우리 대부분은 남는 시간을 유용하게 보내는 훈련을 받지 못했습니다. 스스로 시간을 선용하는 법을 모릅니다. 선을 행하지 않는 시간, 남는 여유 시간에 악이 찾아옵니다. 혼자 출장을 갔을 때, 혼자 집에서 시간을 보낼 때, 예배 시간에 교회에 가지 않았을 때 쉽게 유혹에 굴복하게 됩니다. 아마도 목사들에게 제일 큰 유혹의 시간은 월요일일 것입니다. 그러므로 부유층 자녀로 태어나 별

다른 직업 없이 빈둥거리는 것이야말로 축복이 아니라 저주일 것입니다. 안일과 나태, 일락을 즐김으로 영혼이 병들다가 종국에는 마약과 도박 같은 범죄에 빠져 부모의 골칫거리가 되는 것이 다반사입니다.

나이 때문인지 건강 때문인지 분명 다윗은 변했습니다. 나은 방향으로의 변화가 아니라 나쁜 쪽으로의 변화입니다. 이와 같이 사람은 초심을 유지하는 것이 힘듭니다. 첫 마음을 상실한 것입니다. 목사 안수를 받던 그날 당장 도망가고 싶었던 그 마음가짐으로 지금도 목회를 계속하고 있다면…, 장로 피택이 되고 장립을 받았을 때의 순수한 마음으로 교회를 섬긴다면…, 교회가 처음 세워졌을 때의 영혼 구원에 대한 열정이 오늘날까지 지속된다면…. 요한계시록에서 성령님은 에베소 교회에 대해서 "처음 사랑을 버렸노라"고 책망하십니다. 우리는 성령님이 교회들에게 하시는 말씀에 귀기울여야 합니다. 저는 이 책망을 긍정문으로 바꾸어서 "처음 사랑으로 돌아가 다시 시작하자"라고 호소하고 싶습니다.

밧세바

다윗이 범죄하게 된 또 다른 이유는 그가 잠을 깨어 저녁 무렵에 한가롭게 왕궁 옥상을 거닐다가 우연히 보게 된 광경 때문이었습니다. 마침 그때 한 여염집 여인이 목욕을 하고 있었습니다. 우연히 한 번 보게 되는 것은 죄가 아닐 수 있지만 다윗은 호기심과 정욕으로 두 번 보았습니다. 보기에 심히 아름다웠습니다. 다윗은 이제 시종으로 하여금 그 여인이 누구인지 알아보게 했습니다. 종은 "그는 엘리암의 딸이요 헷 사람 우리아의 아내"라고 보고했습니다. 그녀가 유부녀라는 점이 강조되어 있습니다. 하지만 다윗은 아랑곳하지 않았습니다.

그 여인을 불러 즐거운 대화를 나누고 싶은 욕구를 느꼈을 것입니다. '대화만 할 텐데 무슨 상관이 있겠는가!' 그리고 전령을 보내 밧세바를 불러들였고 결국은 불륜의 침대로 끌어들이고 말았습니다.

에덴 동산의 하와가 금단의 열매를 보았을 때와 얼마나 흡사합니까? 선악과가 먹음직도 하고 보암직도 하고 지혜롭게 할 만큼 탐스러웠기 때문에 하와가 손을 들어 하나님께 반역하고 불순종했듯이, 다윗도 보지 말아야 할 광경을 보고 마음이 빼앗겨, 해서는 안 될 간음을 버젓이 하게 된 것입니다. 또한 다윗은 이 불법을 저지를 때 하나님이 그에게 주신 지위와 권한을 사용했습니다. 그는 공권력을 이용했습니다. 이것은 권력 남용입니다. 나라와 백성을 이롭게 하라고 준 공권력을 사유화하고 있습니다. 부패한 권력입니다. 개인적이면서 제도적인 범죄입니다.

죄는 여기에서 끝나지 않습니다. 죄의 결과는 당사자들이 예상하지 못한 방향으로 흘러갑니다. 밧세바가 한 번의 관계로 임신하게 된 것입니다. 사실 이런 은밀한 간음 사건은 물증을 잡기 힘든 법인데, 다윗은 완전히 발목이 잡힌 것입니다. 본문에서는 밧세바가 목욕을 하게 된 배경을 말해 줍니다. "그 부정함을 깨끗하게 하였으므로"(삼하 11:4). 밧세바가 목욕한 이유는 월경이 끝났기 때문이라고 합니다. 따라서 밧세바가 잉태하게 된 아이는 결코 남편 우리아의 아이일 수가 없습니다. 그는 지금 전선에 나가 있기 때문입니다. 모세 율법으로는 여인의 피의 유출이 끝나고 7일 뒤에 종교적으로 정결해지기 때문에 이때를 맞추어 목욕을 한 듯이 보입니다. 의학적으로 말하자면 밧세바는 가임기간 내에 들어와 있었습니다.

일각에서는 밧세바가 다윗을 유혹하기 위해서 목욕을 했다는 가

「목욕하는 밧세바를 보는 다윗(Bathsheba at the bath, watched by David)」 1650, 루벤스, 마드리드.

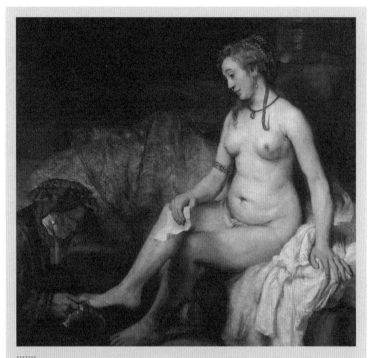

....
「다윗의 편지를 받은 밧세바(Bathsheba with David's letter)」 1654, 렘브란트, 캔버스에 유화, 142×142cm, 루브르박물관, 파리.

설을 세우기도 합니다. 왕궁에서 밧세바의 집 내부가 보인다면 밧세바의 집에서도 왕궁이 보일 것이라는 점을 논거로 내세웁니다. 하지만 성경 본문은 밧세바가 월경의 부정함을 깨끗이 하려는 목적이었다고 분명히 말하고 있습니다. 그리고 예루살렘의 지형적 특성상 왕궁이 있는 시온 산성의 높이와 왕궁의 추가적인 높이를 생각하면 밧세바가 왕궁 꼭대기 지붕에서 관찰하는 사람의 모습을 볼 수는 없었을 것입니다. 렘브란트는 다윗의 편지를 받고 고민에 빠진 여인의 모습으로 밧세바를 그렸습니다. 밧세바의 부주의함을 나무랄 수는 있지만 전적으로 다윗의 책임입니다. 절대왕정 시대에 밧세바를 탓하는 것은 전형적인 희생자 비난하기입니다.

죄를 숨기려 하는 다윗

다윗은 즉각 회개했어야 합니다. 최소한 밧세바의 임신 소식을 들었을 때 하나님의 음성으로 듣고 회개했어야 합니다. 하지만 다윗은 악인의 길을 걷습니다. 할 수 있다면 임신중절이라도 시켜서 자신의 명예를 보호하려고 했을 것입니다. 하지만 낙태는 생명을 죽이는 살인 행위입니다. 다윗은 죄를 은폐하려는 인간적인 시도를 하게 됩니다. 무화과 잎으로 죄를 가리려 했던 아담과 하와가 생각납니다. 자기 나름으로는 기발한 아이디어를 냈습니다. 다윗이 생각한 꾀는 전장에 있는 우리아 장군을 불러들여 집에 머물게 하는 것이었습니다.

다윗은 속임과 위선의 길을 택했습니다. 더구나 선심을 쓰는 것처럼 말입니다. 이때부터 순간적인 실수가 될 수도 있었던 일이 고의적인 범죄가 됩니다. 순간적인 것이 계획적이 되면서 치밀해집니다. 죄는 이렇게 은밀하게 들어와 점점 커지고 결국 우리를 온통 사로잡고 주변을 오염시킵니다. 죄는 떡반죽 전체로 퍼지는 누룩입니다.

그러나 예상이 빗나갔습니다. 다윗의 사악함은 우리아의 신실함과 충직함 때문에 좌절됩니다. 다윗은 전선에 있던 우리아를 왕궁으로 소환하여, 요압이 잘 있는지, 군사들이 잘 있는지, 전황은 어떠한지를 묻습니다. 우리아가 왕의 의도를 의심하지 않으리라는 확신이 들자 다윗은 그로 하여금 집에 들어가 쉬라고 합니다. "네 발을 씻으라." 이 말은 단순한 휴식을 의미할 뿐만 아니라 아내와의 성적 접촉을 의미하는 완곡어입니다. 오랜만에 집에 돌아왔으니 집에서 즐겁게 쉬었다 가라는 뜻으로 왕실 음식까지도 풍성하게 하사했습니다. 기름지고 진귀한 음식과 술이 곁들여졌을 것입니다.

하지만 우리아는 부하들과 함께 왕궁 문에서 밤을 보냈습니다. 요즘 말로 하면 우리아 같은 사람은 인기 없는 남편입니다. 일만 알고, 융통성도 부족하고, 아내에게 따뜻한 마음도 보내지 못합니다. 전쟁터에서 돌아왔는데, 지척인 집은 놔두고 부하들과 함께 왕궁 문에서 자고 갔다면 누가 좋아하겠습니까? 나라에는 충신일지 모르지만 가장으로는 꽝입니다. 하지만 이런 발상은 시대착오적입니다. 한 사람을 이해하기 위해서는 그 시대의 문화와 관행을 고려해야 합니다. 오늘날 현대인에게 맞는 규범이 있다면 고대에는 고대인에게 적용되는 규범이 있었습니다.

우리아가 집에 들어가지 않았다는 사실을 알고 다윗이 불러 까닭을 물으니 우리아는 이렇게 대답합니다. "언약궤와 이스라엘과 유다가 야영 중에 있고 내 주 요압과 내 왕의 부하들이 바깥들에 진 치고 있거늘 내가 어찌 내 집으로 가서 먹고 마시고 내 처와 같이 자리이까?"

'언약궤가 들에 있다'는 것은 다윗이 이 전쟁을 처음부터 성전(聖戰)으로 규정하고 법궤를 대동시켰다는 것을 전제로 합니다. 암몬 전쟁이 성전으로 규정되었다면, 이스라엘 군인들에게는 진영에 함께하시는 여호와로 인해서 지켜야 할 규칙들이 많습니다. 장병들은 모두 여인과의 접촉을 피해야 하고, 심지어 몽정을 한 자는 진영 바깥으로 하루 동안 나가야 하고, 대소변도 진영 바깥에서 깨끗하게 처리해야 합니다.

우리아는 현재 전선을 떠나 예루살렘으로 와 있기 때문에 그런 규

「다윗과 우리아(David and Uriah)」 1665, 렘브란트, 캔버스에 유화, 127×117cm, 에르미타주 미술관, 상트페테르부르크.

정에 얽매일 필요가 없어 보입니다. 하지만 우리아의 생각을 달랐습니다. 만약 자신이 성전 규례를 준수하지 않고 진영에 복귀했다가 자신의 부정함 때문에 여호와의 진노를 사서 군사들이 죽게 된다면 어떻게 할 것인가? 아간 한 사람의 범죄로 이스라엘의 많은 남자들이 죽지 않았는가? 그들은 분명 누군가의 남편이고 누군가의 자식이고 누군가의 아버지일 텐데 말입니다.

우리아는 전쟁터에 있든 후방에 있든 성전 규례를 지키려 했습니다. 도의적인 차원에서도 혼자 편안하게 있을 수는 없었습니다. 동료 장병들이 다 고생하고 있지 않습니까? 그가 집에 들어가지 않고 야영한다고 해서 동료 장병들의 고통이 줄어드는 것은 아니지만 마음으로라도 장병들과 함께하고 싶은 우리아입니다. 우리아인들 왜 집에 들어가고 싶지 않겠습니까?

이렇게 충성스러운 장수를 어디서 구할 수 있겠습니까? 이 얼마나 다윗을 부끄럽게 만드는 말입니까? 웬만한 양심이 있는 사람이라면 우리아 앞에 무릎을 꿇었을 것입니다. "내가 잘못했다. 내가 죽일 놈이다."

하지만 다윗은 회개하지 않았습니다. 정말 완악합니다. 다윗에게는 의리와 도의, 믿음보다도 자신의 명예를 지키기 위해 범죄를 덮는 일이 급선무였습니다. 자신의 아내와 동침하지 않겠다고 왕을 두고 이중 맹세("왕의 살아 계심과 왕의 혼의 살아 계심을 두고 맹세하나이다")까지 하는 우리아를 보면서 다윗은 당황했을 것입니다. 다윗은 이에 포기하지 않고 그를 무너뜨리기 위해서 꾀를 냈습니다. 술로 그를 굴복시키는 것입니다.

다음날 다윗은 우리아를 불러 술에 잔뜩 취하게 했습니다. 술기운에 맹세한 것도 잊고 발동된 정욕으로 아내와 동침하라는 뜻입니다. 이는 결국 남의 신앙과 맹세를 무력화시킴으로써 그로 하여금 범죄하게 하려는 취지입니다. "이웃에게 술을 마시게 하되 자기의 분노를 더하여 그에게 취하게 하고 그 하체를 드러내려 하는 자에게 화 있을진저"(합 2:15). 왕 앞에서는 어쩔 수 없이 술을 받았지만 우리아는 역시 그의 집으로 내려가지 않았습니다. 술에 취한 우리아가 술에 취하지 않은 다윗보다 더 거룩했습니다. 이스라엘의 왕 다윗의 불성실함과 군인 우리아의 충성심이 극적인 대조를 이룹니다. 이렇게 악한 왕대 충성스런 신하 구도가 된 것입니다.

우리아의 죽음

인간적인 방법으로 죄를 은폐해 보려고 했던 다윗의 계획은 수포로 돌아가고 맙니다. 우리아는 고지식하게 맡은 일에 최선을 다하는 사람이었습니다. 당황한 다윗은 이제 우리아를 죽이는 것 외에는 자신의 명예를 지킬 길이 없다고 생각했습니다. 다윗은 점차 죄의 수렁 속에 빠지게 됩니다.

다음날 우리아는 자기를 죽이라는 다윗의 친서를 한 치의 의심도 없이 총사령관 요압에게 전달합니다. "우리아를 맹렬한 싸움에 앞세워 두고 너희는 뒤로 물러가서 그로 맞아 죽게 하라"(삼하 11:15). 다윗은 우리아의 손에 바로 그 당사자의 사형 집행 영장을 들려 보냈습니다. 어떻게 그 사람을 죽이라는 군사 전통문을 본인에게 맡길 수가 있을까요? 우리아가 떠난 뒤에 연락병을 활용해도 전혀 지장이 없는데 말입니다. 그만큼 우리아의 충직함을 믿고 있었기 때문입니다. 그는 결코 왕의 서신을 불법적으로 훔쳐보지 않을 '믿을 수 있는 사람'이었던 것입니다. 그 믿을 수 있는 사람을 다윗은 죽이려 한 것입니다. 배신입니다. 왕이 충직한 신하를 배신한 것입니다.

요압은 왕이 무엇을 원하는지 정확하게 알고 수행하였습니다. 악한 다윗 왕과 교활한 요압 장군의 면모를 동시에 보게 됩니다. 정말 못

암몬의 수도 랍바 성의 성벽

된 지도자들입니다. 요압은 암몬의 수도 랍바 성에서 제일 강력한 군인들이 배치된 곳에 우리아를 보냈습니다. 적을 유인하기 위해서 병사를 줄이고 상대가 문을 열고 공격하러 나오면 지원병을 보내겠다고 약조했을 것입니다. 군세의 변화를 감지한 암몬 군인들은 즉각 성문을 열어 공격을 했고, 충직한 우리아는 불리한 전세에도 최선을 다해 싸웠습니다. 하지만 요압이 약속한 지원병은 오지 않았고, 급기야 성벽에서 쏜 화살에 우리아와 다윗의 신복 몇 명이 쓰러지고 말았습니다. 이렇게 우리아는 자신이 왜 죽어야 하는지도 모른 채 하나님과 백성을 위해서 싸우다 전장에서 장렬하게 죽어 갔습니다. 우리아를 애도합니다.

요압이 전령을 통해 전사자를 보고하면서 우리아의 이름을 거명하

자, 다윗은 화를 내기는커녕 안도
의 한숨을 쉬면서 능청을 떨었습
니다.

이 일로 걱정하지 말라 칼은 이 사
람이나 저 사람이나 삼키느니라 그
성을 향하여 더욱 힘써 싸워 함락
시키라(삼하 11:25)

어쩌면 이렇게 이중적일 수가
있습니까? 이 대목에서 다윗은 얼
마나 사울을 닮았는지요? 다윗이
우리아를 죽인 방법은 사울이 다
윗을 처단하려고 했던 방법과 같

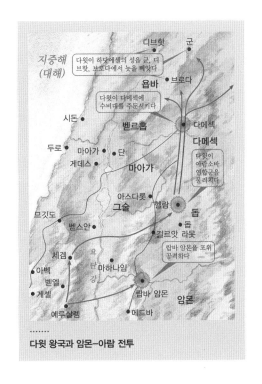

지중해
(대해)

다윗이 하닷에셀의 성읍 군, 디
브핫, 브로다에서 놋을 빼앗다

디브핫 • 군

욥바 • • 브로다

다윗이 다메섹에
수비대를 주둔시키다

시돈 •

벧르홉 • 다메섹

다메섹

다윗이
아람소바
연합군을
물리치다

두로 • 마아가 • 단
게데스 •

마아가

아스다롯 •
그술 헬람 • 돕

돕 •

므깃도 • 길르앗 라못 •

벧스안 •

랍바 암몬을 포위
공격하다

세겜 •

요 단 강 마하나임

아벡 •
벧엘 •
게셀 •

랍바 암몬 암몬

예루살렘 • • 메드바

·······
다윗 왕국과 암몬-아람 전투

습니다. 사울은 블레셋 군인의 손을 통해 다윗을 죽이려 했고, 다윗
은 암몬 사람의 손을 통해 우리아를 죽였습니다. 남편이 전사했다는
소식을 들은 밧세바는 남편을 위해 애곡했고, 그 기간이 끝나자마자
다윗은 밧세바를 왕궁으로 들여 자신의 아내로 삼았습니다. 사람들
은 사정도 모르고 다윗이 전사자의 미망인을 챙겨 준다고 감동했을
지도 모릅니다.

간음은 살인으로까지 번지게 되었습니다. 죄는 빨리 버려야지 그렇
지 않고 만지면 만질수록 점점 더 커지게 됩니다. 죄는 혼자 오지 않
습니다. 형제자매가 많습니다. 다윗의 탐욕이 간음으로, 간음이 거짓

과 기만으로, 거짓과 기만이 살인 교사로, 살인 교사가 살인으로 귀착된 것입니다. 한번 잘못 보고 잘못 판단한 것이 다윗을 살인자로 만든 것입니다. "욕심이 잉태한즉 죄를 낳고 죄가 장성한즉 사망을 낳느니라." 다윗의 정욕은 죄와 더불어 많은 비극을 만들어 냈습니다. 밧세바의 순결과 우리아의 생명 그리고 잉태된 아이의 생명을 앗아 갔습니다. 밧세바는 왕의 강압에 의해 한번 부정을 저지른 것이 남편을 죽음으로 모는 꼴이 되었습니다.

여호와 보시기에

이 사건을 아는 사람은 몇이나 되었을까요? 다윗과 밧세바 그리고 심부름한 사람들 한둘, 그리고 요압 장군입니다. 조용하게 소문이 날 수도 있지만 누가 감히 왕의 범죄 사실을 발설할 수 있겠습니까? "임금님 귀는 당나귀 귀"일 뿐입니다. 다윗은 아무 일도 없었던 듯이 위장하고 거의 일 년이나 가식적인 생활을 했습니다. 처음에는 괴로움의 시간을 보냈을 것입니다. 하나님의 위로와 은총이 끊어졌기 때문입니다. 하지만 회개하지 않았습니다. 그렇게 회개하지 않고 오랫동안 살게 되면 만성이 되어 나중에는 자신이 죄를 지었다는 것조차 잊어버립니다. 하지만 하나님은 이 일을 똑똑히 보고 계셨습니다. 사람은 속여도 하나님은 속일 수가 없습니다.

다윗의 행한 그 일이 여호와 보시기에 악하였더라(삼하 11:27)

스스로 속이지 말라 하나님은 만홀히 여김을 받지 아니하시나니 사람이 무엇으로 심든지 그대로 거두리라(갈 6:7)

은밀한 중에 행한 이 일을 하나님은 자신의 종 나단에게 알리셨고, 그로 하여금 다윗에게 가서 하나님의 말씀을 전하게 하였습니다.

■ **나단의 책망**

나단은 다윗에게 나아가 한 가지 비유를 사실처럼 이야기하였습니다. 이야기는 힘이 있습니다. 이야기는 우리의 감성을 자극하고, 이미지와 상상력을 동원하여 감동을 추구함으로써 변화를 유도합니다. 나단은 다윗이 행한 죄를 정확하게 알고 있었고 그것을 다윗에게 전달할 매체로 이야기를 택했습니다. 나단은 유추적 상상력을 발휘하여, 한 마을에 사는 부자와 가난한 사람의 이야기로 꾸몄습니다.

왕이여, 참 희한한 일이 다 있습니다. 한 성에 두 사람이 사는데, 부자는 양과 소가 심히 많고 가난한 자는 암양 새끼 하나를 자식처럼 키우고 있습니다. 그런데 어느날 부잣집에 손님이 왔습니다. 부자는 자기의 많은 양 가운데 하나를 잡아도 될 텐데, 가난한 자의 새끼 양 한 마리를 완력으로 빼앗아 손님을 대접했다고 합니다.

이것이 이야기의 전부입니다. 엄밀하게 말하면 다윗의 스캔들과 부자의 이야기 사이에는 유사점도 있지만 상이점도 많습니다. 이 둘을 연결 짓는 작업은 나단의 상상력으로 이루어진 것입니다. 이야기의 플롯을 구상하고 전달하는 방식이 탁월합니다. 이 비유는 다윗의 관심을 단번에 사로잡았습니다.

이야기는 마음의 빗장을 엽니다. 이 비유는 다윗의 정의심과 동정심을 발동시켰고, 급기야 다윗은 그 이야기에 끼어들어 재판장으로

「나단 선지자와 다윗(Der Prophet Nathan vor David)」 1654~1663, 렘브란트, 동판화, 14.6×17.3cm.

서 판결을 내리고 있습니다. 가난한 자와 자신을 동일시하여 그를 동 정하였고, 부자를 정죄하며 사형 선고를 내렸습니다. 다윗은 크게 노 하여 하나님의 이름으로 맹세하면서 "이 일을 행한 사람은 마땅히 죽 을 자라"(삼하 12:5)고 했습니다. 사실 이 비유를 사실로 간주한다고 해 도 사형은 과도한 처벌입니다. "이에는 이, 눈에는 눈"이라는 원칙에도 어긋납니다. 그만큼 부자의 행위, 그리고 그의 마음에 있던 탐욕스러 움과 가증스러움이 다윗의 격분을 자아냈다는 뜻입니다. 곧이어 다 윗은 자신의 심판이 너무 과했다고 생각했는지 형량을 적절하게 조절 했습니다. "그가 불쌍히 여기지 아니하고 이런 일을 행하였으니 그 양

새끼를 네 배나 갚아 주어야 하리라"(삼하 12:6).

우리는 다른 사람에 대해서는 무엇이 옳고 그른지 잘도 알지만 자신의 경우에는 옳고 그름의 경계를 모호하게 지워 버리는 경향이 있습니다. 그러므로 우리에게는 이야기가 필요합니다. 다른 사람의 이야기를 통해 자신을 보는 것입니다. 이야기는 자신을 비추는 거울입니다.

이때만 해도 다윗은 이 이야기를 실화로 생각했습니다. 비유인 줄 전혀 알아차리지 못했고, 더구나 자신이 한 일과 연관된 이야기라고는 꿈에도 생각지 못했습니다. 다윗은 자기 머리에 스스로 올가미를 씌웠고 나단은 그 올가미를 당겼습니다. 그 부자가 누구냐고 묻는 다윗에게 나단은 "당신이 그 사람이다"(You are the man)라고 대답합니다(삼하 12:7). 이것이 전복하는 이야기입니다. 이것이 이야기의 구체적인 적용입니다.

이제 다윗은 자신이 가난한 자가 아니라 악한 부자라는 사실을 알게 됩니다. 우리는 늘 남의 이야기를 듣고는 '그런 나쁜 사람이 있는가' 하고 정죄합니다. 그런데 사실 내 죄를 객관화하여 한 번 들여다보면 내가 바로 그 죽일 놈입니다. "당신이 그 사람이다!"

다윗은 깜짝 놀랐을 것입니다. 불의의 일격을 당하여 어안이 벙벙해졌을 것입니다. 나단은 비록 위대한 왕 다윗의 면전이지만 그의 얼굴을 부싯돌처럼 굳게 하여 만군의 여호와 하나님, 이스라엘의 하나님의 이름으로 다윗을 책망합니다. 왕의 진노를 사서 죽음을 당할 수도 있지만, 이것이 참된 선지자의 길입니다.

복음 _ 나에게 말씀하시는 하나님

나단은 하나님이 다윗에게 베푸신 은혜의 역사를 회상하게 합니다.

목동으로 양 꽁무니를 따를 때에 이스라엘의 왕으로 기름 부으신 것, 사울에게 핍박받을 때 건져 주신 일, 수많은 환난과 위기 가운데 돌보아 주신 것, 그리고 마침내 유다와 이스라엘의 왕권을 그에게 주시고 전임자들의 모든 것을 갖게 해주신 것을 말했습니다.

다윗은 빈손에서 모든 것을 가진 자가 되었습니다. 하나님은 다윗이 필요하다면 더 주실 것입니다. 그렇게 하나님은 다윗을 영광스럽게 만들어 주셨건만 다윗은 배은망덕하고 말았습니다. 이스라엘의 왕, 이스라엘의 목자로 세워 양을 잘 돌보라고 하셨건만 참된 목자의 길을 벗어나 범죄하고 말았습니다. 백성으로 하여금 율법을 잘 지키도록 독려하고 감독해야 할 자가 앞장서서 죄를 범하는 범죄자가 되고 말았습니다. 하나님이 맡기신 의무를 저버렸을 뿐 아니라 왜곡시켰습니다. 하나님이 베푸신 수많은 은혜는 물거품이 되고 허망한 것이 되고 말았습니다. 다윗의 범죄는 우리아를 향해서 저질러진 것을 넘어 하나님을 향해 저질러진 것입니다. 그 가증함과 그 처벌은 다윗이 자신의 입술로 낸 바와 같습니다.

다윗은 부자의 이야기에서 자신의 이야기를 보게 됩니다. 여기에 이야기의 '전복하는 힘'(transforming power)이 나타납니다. 다윗은 다른 사람의 이야기를 통하여 자신의 이야기가 객관적으로 들려졌을 때 자신의 악함을 스스로 판결하게 되었던 것입니다. 사실 다윗은 이야기 속의 부자보다 더 악한 사람입니다. 부자는 양 한 마리를 빼앗았지만 다윗은 우리아를 죽이고 그의 아내를 빼앗았기 때문입니다. 그러나 남의 작은 죄는 잘도 알고 판결하면서 자신의 잘못은 알지 못합니다. 남에게는 엄격하고 자신에게는 한없이 관대합니다. 나단은 이렇게 이야기를 통하여 다윗의 공권력 남용과 살인과 간음에 대하여 알려 주었고 다윗은 그 강도와 심각성을 깨닫게 되었습니다.

　이것이 복음입니다. 복음은 나에게 주시는 말씀을 듣는 일입니다. 사람들은 설교를 들을 때도 자신을 지지해 주는 것만 적극적으로 수집하는 경향이 있습니다. 이것을 '확증 편향'(confirmation virus)이라고 합니다. 자신에게 불리한 반대 의견은 시시한 것만 기억하고, 말도 되지 않는다고 비판합니다. 그러나 쓴 소리를 들을 줄 알아야 합니다. 선한 사람이 아니라 악한 자가 바로 나라고 들어야 합니다. 그리고 나에게 주는 말씀으로 들어야 복음입니다.

　여기 비유 만들기와 비유 적용하기의 과정이 나와 있고 그것을 매개하는 유추적 상상력의 역할이 나와 있습니다. 결국 다윗은 "내가 여호와께 죄를 범하였노라"(삼하 12:13)는 짧지만 진솔한 고백으로 회개하게 됩니다. 삼인칭(부자)으로 시작하여 이인칭(당신)으로 들리고 일인칭(내가)으로 반응을 일으키는 것입니다.

　왜 다윗의 죄가 이렇게 커 보입니까? 기록되었기 때문이고 이야기되기 때문입니다. 그러나 다윗의 죄가 결코 우리의 죄보다 크지 않습니다. 우리가 은밀하게 행했던 죄를 이와 같이 적나라하게 기록하고 객관적으로 이야기한다면 그 역시 다윗의 죄 못지않음을 알게 될 것입니다. 우리에게도 이런 복음이 절실합니다.

회개하는 다윗
하나님은 악인이라도 그의 죄악 중에 죽는 것을 원치 않으시며 그로 하여금 돌이켜 생명을 얻기 원하십니다. 하나님이 나단 선지자를 다윗에게 보내신 목적도 동일합니다. 곧 돌이켜 생명을 찾는 것입니다.

왜 사람들은 절망합니까? 자신이 지은 죄나 실패가 하나님보다 더 크다고 생각하기 때문입니다.

그러나 실상 하나님의 은혜가 우리의 모든 죄와 실패보다 큽니다. 다행히 다윗은 사울 같지 않았습니다. 변명과 자기 합리화로 일관하는 대신 하나님 앞에 진솔하게 회개했습니다. 만군의 여호와, 전능하신 하나님의 이름과 권세 앞에 무릎을 꿇었습니다. 이것이 바로 다윗을 위대하게 만든 요인입니다. 회개할 때 용서받을 수 있습니다.

> 허물의 사함을 받고 자신의 죄가 가려진 자는 복이 있도다 마음에 간사함이 없고 여호와께 정죄를 당하지 아니하는 자는 복이 있도다 내가 입을 열지 아니할 때에 종일 신음하므로 내 뼈가 쇠하였도다 주의 손이 주야로 나를 누르시오니 내 진액이 빠져서 여름 가뭄에 마름같이 되었나이다(시 32:1-4)

> 자기의 죄를 숨기는 자는 형통치 못하나 죄를 자복하고 버리는 자는 불쌍히 여김을 받으리라(잠 28:13)

다윗은 겉으로는 평온해 보였어도 괴로운 시간을 보냈던 것 같습니다. 이렇게 죄가 드러나고 회개했을 때 오히려 홀가분하게 되었을 것입니다. 나단 선지자가 돌아간 뒤에 다윗은 조용한 곳으로 갔을 것입니다. 그리고 그동안 감추어 두었던 모든 죄악을 하나님 앞에 고하고 통회했을 것입니다. 하나님의 용서를 받은 이후에 진정으로 자신의 죄악에 대해서 아파하는 것은 흔한 일입니다. 다윗은 이 경험을 시편 51편으로 남겼습니다. 문자로 기록하여 두고두고 자신을 경계하며 많은 사람들에게 교훈을 삼고자 함입니다.

다윗의 고백입니다.

하나님이여 주의 인자를 따라 내게 은혜를 베푸시며 주의 많은 긍휼을 따라 내 죄과를 도말하소서 … 무릇 나는 내 죄과를 아오니 내 죄가 항상 내 앞에 있나이다 내가 … 주의 목전에 악을 행하였사오니 … 주의 얼굴을 내 죄에서 돌이키시고 내 모든 죄악을 지워 주소서 하나님이여 내 속에 정한 마음을 창조하시고 내 안에 정직한 영을 새롭게 하소서 나를 주 앞에서 쫓아내지 마시며 주의 성령을 내게서 거두지 마소서 … 피 흘린 죄에서 나를 건지소서

다윗은 상한 마음으로 회개했고, 하나님은 그의 마음속에 정한 마음을 창조하셨습니다. 다윗을 욕하며 손가락질하는 나에게 하나님은 "너도 똑같은 죄인"이라고 말씀하십니다. 내게도 다윗과 같은 철저한 회개가 필요합니다. 다윗은 잘못을 저지르고도 회개함으로 하나님 마음에 든 사람입니다. 물론 다윗은 그 죄의 대가를 치르게 됩니다. 그러나 그의 영혼은 잃지 않았습니다. 하나님의 언약도 변하지 않았습니다. 하나님은 자비로우시며 은혜로우시며 노하기를 더디 하시며 인자하심이 풍부한 분이십니다(시 103:8-14).

다윗의 도피 행로

지중해
(대해)

바산

• 두로

▲ 헬몬 산

• 가르나임
아스드롯 •

• 하솔

갈릴리
바다

길르앗

• 로드발   에드레이 •
벧스안 •   로글림 •

암미엘의 아들
마길

암몬

길르앗 사람
바실래

• 세겜

• 브니엘
• 마하나임

숙곳

나하스의 아들
소비

압살롬이 유다와
이스라엘 장로들에
의하여 왕위에
오르다

아담 •

다윗이 압살롬을
피하여 도망하다

여리고
평지

• 바알하솔

• 야셀   모압 평지

욥바 •

• 랍바베네암몬

• 아벨싯딤

기브온 •

여부스 •

기럇 여아림 •
벧세메스 •

• 헤스본

바알브라심 •
예루살렘 •

벧 아라바 •

여리고 •

아스돗 •

아세가 •

가드 •

바후림 •

벧 호글라 •

▲ 느보 산

가나안

넵도아 •
드고아 •

아스글론 •

엘라 골짜기

사해

모압

압살롬의 경로

• 헤브론

가사(가자) •

아렉 사람 후새의
조언에 따라 압살롬이
온 이스라엘을 모으다

• 엔게디

• 시글락

• 디본

그랄 •

• 길하레셋

블레셋

브엘세바 •

• 호르마

아말렉

소알 •

세렛 골

• 브엘라헤로이

신(Zin) 광야

에돔

• 가데스바네아

• 이예아바림

40 헤브론 Hebron

압살롬이 왕이 되다

사무엘하 15:7-12 (참고. 13:1-19:8)

다윗은 '하나님의 마음에 합한 자'였습니다. 인류 역사상 누가 다윗같이 하나님의 마음에 쏙 들었다는 평가를 받을 수 있을까요? 참으로 부럽기 한이 없습니다. 다윗은 이후로 참된 경건의 표준이 되었습니다. 분열 왕국 시대의 왕조를 평가하는 잣대는 바로 다윗이었습니다. "그가 다윗과 같이 행하였더라"는 말은 최상급의 평가입니다. 다윗을 이상화한 느낌은 받지만, 여하튼 다윗은 신앙과 경건의 측면에서 모범이 되는 인물이라고 할 수 있습니다.

하지만 성경은 있는 그대로의 모습을 보여 줍니다. 위대한 인물이라고 해서 그들의 실수와 허물을 감추지 않습니다. 존경 받는 인물인 다윗이 저지른 최대의 수치와 부끄러움 그리고 그로 인해 발생하게 된 가정 내부의 비극(그의 가정이 왕실이었으므로 왕국 전체에 영향을 미쳤지만)을 적나라하게 묘사하고 있습니다. 다윗도 우리와 성정이 같은 사람이구나 하는 동질감과, 여하튼 범죄에는 대가가 따른다는 값비싼 교훈을 우리에게 주고 있습니다. 범죄에는 반드시 처벌이 따릅니다! 하나님은 불편부당하고 공의로운 분이십니다. 다윗의 범죄는 그의 가정을 관통하고 그의 왕국을 관통한 뒤에 다시 다윗에게로 돌아왔습니다. 죄악의 부메랑을 맛보면서 다윗은 '하나님은 거룩하시다'는 명제의 의미를 곱씹게 되었을 것입니다.

오르막길과 내리막길

다윗은 풍전등화와 같은 이스라엘을 반석 위에 세운 인물입니다. 사사 시대에 이스라엘 민족이 왕을 구한 이유는 블레셋의 위협 때문이었습니다. 초대 왕 사울은 최선을 다해서 블레셋 격퇴에 노력했지만 길보아 산에서 세 아들과 함께 전사함으로써 왕으로서의 책무를 다하지 못했습니다. 백성들이 원한 왕으로 부적합하다는 것을 증명하고 말았습니다.

사울을 대신하여 왕이 된 다윗은 백성들이 기대한 이상이었습니다. 블레셋 격퇴를 시작으로 위대한 일을 이루었습니다. 다윗은 출중한 전략과 용맹함으로, 충성스러운 부하들과 함께 동서남북을 제압함으로써 이스라엘을 근동의 대제국으로 발돋움하게 했습니다. 모압, 암몬, 에돔, 블레셋, 페니키아, 아람까지도 유대 민족의 영향권 아래 두었습니다.

■ 다윗의 범죄

호사다마(好事多魔)라고 했던가요. 국가가 반석 위에 든든하게 서고 번영일로에 있을 때 다윗은 돌이킬 수 없는 실수를 저질렀습니다. 암몬과의 전쟁 중 다윗 왕은 예루살렘 궁에 머물러 있었습니다. 저녁쯤 잠에서 깨어난 다윗은 옥상을 한가로이 거닐다가 목욕하는 여염집 아낙을 보게 되었습니다. 그것으로 끝을 냈어야 마땅합니다. 하지만 다윗은 공권력을 동원하여 그녀를 왕궁에 불러들였습니다. 미련하고 어리석은 자가 된 것입니다. 죄악의 길을 따르고 죄를 범하게 된 것입니다.

욕심이 잉태한즉 죄를 낳고 죄가 장성한 즉 사망을 낳느니라(약 1:15)

동침한 밧세바가 잉태하자 다윗은 이를 은폐하기 위해서 가증한 일을 벌였습니다. 전쟁터에 나가 있는 남편 우리아를 소환하여 그로 집에 가서 아내와 함께하게 권했습니다. 하지만 '거룩한 전쟁' 전통과 규율을 지키려는 충직한 우리아는 그 말을 따르지 않았습니다. 많은 술로도 우리아의 충직함을 꺾지 못했습니다. 그래서 다윗은 야전 지휘관인 요압에게 서신을 써서 우리아를 죽음의 최일선에 배치하라고 지시했습니다. 우리아는 자신을 둘러싼 음모도 모른 채 하나님과 이스라엘을 위하여 충직하게 싸우다 전사하고 말았습니다. 우리아의 아내는 다윗의 아내가 되었습니다. 살인하고 남의 아내를 빼앗은 것입니다. 가증한 죄악입니다. 그렇지만 하나님의 눈까지 속일 수는 없습니다.

■ 다윗의 회개

하나님은 나단을 보내 다윗의 잘못을 지적하셨고 다윗은 회개하였습니다. "내가 여호와께 죄를 범했나이다." 하나님은 다윗의 범죄를 용서하셨지만 그 범죄에 대한 응분의 대가를 치를 것이라고 말씀하셨습니다. 칼이 다윗의 집에서 영원히 떠나지 않을 것, 다윗의 아내를 빼앗아 타인에게 주어 백주에 동침하게 되리라는 것, 밧세바가 잉태한 아이가 죽게 되리라는 것입니다.

한순간의 실수로 인생 오르막이 끝나고 내리막이 시작된 것입니다. 그러나 외면적으로는 별 문제 없이 진행되는 듯했습니다. 이스라엘 군대는 암몬의 수도 랍바를 함락시켰고 다윗은 그곳에 가서 왕관을 빼앗아 쓰고 많은 약탈물을 얻어 예루살렘으로 승리의 개선을 했습니다. 백성들의 환호와 축하와 기쁨 속에 다윗 왕의 범죄는 잊혀 가는 듯했고 나라는 더욱 반석 위에 서는 듯했습니다. 모든 것이 만사형통이었습니다.

하지만 다윗의 범죄는 다윗 개인의 인생에서 변곡점을 찍은 사건이 되었습니다. 밝은 이야기는 끝이 나고 이후로 어두운 이야기가 펼쳐집니다. 학자들은 사무엘상 16장부터 사무엘하 5장까지를 다윗 상승 이야기(HDR = History of Davidic Rise)라고 부릅니다. 이스라엘의 왕권이 어떻게 사울에게서 다윗에게로 이동하는가를 조명합니다. 사무엘하 12장부터 열왕기하 1장까지는 왕위 계승 이야기(Succession Narrative)라고 합니다. 다윗의 뒤를 이어 어떻게 그의 아들 솔로몬, 서열로 보나 나이로 보나 왕이 될 가능성이 희박한 솔로몬이 즉위하게 되었는가를 보여 줍니다.

■ 범죄의 파장

다윗의 상승 이야기 때는 참 좋았습니다. 광야 학교에 입학한 다윗이 신앙으로 그 모든 역경을 극복하고 승승장구하면서 가는 곳마다 승리하게 된다는 이야기이기 때문입니다. 다윗은 역전의 용사였습니다. 하지만 왕위 계승 이야기는 그다지 아름답지 못합니다. 다윗 가문의 복잡한 문제를 보여 주고 또한 추한 인간 군상의 모습을 가득 담고 있기 때문입니다. 근친상간, 반역, 살인, 거짓, 탐욕, 전쟁, 허영심, 복수가 난무합니다. 영화로 따진다면 미성년자 관람 불가 R등급 내지는 X등급으로 분류될 내용들입니다. 왕위 계승 서열 1번으로 유력했던 암논이 비명에 죽은 것(13장), 온 이스라엘의 인기를 독차지할 만큼 잘 생겼던 압살롬이 반역을 일으키다 죽은 것(14-18장), 압살롬 다음으로 준수했던 아도니야가 스스로 왕이 되려다가 중도에서 하차하고 결국 솔로몬이 우여곡절 끝에 다윗의 왕위를 잇게 됩니다.

한마디로 바람 잘 날 없는 가정을 소개하고 있습니다. 가정에 불어닥친 외적인 바람과 환난은 가족 구성원의 결속을 강화하기도 합니다. 하지만 부부간의 갈등, 가족 간의 미움, 용서하지 않는 마음, 무관심, 편애, 학대 같은 가정 내부의 문제와 갈등은 그 어떤 것보다 견뎌내기 힘듭니다. 밧세바와의 사건 이후 다윗이 겪은 가정적인 어려움들은 그의 범죄에 대한 끔찍한 징계 채찍이었습니다.

다윗의 범죄는 사실상 그의 취약점에서 시작됩니다. 다윗은 성적으로 연약한 인물입니다. 신앙 생활은 우리의 기질 자체를 변화시키지 않습니다. 그러므로 우리는 자신의 강점을 더욱 계발하고 약점을 보완해야 합니다. 우리에게 임하신 성령님은 바로 그런 일을 하십니다.

그러므로 다윗에게 있는 약점을 탓할 수는 없습니다. 하지만 다윗은 성령님의 힘으로 정결한 마음을 지니고 살았어야 했습니다. 마귀가 우는 사자처럼 삼킬 자를 찾는데, 다윗에게 우는 사자는 자신 안에 있던 육욕이었습니다. 일차적으로 밧세바와의 사건을 통해서 이것이 분명히 입증됩니다. 그의 많은 처첩을 통해서도 이를 엿볼 수 있습니다. 성경에 따르면 다윗은 많은 처첩을 두었습니다. 헤브론에서 유다 지파의 왕이 되었을 때에 아내를 많이 두어 아들을 낳았습니다. 또한 통일 왕국의 초대 왕이 된 뒤 예루살렘에서도 많은 처첩을 얻어 자녀를 더 두었다고 기록되어 있습니다. 사무엘하 5장과 역대상 3장에 따르면 다윗은 8명 이상의 아내와 20명의 아들을 둔 것으로 보입니다. 아무리 그가 왕이요, 주전 1000년에 살았던 사람이라도 이처럼 많은 처첩을 거느리고 산 것은 바르지 못합니다.

> 네 위에 왕을 세우려면 네 형제 중에서 한 사람을 할 것이요 네 형제 아닌 타국인을 네 위에 세우지 말 것이며 그는 병마를 많이 두지 말 것이요 병마를 많이 얻으려고 그 백성을 애굽으로 돌아가게 하지 말 것이니 이는 여호와께서 너희에게 이르시기를 너희가 이 후에는 그 길로 다시 돌아가지 말 것이라 하셨음이며 그에게 아내를 많이 두어 그의 마음이 미혹되게 하지 말 것이며 자기를 위하여 은금을 많이 쌓지 말 것이니라(신 17:15-17).

왕에 대한 경계의 말씀입니다. 이스라엘을 안정시키기 위해서, 외교 관계를 위해서, 동맹의 확고함을 위해서 불가피했다고 변명하는 사람도 있겠지만 다윗의 약점이 그대로 드러난 부분이라고 할 수 있습니다. 하나님 외에 다른 것을 의지하여 왕권을 유지할 수는 없습니다. 다윗의 약점과 그의 범죄가 결합되어 다윗 가문에 피바람이 불어옵니다.

암논의 범죄

비극은 장자 암논이 이복 여동생인 다말을 범하는 일로부터 시작됩니다(삼하 13:1-22). 야곱의 열두 아들 중 르우벤이 서모 빌하와 통간함으로 장자권이 유다에게 넘어갔는데, 다윗 가정에서도 유사한 일이 벌어졌습니다. 나중에는 압살롬이 다윗의 첩을 범하는 일도 일어났습니다. 많은 아내와 첩들, 그들로부터 많은 자녀가 태어나니 골치 아픈 문제가 일어나지 않을 수가 없습니다. 복잡한 가정, 비정상적인 가정이 문제입니다. 오늘날 미국에서도 성적 남용(sexual abuse), 근친상간 또는 추행(sexual rape)은 바로 비정상적인 가정 생활에서 연유되는 경우가 많습니다. 형제들끼리 아빠나 엄마가 각각 다르고, 다시 부부가 이혼하면서 문제를 더합니다.

암논은 다말을 짝사랑하였습니다. 그의 욕망은 결코 성취될 수 없는 것입니다. 모세의 율법은 이와 같은 근친상간을 가증한 것으로 규정하여 금지하고 있기 때문입니다. 안타까움 때문인지 암논은 그만 고칠 약도 없다는 상사병까지 나게 되었고 몸은 날이 갈수록 파리하여 갔습니다. 이런 그에게 간교한 친구가 있었습니다. 사정을 들은 그가 대담한 계략을 꾸밉니다. 아버지 다윗의 권세를 활용하는 것이었습니다.

다윗 왕은 암논의 꾀병에 속아 다말로 하여금 병든 오라비를 돌보라는 명을 내렸습니다. 다윗이 이전에 자신에게 주어진 권세를 활용해서 우리아를 죽이지 않았습니까? 이제는 그의 아들이 아버지의 권세를 역이용하여 그를 욕되게 하고 있습니다. 다말은 아버지의 명령에 따라 과자를 구워 먹여 주고 병간호를 하려고 왔는데, 암논은 다른 마음을 품고 있었습니다. 결국 완력으로 다말을 강간하고 말았습

「다말을 범하는 암논(Amnon Attacking Tamar)」 1520, 얀 도니케, 판넬에 유화, 79.2×64.5cm, 월터
스 미술관, 볼티모어.

니다. 그리고 자기의 욕심을 다 채운 후에는 애걸하는 다말을 미워하여 내쫓았습니다. 사람은 '죄로 얻은 것을 싫어하게 됩니다.' 다말은 통곡하며 옷을 찢고 금식하며 처량하게 오빠인 압살롬 집에서 지냈습니다(삼하 13:19-20).

그런데 이 사건을 접한 다윗의 태도는 어떠합니까? 다윗은 이 모든 일을 듣고 그저 "심히 노한"(삼하 13:21) 것밖에 없습니다. 세겜에서 하몰의 아들 세겜에게 디나가 강간을 당했을 때 야곱이 무관심하게 아버지의 역할을 감당하지 않아 사건을 크게 만든 것과 너무나 흡사합니다(창 34장). 다윗은 다말이 압살롬의 집에서 처량하게 지내도록 방치했고, 잘못을 범한 암논에게 아무런 징계도 내리지 않았습니다. 다윗은 자기 분을 다스리기에만 바빴고, 자기의 잘못을 그대로 따라하는 암논이 미웠지만 아무런 조치를 하지 않았습니다. 다말과 압살롬을 찾아가 위로하고 암논에게는 응분의 징계를 내렸어야 하는데 말입니다. 왜 다윗이 후속 조치를 취하지 못했을까요? 아니, 안했을까요? 자신과 너무도 닮은 행동이었기 때문에, 자신을 보는 것 같아서였는지도 모르겠습니다.

부전자전(父傳子傳)이라는 말이 있습니다. 부모의 나쁜 본을 자식이 그대로 따른다는 뜻입니다. 차마 이것만은 닮지 말라고 하고 싶은 것이 있을 것입니다. 그런데 자식은 꼭 그것을 따라합니다. 사람들은 말로 배우지 않고 행위로 배웁니다. 행실로 본을 보여 주지 못하면서 말로만 하는 교육은 헛것입니다. 마치 게가 자기는 옆으로 걸으면서 자식 보고는 반듯하게 걸어가라고 하는 격입니다. 나는 '바담 풍(風)' 할 터이니 너는 '바람 풍(風)' 하라는 격입니다. 자신도 허물이 있기에 자녀들에게 말의 힘이 서지 않습니다. 비록 대놓고 말은 못해도 궁중의 알 만한 사람은 다 알고 있었습니다. 다윗이 우리아 장군의 아내를 범하고 그를 아내로 맞아들였다는 것을 말입니다.

우리 주변에는 다말처럼 성폭행에 희생당한 사람들이 있습니다. 우리는 그런 사람들을 사랑으로 보듬고 치유해 주어야 합니다. 다말은 큰 고통을 당한 피해자입니다. 다윗처럼 그냥 덮고 유야무야해서는 안 됩니다. 일반적으로 성폭행 피해자는 다음 일곱 가지 증세를 보인다고 합니다.

1. 당사자에 대해 원한을 품거나 굉장히 원통해합니다(angry).
2. 불결함을 느낍니다. 자기를 미워합니다(dirty).
3. 절망합니다. 의욕을 상실하고 자신을 포기하려고 합니다(hopeless).
4. 죄책감을 느낍니다. 그래서 자꾸 후회합니다(guilty).
5. 아무도 믿지 않고 혼자뿐이라고 생각을 합니다(alone).
6. 사람을 두려워하거나 조바심을 가지고 놀랍니다(afraid).
7. 슬픔에 잠겨 의욕을 상실합니다(grief-sticken).

그러므로 이런 상황에 있는 사람을 대할 때는 무엇보다 사랑을 가지고 들어 주어야 합니다. 그들이 느끼는 부정적인 감정들을 지울 수 있도록 함께 있어 주어야 합니다. 희생자를 비난하거나 정죄해서는 안 됩니다. 상처 입은 그들은 치료받아야 할 사람들입니다.

압살롬의 범죄

이렇게 부도덕한 부모는 자녀가 그의 죄를 모방함으로써 심판을 받습

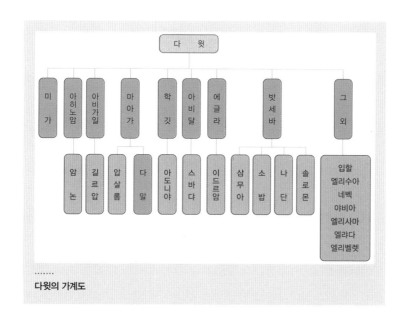

다윗의 가계도

니다. 이것이 바로 '시적인 정의'(poetic justice)요 보복법의 내용입니다. 구약의 표현대로 "눈에는 눈, 이에는 이"의 고통을 받게 된 것입니다. 다말의 수치스러움, 오빠 압살롬의 분노, 밧세바의 수치스러움, 밧세바의 할아버지인 아히도벨의 분노(밧세바는 아히도벨의 아들 엘리암의 딸: 삼하 11:3, 23:34 참고)가 그것입니다. 압살롬의 반역이 일어났을 때 모사 아히도벨이 왜 반역군에 가담했는지를 짐작하게 해줍니다. 아히도벨이 압살롬에게 다윗의 후궁들과 동침하라는 악한 조언을 한 이유도 짐작이 됩니다(삼하 16:21). 밧세바가 왕의 아내가 되었으니 더 좋은 것이 아닌가 생각될지 모르지만, 당대의 문화로서는 씻을 수 없는 수치와 부끄러움을 그 가문에 안겨 준 것입니다. 다윗은 더 이상 어찌하지 못했습니다. 암논을 불러 혼내지 못했고 압살롬과 다말을 불러 위로하지도 못했습니다.

평화의 기초는 정의입니다. 정의가 확립되지 않으면 평화는 없습니다. 응징되지 못한 악은 새로운 악을 싹트게 합니다. "누이야, 지금은 잠잠히 있고 이것으로 말미암아 근심하지 말라"(삼하 13:20). '이 오빠가 있으니 걱정하지 말아라. 내가 해결해 주겠다. 네 원통함을 반드시 풀어 주겠다'라는 말이 들어 있는 듯합니다. 이렇게 압살롬은 2년 동안 앙심을 품고 복수의 칼날을 갈았습니다.

2년 후 양털을 깎는 절기가 돌아오자 압살롬은 양털 깎는 잔치에 부왕과 왕의 모든 아들을 초대했습니다. 아마 이때 부왕 다윗까지도 죽이려는 마음을 품었는지 모르겠습니다. 하지만 다윗은 초대에 응하지 않았습니다. 그래서 압살롬은 다윗에게 친히 나아가 간청을 했습니다. 다윗은 압살롬을 축복하고 다른 아들들에게는 참석하라는 왕명을 내렸습니다. 암논이 아버지의 권세를 빌려 다말을 강간했듯, 이번에는 압살롬이 다윗의 권세를 빌려 형제를 모았습니다. "압살롬이 간청하매 왕이 암논과 왕의 모든 아들을 그와 함께 그에게 보내니라"(삼하 13:27).

다윗이 암논을 벌하지 않으니 압살롬이 계획적인 살인을 행합니다. 압살롬은 그의 부하들에게 약속합니다. "두려워 말라. 내가 너희에게 명령한 것이 아니냐. 너희는 담대히 용기를 내라"(삼하 13:28). 결국 술에 취한 암논은 죽임을 당했고 모든 왕자는 황급히 예루살렘 왕궁으로 도망쳤습니다. 압살롬은 그술 왕 암미훌의 아들 달매에게 도피했습니다. 어머니 마아가의 아버지이므로 그에게는 외할아버지였습니다. 그렇게 해서 3년 동안 그곳에 피하여 있었습니다. 이렇게 해서 다윗이 무시한 작은 문제는 점점 커져서 살인으로 번지게 되었습니다.

하지만 아직 고통은 끝나지 않았습니다.

압살롬의 도피와 복귀

3년 후에 다윗의 노여움이 가라앉고 마음이 압살롬에게로 향하는 줄 알게 된 요압 장군은 드고아에서 한 지혜로운 여인을 불러 거짓 소송 사건으로 다윗에게 재판을 청구합니다. 여인의 두 아들 사이에 다툼이 나서 한 아들이 다른 아들을 쳐 죽였다는 비극적인 사건을 설정했습니다. 드고아 사람들이 살인자가 된 아들을 내놓으라고 압박하여 견딜 수가 없다고 그 어머니는 눈물로 호소합니다. 살인을 저질렀으니 죽어 마땅하지만 은총을 베풀어 달라고 간청했습니다. 두 아들이 모두 죽는다면 그 여인에게 무슨 소망이 있겠습니까?

다윗 왕은 공의의 원칙을 넘어서는 인자의 원칙에 따라 아들을 살려 주겠노라 약속합니다. 이 말을 받아 여인은 다윗 왕가에서 벌어진 일에 적용합니다. 암논은 이미 죽었으니 어찌할 수 없는 노릇이고 산 사람은 살려야 하지 않겠느냐는 투로 말입니다. 우리아 사건에 대한 나단의 이야기와 압살롬 사건에 대한 요압의 이야기는 이야기의 힘을 여실히 드러내고 있습니다. 나단이 다윗의 범죄를 확신시키기 위해서 사용한 이야기에 이어지는 중요한 이야기 방법입니다. 요압 장군이 배후에 있다는 것을 확인한 다윗은 요압의 요청대로 압살롬이 고국으로 돌아오도록 허락했습니다.

하지만 뜻밖에도 다윗은 돌아온 압살롬을 보려 하지 않았습니다. 다윗은 2년 동안이나 압살롬을 만나 주지 않았습니다. 여전히 미운 마음이 남아 있었던 것이 아닐까요?

....
「압살롬이 연회에서 암논을 죽이다(Die Ermordung Amnons beim Gastmahl Absaloms)」 1752, 가스파레 트라베르시, 캔버스에 유화. 148×205cm.

그를 그의 집으로 물러가게 하여 내 얼굴을 볼 수 없게 하라(삼하 14:24)

견디다 못한 압살롬은 더 이상 이 일에 개입하지 않으려는 요압 장군의 밭에 불을 질러 억지로 오게 하고 다윗과의 만남을 주선하게 했습니다. 압살롬이 내뱉는 말에는 2년 동안 아버지에게 쌓인 섭섭함이 표출되고 있습니다. "차라리 지금까지 그술 땅에 있는 것이 더 낫지 않았겠는가! 내게 죄가 있다면 지금이라도 죽이라는 것이 좋지 않겠는가" 하고 말입니다. 아버지 다윗의 우유부단함과 어정쩡한 태도는 압살롬으로 하여금 분노를 쌓게 했을 것입니다. 용서를 하려면 감정의 앙금까지 완전히 청산해야 합니다. 그동안 보여 준 다윗의 대범함과 도량을 전혀 느낄 수 없는 대목입니다.

압살롬의 반역

요압의 중재로 다윗과 압살롬의 만남이 성사되었습니다. 압살롬은 다윗에게 나아가 절하고 다윗은 압살롬에게 입을 맞추었습니다. 하지만 이것은 외형적인 것일 뿐입니다. 압살롬은 이미 역심을 품고 있었습니다. 화해는 몸으로 하는 것이 아니라 마음으로 해야 합니다. 압살롬은 다윗을 죽이고 왕좌를 찬탈하기 위해서 4년 동안 와신상담했습니다.

압살롬에게는 많은 장점이 있었습니다. 아버지 다윗뿐 아니라 어머니 마아가도 왕족이니 혈통적인 배경도 좋고, 외모도 출중하여 이스라엘 가운데 압살롬같이 잘생긴 사람이 없었다고 했습니다. 발바닥부터 정수리까지 흠이 없고, 특별히 머리털이 아름다웠습니다. 게다가 압살롬은 사람들의 민원을 잘 처리하여 백성들의 인기를 한몸에 지니고 있었습니다. 누가 봐도 다윗을 이어 이스라엘의 왕이 될 사람으로 보였습니다. 이제 그는 다윗의 평판에 흠집을 내고 자기에 대한 신망을 끌어냄으로써 사람들의 마음을 도둑질합니다.

■ 헤브론

압살롬은 겸손하게 자기의 시간을 기다리지 않고, 스스로 자신의 모든 장점을 이용하여 왕이 되고자 했습니다. 다윗에게는 서원한 것이 있어 제사를 드리러 간다고 거짓말을 하고 많은 사람들을 대동하여 헤브론으로 내려갔습니다. 헤브론은 예루살렘에서 족장의 길을 따라 남쪽으로 30킬로미터 지점에 있습니다. 헤브론의 '막벨라 굴'에 아브라함과 사라, 이삭과 리브가, 야곱과 레아의 무덤 곧 조상들의 묘가 있는 정통적인 이스라엘의 도시입니다. 다윗도 헤브론에서 왕으로 기름 부음을 받고 통치를 시작했습니다(삼하 5:3).

압살롬은 다윗이 헤브론에 있을 때 그술 왕 달매의 딸 마아가에게서 태어났습니다. 압살롬은 자신이 태어난 고향에 가서 왕이 되었습니다(삼하 15:10). 압살롬은 다윗이 수도를 예루살렘으로 옮긴 것에 배신감과 반발심을 느끼고 있던 헤브론 사람들을 규합하였습니다. 여기에는 헤브론과 예루살렘 사이의 지역적 알력도 있었을 것입니다. (결국은 예루살렘파의 승리로 예루살렘에서 태어난 솔로몬이 왕위를 계승하게 됩니다.)

압살롬은 헤브론에서 나팔을 불어 반역의 깃발을 높이 세웠습니다. 밧세바의 할아버지 아히도벨을 불러 반역군의 모사로 임명했습니다. 그리고 신속하게 예루살렘 다윗 성을 향하여 진군했습니다. 급보를 들은 다윗은 몇 안 되는 부하들을 이끌고 황급하게 도망가게 되었는데 이때 다윗의 나이는 60대였습니다. 수치와 부끄러움 가운데 다윗은 예루살렘을 떠나 피난길에 올랐습니다. 그 길에서 충성스런 신하도 많았지만 시므이 같은 사람도 만나 많은 욕도 당해야 했습니다.

압살롬은 무혈 입성하게 되었고 아히도벨의 조언에 따라 다윗의 후궁과 대낮에 동침했습니다. 다윗은 은밀하게 남의 아내와 동침했지만 그 죄악에 대한 응징으로 백주 대낮에 후궁을 자식에게 빼앗기게 되었습니다. 이 같은 행위는 다윗과 압살롬의 관계에서 돌아올 수 없는 강을 건넌 것이었습니다. 이제 다윗과 압살롬은 부자지간이 아니라 불구대천의 원수로 확정되었고 다윗에게 불만이 있던 세력은 확실히 압살롬의 편에 서게 되었습니다. 그런데 피난 대열에 있던 하나님의 궤를 예루살렘으로 다시 메어 가게 한 것은 다윗의 믿음을 엿볼

....
헤브론에 있는 막벨라 동굴

수 있는 대목입니다. '나는 다시 돌아와 이곳에서 하나님께 예배드리게 되리라.'

비록 이 모든 재앙이 다윗의 범죄에 대한 처벌이었지만 다윗을 죽이는 것은 하나님의 뜻이 아니었습니다. 그래서 압살롬의 복수심과 이기심과 무자비와 폐륜이 대세를 이루는 것 같지만 전략과 정보전에서 뛰어난 다윗의 군대가 사태를 역전시킵니다. 무엇보다 하나님은 아히도벨의 계략이 채택되지 않도록 반란군 지휘부의 눈을 어둡게 하셨습니다. 아히도벨은 다윗 왕을 급습하여 왕을 제거함으로서 빨리 국가를 차지하자는 좋은 계략을 세웠습니다. 하지만 위장 전향한 후새는 대규모 공격으로 압살롬의 위엄을 만천하에 떨치자고 주장했고, 교만한 압살롬이 후새의 전략에 따르기로 한 것입니다. "우리가 그 만날 만한 곳에서 그를 기습하기를 이슬이 땅에 내림같이 우리가 그의 위에 덮여 그와 그 함께 있는 모든 사람을 하나도 남겨 두지 아니할 것이요 또 만일 그가 어느 성에 들었으면 온 이스라엘이 밧줄을 가져다가 그 성을 강으로 끌어들여서 그곳에 작은 돌 하나도 보이지 아니하게 할 것이니이다 하매"(삼하 17:12-13). 이로 말미암아 다윗 일행은 도피 시간을 벌게 되었습니다. 교만은 패망의 선봉입니다.

마하나임 전투

다윗 군대와 압살롬 군대는 마하나임에서 대진하게 되었습니다. 비록 압살롬의 군대가 숫자적으로 많았지만 다윗의 군대는 오랜 기간 단련된 정예병이었습니다. 그러므로 전면전은 사실상 압살롬에게 불리할 수밖에 없었습니다. 하지만 풋내기 압살롬은 이런 사실을 알지 못한 채 우쭐한 마음에 별다른 계책도 없이 마하나임 전투에 섰습니다. 전사자가 2만 명에 달할 정도로 치열했던 이 전투의 결과는 다윗 왕의 승리였습니다.

　패배를 감지한 압살롬은 도주하기 시작했습니다. 하지만 불운이 겹칩니다. 그가 그렇게 자랑스럽게 여기던 머리털이 큰 상수리나무(향엽나무)에 걸려 노새는 지나가고 그의 몸만 공중에 매달리게 되었습니다. 그리고 요압에 의해 최후를 맞이하게 됩니다. 압살롬의 영광이 그의 수치가 되고, 그의 장점(아름다운 머리털)이 그의 올무가 되었습니다. 하나님이 함께하지 않으신다면 우리의 모든 장점도 오히려 우리를 넘어지게 하는 올무가 될 수 있습니다.

　다윗 군대가 승리했다는 것과 반역자 압살롬이 죽었다는 소식은

다윗을 더욱 슬프게 할 뿐이었습니다. 아들이 죽었기 때문입니다. 압 살롬에 대한 다윗의 마음은 증오와 사랑이 교차하고 있습니다. 애초 에 이 싸움은 이겨도 져도 모두 슬픔입니다. 내세울 명분이 없는 싸 움입니다. 동족상잔은 승리가 도리어 슬픔이 됩니다. 지는 자는 죽는 것이지만, 이기는 자는 평생 상처를 가지고 살아야 합니다.

이겨도 지는 싸움이 있습니다. 아내와의 싸움입니다. 아내는 가정 을 지옥으로 만들 것입니다. 자식과의 싸움입니다. 자식은 상처를 입 고 기가 죽을 것입니다. 목회자와의 싸움입니다. 목회자의 말씀에 은 혜를 받지 못할 것입니다. 하나님과의 싸움입니다. 지옥에서 살게 될 것입니다. 이런 싸움은 처음부터 하지 말아야 합니다. 다윗은 큰 소리로 울며 부르짖었습니다. "내 아들 압살롬아, 내 아들아, 내 아들 압살롬아, 차라리 내가 너를 대신하여 죽었더라면. 압살롬아, 내 아들아, 내 아들아!"(삼하 18:33). 그러나 너무 늦은 후회입니다.

다윗이 이런 마음으로 압살롬을 키웠다면 둘의 관계가 이렇게 끝나지 않았을 것입니다. 또한 밧세바와의 사건이 없었다면 이렇게 절규하지 않았을 것입니다. 다말의 일을 잘 처리했다면 이렇게 악화되지 않았을 것입니다. 우리는 항상 지나고 나서 후회합니다. 이런 슬픈 눈물을 흘리지 않으려면 지금 자녀들 앞에 좋은 본을 보이며 살아야 합니다. 자녀를 선악 간에 잘 교육하여야 합니다. 그리고 항상 주 안에서 화목한 가정 생활을 위해 노력해야 합니다. 그러면 울음 대신 웃음으로 성문에서 자녀들의 이름을 자랑스레 부를 수 있을 것입니다.

압살롬의 교훈

압살롬의 이야기를 통해 우리는 다윗 가정의 몇 가지 문제를 살펴볼 수 있습니다. 먼저, 문제 있는 부모가 문제아를 만든다는 사실입니다. 비정상적인 가정이 비정상아를 만듭니다. 다윗의 무분별한 결혼 생활은 암논과 압살롬으로 하여금 근친상간을 하게 하였습니다. 후에 아도니야도 아버지 다윗이 죽은 후 아버지의 첩을 구했습니다.

자녀를 잘 양육하지 않는 부모는 자녀들 사이에 불안과 다툼과 미움을 일으킵니다. 다윗은 공적인 일에 바빠서 가정을 돌보는 데는 관심을 쏟지 않았나 봅니다. 암논이 잘못했을 때 응분의 벌을 주지 않았습니다. 그것이 압살롬 눈에는 불공평하게 보였고 자신이 대신 보복할 빌미를 주었습니다. 희생당한 다말에 대해서도 부모의 역할을 다하지 않았습니다. 암논을 살해한 압살롬을 받아들일 때도 다윗은 그저 보기 싫다고 하면서 자기 눈에 뜨이지 않게 하라고 했을 정도였습니다.

자녀들에게 무엇이 옳은 것이며 무엇이 그른 것인가? 무엇이 칭찬받을 일이며, 무엇이 부끄러운 일인가를 분명히 가르쳐 주어야 합니다. 그런데 다윗은 압살롬에게 "네가 어찌하여 그리하였느냐 하는 말로 한 번도 저를 섭섭하게 한 일이 없었더라"(왕상 1:6)고 했으니 자녀를 방치한 것이나 다름없습니다. 또한 자녀를 편애하지 않고 공정하게 대해야 서로 원망과 다툼과 미움이 없습니다.

········
압살롬의 무덤 | 예루살렘 기드론 골짜기에 있으며, 다윗이 아들 압살롬을 기념하여 세운 비석. 많은 사람들이 불효자의 무덤이라고 돌을 던져 무덤 위쪽까지 돌로 쌓여 있었다고 한다.

화해하지 않는 관계는 치료할 수 없는 상처를 만듭니다. 때로 자녀들의 잘못에 대해 벌을 줄 수 있으나 그것은 자녀를 사랑하는 마음에서 비롯된 것이어야 합니다. 벌을 줄지라도 미워하지는 말아야 합니다. 다윗은, 벌은 주지 않았을지 모르지만 미워하고 노하였습니다. 자녀를 화해시킬 줄도 몰랐고, 자신도 화해하지 않았습니다. 암몬과 압살롬과 다말을 불러 문제를 초기에 수습할 수도 있었는데 그렇게 하지 않았습니다. 그들이 2년씩이나 살의를 품고 지내도록 했습니다. 압살롬이 도피 생활에서 돌아왔을 때도 과거의 잘못을 용서하고 새로운 관계를 시작하는 진심 어린 화해를 했다면 더 큰 문제를 막았을 것입니다.

죄는 죄를 키웁니다. 강간은 살인으로, 살인은 무정으로 그리고 반란으로 커졌습니다. 다윗의 용서는 비인격적인 것이었습니다. 책임을 면해 주는 것이었지 사랑으로 안아 주는 것은 아니었습니다. 압살롬이 돌아오도록 허락은 했지만 만나 주지도 쳐다보지도 않았습니다. 말 그대로 방치하였습니다. 자식에게 거할 곳, 먹을 것, 입을 것을 공급해 준다고 전부가 아닙니다. 압살롬은 이해받기를 원했고, 용납받기를 원했고, 인격적인 용서를 원했고, 아버지의 사랑을 원했습니다.

"왜 그랬어? 이 녀석아!"
"누이를 창녀처럼 대우한 것을 견딜 수가 없었어요."
"그래도 그런 식으로 하면 되냐!"
"아버지가 아무것도 안 하시는 것이 화가 났어요."
"그래도 그렇게 하면 안 되잖아!"
"제가 할 수 있는 것이 뭐가 있었어요?"
"그랬구나. 그러고 보니 너희들 생각을 못했구나."
"잘못했어요."
"그래, 3년 동안 별고 없이 지냈느냐?"

이런 식의 대화가 오갔더라면 더 큰 비극은 없었을지도 모릅니다. 대화가 단절되었으니, 마음의 벽만 높아진 것입니다. 자존심 싸움에 집안이 결딴납니다. 만일 탕자의 아버지처럼 아들을 맞이했다면 결과는 달라졌을 것입니다. 압살롬은 아버지로부터 버림받았다고 느꼈습니다. 아버지가 없으니 자식도 없습니다. 오해는 미움을 낳습니다. 그리고 칼을 겨누게 합니다. 부부 사이에, 자녀와 부모 사이에, 자녀 사이에 화목한 관계를 지속해야 합니다. 적대하는 마음으로 잠자리에 들어서는 안 됩니다. 해가 질 때까지 분을 품으면 안 됩니다.

그래도 다윗은 젊었을 때 압살롬같지 않았고, 노년이 되었을 때 사울과 같지 않았습니다. 다윗은 압살롬의 길로도 가지 않았고 사울의 길로도 가지 않았습니다. 다윗은 젊었을 때나 늙었을 때나 늘 사울을 만났습니다. 다윗이 말년에 만난 사울은 바로 압살롬이었습니다. 하나님은 권세를 가진 미친 왕에게서 힘 없는 목동 다윗을 구하셨고, 야망에 불타는 젊은 반역자로부터 늙은 왕을 구원하셨습니다.

다윗의 영토

유다 왕 다윗의 통치 영역
통일 이스라엘 왕 다윗의 통치 영역
다윗이 정복한 지역

딥사 •

하맛 •

지중해
(대해)

다메섹 •

• 단
• 하솔
갈릴리
바다
아스다롯 •
길르앗
므깃도 •
• 야베스길르앗
• 벧스안
• 마하나임
세겜 •
아스글론 •
• 기브아
암몬
사막 지대
• 여리고
블레셋
• 디스베
• 예루살렘
• 헤브론
사
라파 •
• 브엘세바
해
모압

아말렉

에돔
• 부논

• 셀라

홍
해
• 에시온게벨

41 예루살렘 Jerusalem

다윗의 유훈

열왕기상 2:1-4; 역대상 28:9, 20; 사무엘하 23:1-7

"시애틀 타임즈"의 유머 칼럼니스트인 제인 로터는 61세의 나이로 세상을 떠나면서 761단어로 구성된 자신의 부고를 남겨 커다란 반향을 불러일으켰습니다. 그것은 "말기 자궁내막암으로 죽어 가는 것의 몇 안 되는 장점은 바로 내 부고를 쓸 시간을 가질 수 있다는 것이다"로 시작됩니다. "내 유머 감각을 보여 주기 위해 농담 몇 개를 하고 싶지만 분량이 길어지면 광고료가 많아지니 이만 생략하겠다"는 조크도 담겨 있습니다. "나는 내가 바꿀 수 없는 일로 슬퍼하는 대신 나의 충만했던 삶에 기뻐하기로 결정했다. 태양, 달, 호숫가의 산책, 내 손을 쥐던 어린 아이의 손…, 이 신나는 세상으로부터 영원한 휴가를 떠나는 것"이라며 "나는 삶이라는 선물을 받았고 이제 이 선물을 되돌려 주려 한다"고 말합니다. 자신의 아들, 딸에게는 "인생길을 가다 보면 장애물을 만나기 마련이다. 하지만 그 장애물 자체가 곧 길이라는 것을 잊지 말라"고 하였습니다.

그러나 기독교는 죽음을 부정적으로 평가합니다. 왜냐하면 죽음은 에덴 동산에서 하나님의 말씀을 거역함으로써 이 땅에 들어온 이질적인 것이기 때문입니다. 원래 인간은 죽도록 창조된 존재가 아닙니다. 죽음은 인간의 죄에 대한 처벌입니다. 아담과 하와에게 닥친 죽음은 인류에게 대물림되었고 결국 모든 인간은 죽음의 권세 아래 있게 되었습니다. 타락으로 인한 비극은 곧 죽음입니다. 이 사망 권세를 풀수 있는 존재는 아무도 없고, 인간을 포함한 모든 피조물이 이 사망의 권세 아래 신음하고 있습니다. 예수님은 바로 이 죄와 사망의 문제를 해결하기 위해 오셨습니다. 예수님의 은혜로 천국에 가게 되면 눈물도, 아픔도, 죽음도 없게 된다고 성경은 말합니다.

죽음이 주는 깨달음

지상적 삶을 살아갈 때, 죽음은 우리에게 때때로 좋은 결과를 촉구하기도 합니다. 죽음이 있음으로 해서 생명의 소중함을 알게 됩니다. 인생은 죽기 위해서 태어난다고 해도 과언이 아닙니다. 출생과 더불어 우리 안에서 죽음은 시작됩니다. 그래서 우리는 죽어 가는 것을 사랑합니다. 항상 똑같은 조화보다는 '죽어 가고 있는' 생화를 더 좋아하는 이유도 그래서인지 모릅니다.

죽음은 우리가 모두 인간이라는 사실을 체감하게 해줍니다. 죽음 앞에서는 모든 차별이 무의미해집니다. 죽음은 우리를 숙연하게 해줍니다. 한편 죽음은 우리의 삶을 완성시킵니다. 작가에게 많은 시간을 준다고 해서 좋은 글이 나오지 않습니다. 오히려 마감 시한을 정해 놓고 재촉 받을 때 좋은 글이 나올 수도 있습니다. 이와 같이 죽음은 인생들에게 짧은 인생을 선용하고 아름다운 열매를 맺도록 촉구하는 자극제가 될 수도 있습니다.

잘 살기(Well Being)가 중요하지만 잘 죽기(Well Dying)는 더 중요합니다. 사람이 지상에서 육신으로 살아가는 것은 한 순간에 불과합니다. 그가 이 세상을 떠난 뒤부터는 사람들의 뇌리에 박힌 것으로 살아가게 됩니다. 그래서 어떤 이는 육신으로 살 때보다 더 오랫동안 어쩌면 영원토록 사람들의 기억 속에 살아 있는지도 모릅니다. 그러므로 우리는 정말로 잘 살아가는 법을 배워야 합니다. 생명 있을 때 죽음을 항상 염두에 두고 살아가야 한다는 말입니다. '내가 죽은 뒤에 어떤 일이 벌어질 것인가?' '나의 죽음 이후에 사람들은 나의 삶을 어떻게 평가할 것인가?' 하는 문제 의식을 지니고 살아가야 합니다. 이런 점에서 죽음을 가까이 두는 문화가 죽음을 멀리하는 문화보다 더 긍정적인 효과를 얻을 수 있습니다.

서양의 교회는 교회의 정원에 성도들의 묘가 있습니다. 심지어 예배당 안에 묘를 만들기도 합니다. 예배 드리러 왔다가 죽음의 자리를 보고 가는 것입니다. 전도서도 잔칫집에 가는 것보다 초상집에 가는 것이 더 지혜롭다고 했습니다(전 7:2, 4). 그러나 애석하게도 한국은 죽음을 멀리하고 터부시하는 문화를 지니고 있습니다. 시체, 장례식장, 화장장, 묘지를 혐오 대상으로 여기고 있습니다. 그렇다고 죽음이 멀어지는 것도 아닌데 말입니다. 죽음을 직시할 때 더 풍성한 삶을 향유할 가능성이 커집니다.

죽음으로부터 살아가는 삶

사실 인간은 자신의 죽음으로부터 소외되어 있습니다. 우리가 경험하는 죽음은 타인의 죽음일 뿐 정작 자신의 죽음은 경험해 볼 수가 없습니다. 부모의 죽음, 친구의 죽음, 배우자의 죽음을 경험할 뿐입니다. 죽음의 현장에 갈 때마다 우리는 그들의 행실과 존재를 다시 생각하면서 평가를 내립니다. 그 조문의 현장에서 죽은 자의 삶에 대한 온전한 평가가 이루어질 때가 있습니다. 하지만 정작 자신의 죽음 현장에 참여하여 평가를 내릴 수는 없습니다.

찰스 디킨스의 "크리스마스 캐럴"이라는 소설에서는 스크루지가 천사의 도움으로 자신의 장례식과 죽음에 참여하게 됩니다. 그리고 자신의 삶을 새롭게 할 결심을 합니다. 하지만 대부분의 사람들은 스크루지 같은 특권을 누릴 수 없습니다. 그러므로 우리는 항상 자신의 죽음을 생각하면서 살아야 합니다. 약화시킨 병원균을 주사하여 진정한 병원균에 대비하는 예방 접종처럼, 죽음을 암시하는 것들이 우리 삶을 방문했을 때 죽음을 고찰하는 기회로 삼는 것입니다. 연약해졌을 때, 실패했을 때, 의기소침할 때, 육신에 병이 들었을 때, 외로울 때, 이 모든 때를 활용하는 것입니다.

우리에게 우리 날 계수함을 가르치사 지혜로운 마음을 얻게 하소서(시 90:12)

우리의 유한함을 깨닫게 하셔서 하나님 앞에 죄를 짓지 않게 해 달라는 모세의 기도입니다. 죽음의 자리에서 보아야 삶이 환하게 보입니다. 복음서가 생명에 대한 증언을 하면서 죽음에 대한 기록을 많이 하는 것은 죽음으로부터 생명이 시작되기 때문입니다. 기독교적인 삶은 십자가로부터 모든 것을 보는 것입니다. 십자가를 져야 영광이 오고 영생이 옵니다. 죽을 때 비로소 살 수 있습니다. 종말을 염두에 두고 살아갈 때 현시대의 유혹과 핍박을 이겨낼 수 있습니다. 죽음으로부터 삶을 살아가는 것이 부활의 생명이며 종말론적인 삶입니다.

무엇을 남기겠는가?

결국 잘 죽기의 핵심은 죽을 때 무엇을 남길 것인가로 귀결될 것입니다. 누가 죽었다고 할 때 세간의 관심은 '그가 무엇을 남겼는가'입니다. 탈무드에서는 사람이 남겨야 할 세 가지로 나무, 책, 자녀를 제시합니다. 나무를 심어 남기면 많은 사람들이 목재와 열매로 유익을 얻습니다. 책을 남김으로써 자신의 지식을 세상에 전수할 수 있습니다. 자녀를 남겨 번성하게 하고 새로운 생명을 잇게 하는 것도 좋은 일입니다. 당신은 무엇을 남기겠습니까? 우리는 자신이 남기는 것을 통해 계속 이 땅에 살게 되며 우리의 죽음조차도 선물이 될 수 있습니다. 예수님의 죽음은 분명 인류를 위한 커다란 선물, 최고의 선물이었습니다.

로마의 초대 황제 아우구스투스는 77세의 일기로 생애를 마감하면서 다음과 같은 유언을 남겼습니다.

제1 상속인은 티베리우스다. 그에게 유산의 2/3를 물려주고, 나의 아내 리비아에게는 1/3을 준다. 상속 서열 제2위는 티베리우스의 아들 드루수스와 게르마니쿠스, 그리고 게르마니쿠스의 아들이며 이들에게 나의 지위를 상속한다.

수도의 모든 시민에게 총액 4,000만 세스테르티우스를 나누어 주며, 별도로 나의 선거구에는 350만 세스테르티우스를 나누어 주도록 하라. 근위대 병사 한 사람당 1,000세스테르티우스, 수도 경찰의 경찰관에게는 1인당 500세스테르티우스, 그리고 15만 군단병에게는 1인당 300세스테르티우스를 지금 곧 나누어 주기를 나의 상속인 티베리우스에게 명하노라. 군단장들에게는 최고 2만 세스테르티우스까지 주기를 바라는데 나의 재산이 평범한 이유로 이 돈은 1년 뒤로 연체하는 것을 이해해 주기 바란다.

『로마인 이야기』의 저자 시오노 나나미는 이 유언이 마치 회계사의 보고서를 읽는 것 같다고 했습니다. 아우구스투스의 유언에서 핵심은 자신의 사후 후계 구도를 명시한 것입니다. 이처럼 권력자의 유언은 대개 후계자 문제 혹은 유산 상속 문제를 다루고 있습니다.

이에 비해 다윗의 유언은 후계자가 지녀야 할 신앙과 통치 철학에 관한 문제였습니다. 다윗이 구상하는 왕국은 하나님의 말씀에 의해 다스려지는 신정 왕국이었습니다. 인간 왕이 통치할지라도 왕국의 진정한 왕은 하나님이시니, 왕은 하나님의 율법 지키기를 첫째 의무로 삼으라는 것입니다. 다윗의 유언은 결코 죽음에 임박해서 급조되거나 충동적으로 떠오른 생각이 아닙니다. 자신의 전 생애 동안 체험했고 확신한 영적인 진리입니다. 왕국과 왕실의 영고성쇠를 판가름

다윗 성의 모형(맨 위)과 다윗 타워(위)

할 유언에서 말뿐인 교훈을 줄 사람은 아무도 없을 것입니다. 다윗의 유언은 곧 다윗 자신이 어떤 태도로 살았는지를 보여 주는 거울이며, 솔로몬과 왕국에게 주는 귀한 선물이기도 했습니다.

아름다운 퇴장

아름다운 퇴장을 한 사람들의 이야기는 믿을 수가 있습니다. 성경에 많은 사람들이 나오지만 아름답게 퇴장한 경우는 드물고 그들의 경우에는 각별한 조명을 받습니다. 성경에 나타나는 아름다운 퇴장은 모세, 여호수아, 사무엘, 그리고 다윗입니다.

■ 사무엘의 퇴장

사무엘의 퇴장에서 부각되는 점은 그가 성직자로서 평생을 깨끗하고 투명하게 살았다는 것입니다. 그는 전 국민적인 신뢰와 지지를 받았으며, 백성들로부터 왕이 되어 달라는 간청을 받기도 했지만 한결같이 자신의 자리를 지켰습니다. 두 번에 걸쳐 왕을 세우는 킹메이커 (King-Maker)의 역할을 수행했지만 자신이나 자녀들이 왕의 자리에 나아가려 하지 않았습니다. 민족의 위기를 맞을 때마다 몸을 아끼지 않고 앞장서서 국난(國難)을 타개하였습니다.

그는 현역에서 은퇴한 후에 오히려 큰 일을 성취하였습니다. 고향인 라마에 훈련 공동체인 '라마-나욧'을 세우고, 뜻있는 젊은이들을 모아, 낮에는 노동하고 밤에는 비전을 나누며 민족의 진로를 함께 모색하였습니다. 다음 세대를 위한 젊은이들을 길렀습니다. 그의 유언은 사무엘상 12장에 기록되어 있습니다. 그는 왕을 구하는 백성들을 책망하면서 하나님을 잘 경외하라고 촉구합니다.

나는 너희를 위하여 기도하기를 쉬는 죄를 여호와 앞에 결단코 범하지 아니하고 선하고 의로운 길을 너희에게 가르칠 것인즉 너희는 여호와께서 너희를 위하여 행하신 그 큰 일을 생각하여 오직 그를 경외하며 너희의 마음을 다하여 진실히 섬기라 만일 너희가 여전히 악을 행하면 너희와 너희 왕이 다 멸망하리라(삼상 12:23-25)

■ 다윗의 퇴장

다윗은 한 시대를 닫고 한 시대를 연 인물이었습니다. 사울의 뒤를 이어 이스라엘의 왕이 되었고, 40년 통치 기간에 이스라엘을 고대 근동의 강국으로 만들었습니다. 다윗은 어떤 왕보다도 성공적으로 생애를 마감하였고 후임 왕들의 모델이요 평가 기준이 되었습니다. "네 아버지 다윗처럼 살아라", "그 조상 다윗과 같이", "그 조상 다윗의 모든 행위와 같이", "그 조상 다윗의 모든 길로 행하고." 반면 나쁜 왕들은 "다윗의 행위대로 행치 아니하고"라는 말로 책망을 받았습니다.

사무엘하에 나타난 다윗의 유언

다윗의 유언은 성경에 여러 차례 기록되어 있습니다. 그만큼 다윗은 큰 비중을 차지하는 인물입니다. 사무엘하 23장, 역대상 28~29장, 그리고 열왕기상 2장 등입니다.

사무엘하 23장에서 다윗은 자신을 '이새의 아들', '높이 세워진 자', '야곱의 하나님으로부터 기름 부음을 받은 자', '이스라엘의 노래 잘 부르는 자'로 소개하면서 왕국의 기초가 무엇인지를 분명히 밝히고 있습니다. 그리고 이는 그가 연구하고 궁구해서 얻은 결론이 아니라 여호와 하나님께로부터 받은 영감에 의한 것이라고 밝힙니다.

이스라엘의 하나님이 말씀하시며 이스라엘의 반석이 내게 이르시기를 사람을 공의로 다스리는 자, 하나님을 경외함으로 다스리는 자여, 그는 돋는 해의 아침 빛 같고 구름 없는 아침 같고 비 내린 후의 광선으로 땅에서 움이 돋는 새 풀 같으니라 하시도다(삼하 23:3-4)

다윗은 왕국 통치의 기본 원리가 정의와 하나님 경외라고 말합니다. 주권자라고 해서 독단적으로, 독재적으로 정치해서는 결코 안 됩니다. 인간 왕은 천상에 계신 하나님의 대리자로서 단지 그분의 일을 대행하고 있기 때문입니다. 하나님의 권세 아래 자신을 둘 때 왕은 복을 받게 될 것이며, 왕실과 왕국의 번영과 평화는 왕이 하나님을 두려워하고 그분의 법에 따라 치리할 때 얻을 수 있습니다. 다윗다운 유언입니다.

다윗은 자신의 집안이 그러하다고 평가하고 있습니다. "내 집이 하나님 앞에 이같지 아니하냐. 하나님이 나와 더불어 영원한 언약을 세우사 만사에 구비하고 견고하게 하셨으니 나의 모든 구원과 나의 모든 소원을 어찌 이루지 아니하시랴"(삼하 23:5).

물론 다윗의 통치 후반기는 환난의 기간이었습니다. 밧세바와의 스캔들 이후에 왕국의 형편은 말이 아니었습니다. 왕실 내부에서 일어난 부끄러운 일, 왕자들 간의 다툼과 살해, 아들의 반역과 내전이 있었습니다. 하지만 전체적으로 볼 때 다윗 왕국은 견실했고 복을 받은 나라였습니다. 그것은 다윗이 근본적으로 하나님을 경외하면서 하나님의 법에 따라 통치했기 때문입니다.

무엇보다 여호와 하나님은 다윗에게 언약을 주셨습니다. 다윗은 솔로몬을 포함한 후임 왕들에게 이 점에 주의하라고 합니다. "사악한 자가 되지 말라. 사악한 자는 내버려질 가시나무 같을 것이다. 나는 너희들이 나의 뒤를 잘 따라 복을 받고 언약의 말씀대로 영원한 왕실이 되기를 소망한다."

역대상에 나타난 다윗의 유언

이스라엘 왕국(들)의 역사를 다루는 역사서로 열왕기(상하)와 역대기(상하)를 들 수 있습니다. 그런데 비슷한 시대를 다루지만 두 책은 신학적인 경향이 다릅니다. 열왕기는 예언자적 관점에서 기록되었고, 역대기는 제사장적 관점에서 기록되었습니다. 두 곳 모두에 다윗의 유언이 나오는데 전체적인 맥락에 따라 열왕기에서는 솔로몬에게 인생에 대한 근본적인 교훈을 주고 있고, 역대기에서는 성전 건축과 관련된 유언을 주는 것으로 되어 있습니다. 역대상 28장과 29장에서 다윗은 네 가지 당부로 생을 마감합니다. 성전에 대한 당부, 솔로몬에 대한 유언, 감사 기도, 그리고 회중과 함께 하나님을 송축합니다.

■ 성전 건축에 대한 당부

다윗에게는 이루지 못한 꿈이 하나 있었습니다. 다윗에게 제일 아쉬운 일은 하나님의 성전을 짓지 못한 것입니다. 왕이 되고 나서 법궤를 예루살렘으로 옮겨 오게 되었을 때 그는 무척이나 기뻤습니다. 그래서 옷이 벗겨지는 줄도 모르고 춤을 추었습니다. 그것을 조롱하고 비난하는 아내 미갈에게 다윗은 하나님을 향한 감사와 사랑은 이런 식으로도 다 표현할 수 없다고 말했습니다. 더욱 낮아져서 천하게 보일지라도 하나님을 경배하고 기뻐하는 일을 멈출 수 없다고 말했습니다.
　다윗의 소원은 하나님을 위해서 성전을 짓는 일이었지만 하나님은 다윗의 청을 거절하셨습니다. 하나님은 근본적으로 지상에 집이 있어야 안식하시는 분이 아닙니다. 하늘의 하늘이라도 하나님을 감당할 수 없는 초월적인 것이요, 천지에 충만한 분이시기 때문입니다. 하나님은 오히려 다윗을 위해서 집을 지어 주겠노라 말씀하십니다. 성전은 그의 아들 솔로몬을 통해 짓도록 허락하겠다고 하셨습니다.

다윗은 하나님의 말씀에 순종하였습니다. 말씀에 거역하여 자기 마음대로 하지 않았습니다. 대신 최선을 다해서 성전 건축을 준비했습니다. 막대한 재물과 재료를 모았습니다. 최선을 다해서 건축 자재를 준비했습니다. 제가 즐겨 부르는 복음성가 중에 이런 가사가 있습니다. "주님 말씀하시면 내가 나아가리다. 주님 뜻이 아니면 내가 멈춰 서리라. 나의 가고 서는 것 주님 뜻에 있으니 오 주님, 나를 이끄소서." 아마도 다윗의 삶이 이 가사에 부합할 것입니다.

비록 다윗 시대에 성전 건축이 허락되지는 않지만 그 과정을 통해 대를 이어 일을 성취하시는 하나님을 볼 수 있습니다. 성전은 다윗과 솔로몬을 이어 주는 정신적 신앙적 연대의 끈입니다. 하나님은 다윗 시대에만 일하시는 것이 아니라 솔로몬의 시대에도 역사하고 계십니다. 인생의 연조는 짧지만 하나님은 영원하십니다. 인간으로 하여금 자신의 유한함을 돌아보며 그와 다른 하나님의 영원무궁하심을 묵상할 수 있는 계기가 되었습니다. 하나님은 성전 건축 과정을 통해 다윗과 솔로몬의 인생을 지어 가셨습니다.

하나님은 절대로 성전만을 짓지 않으십니다. 그 일을 통해 우리를 지으십니다. 이와 같이 성경은 축복을 남기는 것입니다. 아브라함은 이삭에게, 이삭은 야곱에게, 다윗은 솔로몬에게 축복을 남깁니다. 다윗의 경우, 솔로몬에게 준 것은 하나님의 성전을 건설할 수 있는 복된 기회였습니다. 뿐만 아니라 경험의 유산, 통찰의 유산, 모본의 유산, 믿음의 유산, 격려의 유산도 남겨 주었습니다. 다윗의 유산은 영혼 안에 남아 있습니다.

■ 여호와를 알라

> 솔로몬아, 너는 네 아버지의 하나님을 알고 온전한 마음과 기쁜 뜻으로 섬길지어다 여호와께서는 모든 마음을 감찰하사 모든 의도를 아시나니 네가 만일 그를 찾으면 만날 것이요 만일 네가 그를 버리면 그가 너를 영원히 버리시리라(대상 28:9)

솔로몬에게 여호와 하나님을 알라고 한 것이 주목됩니다. 사실 솔로몬은 이미 여호와 하나님을 알고 있습니다. 성전까지 지어야 하는데 그 하나님의 이름을 모르겠습니까? 하지만 다윗이 여기서 말한 '안다'(히브리어 발음으로는 '야다')라는 말은 인식론적인 앎이 아닙니다. 이것은 체험적인 앎을 말합니다. 다윗은 한평생 하나님을 체험하는 데 풍성했습니다. 다윗에게 하나님은 관념상의 하나님이 아니라, 그의 삶과 죽음을 결정하시는 분, 위급한 순간에 찾아와 구원해 주시는 하나님이셨습니다. 하지만 어린 솔로몬은 아직 그런 경험 없이 오직 머리로만 알고 있을 뿐입니다.

파스칼도 이런 고백을 했습니다. 하나님을 제대로 만나기 전에 그가 알고 있는 것은 말과 명칭에 관한 것이었습니다. 하지만 그가 만난 하나님은, 살아 계신 하나님이셨고, 철학자의 신이 아닌 아브라함과 이삭과 야곱의 하나님, 바로 그분이셨습니다. 역사 과정 속에 나타나시고 자신의 음성을 들려주시는 살아 계신 하나님입니다. 파스칼은 이 같은 신앙 체험을 한 후에 이 경험이 희미해지지 않도록 메모를 하여 안주머니에 넣어 다니면서 믿음이 약해질 때마다 꺼내 보았다고 합니다.

다윗은 솔로몬에게 하나님을 섬기는 자세에 대해 특별히 언급하고 있습니다. 온전한 마음과 기쁜 뜻으로 하나님을 섬기라고 말합니다. 공허하고 형식적인 제의로는 하나님을 기쁘시게 할 수가 없습니다. 전심으로 하나님을 찾아야 합니다. 하나님은 그분께 나아오는 자가 어떤 마음으로 나아오는지 다 알고 계시기 때문에 속일 수가 없습니다. 오직 참되고 기쁜 마음으로 나아갈 때 하나님은 우리를 만나 주시며, 복을 주실 것입니다.

■ 성전 건축을 위한 준비

하나님을 향한 거룩한 욕심 가운데 다윗은 성전 건축을 위한 재원 마련에 착수했습니다. 국고를 사용하기도 했고 개인 금고를 털기도 했습니다. 다윗은 힘을 다하여 준비했습니다. 백성들이 동참할 기회를 빼앗지도 않았습니다. "오늘 누가 즐거이 손에 채워 여호와께 드리겠느냐?"(대상 29:5) 이에 백성들의 지도자들이 다 즐거이 드렸습니다. 자원함에는 큰 기쁨이 임하는 법입니다. 이날 하나님께 자원하여 예물을 드림으로 백성 가운데 기쁨이 있자 다윗도 함께 기뻐하면서 감사의 기도를 드렸습니다.

우리는 우리 조상들과 같이 주님 앞에서 이방 나그네와 거류민들이라 세상에 있는 날이 그림자 같아서 희망이 없나이다 우리 하나님 여호와여, 우리가 주의 거룩한 이름을 위하여 성전을 건축하려고 미리 저축한 이 모든 물건이 다 주의 손에서 왔사오니 다 주의 것이니이다(대상 29:15-16).

다윗은 재물의 근원이 누구인지 알았습니다. 물질을 후히 주어 누리게 하시는 분은 바로 하나님이십니다. 인생은 그저 나그네요 거류민입니다. 잠시 왔다가 가는 존재입니다. 그런 자들에게 물질을 주시는 분이 바로 하나님이십니다. 그러므로 그것을 하나님께 돌린다고 해서 인간의 공로가 되지 않습니다. 다만 그렇게 풍성하게 물질을 주신 하나님, 그 물질로 허탄한 데 쓰지 않고 하나님을 위해서 바칠 수 있게 해주신 하나님께 감사와 찬양을 드립니다. 다윗의 올바른 물질관이라고 볼 수 있습니다.

역대기에 따르면 다윗은 이렇게 말년에 성전 건축을 위해서 노력했고 독려했고 교훈을 주었습니다. 그의 삶은 하나님 중심이었고 죽을 때 역시 마찬가지였습니다. 다윗은 늙도록 부와 존귀를 누리다가 죽었고 아들 솔로몬이 대신하여 왕이 되었습니다. 이스라엘에서 최초로 세습 왕조가 시작된 것입니다. 다윗에게도 인간적인 약점이 있었지만 그는 어두움 중에서 희망을 배웠습니다. 두려움 중에서 용기를 배웠습니다. 절망의 시간에 찬양을 배웠습니다. 죄악의 밤에도 용서를 배웠습니다.

열왕기에 나타난 다윗의 유언

열왕기 2장에도 다윗의 유언이 나와 있습니다. 이 유언은 솔로몬이 즉위한 뒤 다윗의 죽음 직전에 솔로몬에게 전달된 것입니다.

내가 이제 세상 모든 사람이 가는 길로 가게 되었노니 너는 힘써 대장부가
되고 네 하나님 여호와의 명령을 지켜 그 길로 행하여 그 법률과 계명과
율례와 증거를 모세의 율법에 기록된 대로 지키라 그리하면 네가 무엇을
하든지 어디로 가든지 형통할지라 (왕상 2:2-3)

하나님을 잘 경외하고 그분의 율법을 잘 지키라는 교훈은 이미 살
펴보았습니다. 특이한 점은 다윗이 솔로몬에게 대장부가 되라는 권면
을 하고 있다는 점입니다. "너는 힘써 대장부가 되라." 왕이 되기 이전
에 대장부가 되라는 것입니다. 이는 곧 내면적 가치, 정신적 신앙적 가
치를 가지라는 말입니다.

■ 힘써 대장부가 되라

어떻게 하는 것이 대장부답게, 남자답게 되는 것일까요? 오늘날은 남
성성이 상실된 시대가 되었습니다. 여성들은 적어도 육체적으로 자신
의 여성됨을 매달 확인하지만 남성들은 그것도 쉽지 않습니다. 영화
"왕의 남자"나 남자들의 패션 광고를 보면서 그동안 우리들이 알고 있
던 남성성의 기준이 요동치는 것을 보게 됩니다. 뿐만 아니라 고래로
부터 남성성으로 인정되던 가치들이 현실에서 유용성이 사라지면서
점차 남성성에 대해 규정이 어려워지고 있습니다. 그러므로 이제 사회
적으로 남성성에 대한 올바른 인식과 합의가 필요합니다. 과거처럼 성
인식을 치르고, 그때 현대인에게 올바른 남성성, 여성성을 교육시켰으
면 합니다.

시대에 맞지 않고 왜곡된 남성성 관념은 인간 관계를 파괴하고 자
기 자신에게 피해를 입히기도 합니다. 부정한 남편, 아내를 때리는 남

편, 딸을 무시하는 아버지, 권위적이고 독재적이고 위협적인 남성 등 남성 호르몬의 지배를 받는 사람들을 남자답다고 했는데, 사실 이들은 미성숙한 사람일 뿐입니다. "울면 안 된다. 남자답게 행동하라"는 말에 담긴 감정 표현 자제도 남성다움과는 거리가 멉니다. 사회는 끊임없이 남자들에게 두려움, 슬픔, 분노, 기쁨, 외로움, 실망 등의 감정을 깊이 파묻어 두라고 강요했습니다. 하지만 감정이란 것은 묻어 둔다고 영원히 묻혀 있는 것이 아닙니다. 결국 '남자답게' 묻어 둔 이 모든 감정이 시한폭탄이 되어 대형 사고를 일으키는 경우도 많습니다.

종전에는 남성의 우락부락한 면들을 많이 이야기했습니다. 수천 년 동안 남자의 일이 신체적 민감성과 근육과 힘을 요구했기 때문입니다. 남자들이 전통적으로 해 오던 일은 사냥꾼, 공급자, 정력가, 투사가 대부분이기 때문에 이것에 맞추어 문화적 고정 관념들이 생겨난 것입니다. 이것이 남성들이 다른 차에게 추월당하는 것을 받아들이지 못하고 추월 경쟁을 벌이는 이유입니다. 잘못 가는 경우라도 절대로 길을 물어 보지 않습니다. 유능한 사냥꾼이어야 한다는 본능이 있기 때문입니다. 그러나 혼자 갈 때는 가끔 길을 물어 본다는 것을 여자들은 잘 모릅니다. 모세가 광야에서 40년을 보낸 것은 길을 물어보지 않았기 때문이라는 설(?)도 있습니다.

하지만 현대의 기술 발달로 성역할에 변화가 일어났습니다. 더이상 남성성과 여성성을 이전처럼 규정할 수 없게 되었습니다. 남성이든 여성이든 물리적이고 육체적인 힘을 사용할 필요가 거의 없어졌습니다. 육체보다 정신이 중요하고, 지능보다 감성이 중요한 시대가 되었습니다. 그야말로 여성의 시대가 도래한 것입니다.

로버트 무어는 원형적인 남성의 회복을 강조하고 있습니다. 고대에 남성에게 요구되던 것은 왕, 전사, 마술사, 연인이었습니다. 그렇다면 오늘날 이 남성성을 어떻게 변화시켜야 할까요? 왕은 폭군적 정치에서 자비심으로, 전사는 잔악함 대신 용기와 결단력으로, 마술사는 궤계 대신 지혜로, 연인에 대한 쟁취 의식에서 연인을 향한 열정으로 바뀌어야 한다는 것입니다.

■ 대장부란?

다윗이 솔로몬에게 말하는 대장부란 어떤 사람일까요? 그것은 인생 말년, 죽음의 문턱에 있는 자가 소망하는 남자입니다. 다윗은 인생의 모든 모험, 전쟁, 방황, 망명, 스캔들, 음모, 반역, 영화를 겪어 왔습니다. 그리고 이제 아들에게 '대장부가 되라'고 합니다. 정복자도 아니고 가부장적인 남성도 아닙니다. 다윗이 말하는 것은 영혼의 문제, 존재 방식의 문제입니다. 하나님을 향한 태도를 말하는 것입니다. 하나님과의 관계에서 너는 남자가 되어라!

남성은 남성다움의 본질보다 남성다운 이미지에 더 매료됩니다. 그래서 허상을 찾고 이중성에 길들여져 허위 의식을 지니기도 합니다. 처음에는 다윗이 가지고 있는 남성성의 이미지를 좋아할 수 있습니다. 그의 힘, 용기, 기술, 환호, 복수, 명예 등. 하지만 나이가 들면 남성성의 본질에 대해 생각하게 됩니다. 그것은 하나님과의 관계에서 드러나는 용기와 결단력입니다.

다윗은 골리앗과의 싸움에 임하기 전에 이미 남자였습니다. 하나님과의 대화를 통해 자신의 영혼 안에 남성성을 키웠던 것입니다. 남성성은 본질적으로 외부적인 것이 아니라 내면적인 것입니다. 영혼의 상태입니다. 그것이 바깥으로 표출된 것이 거인 골리앗과의 싸움입

예루살렘 다윗 왕의 무덤 입구

니다. 내면의 남성성이 없었다면 남성다운 이미지가 표출되지 않았을 것입니다. 그래서 다윗은 솔로몬에게 주는 유언에서 "하나님의 명령을 지키라", "마음과 뜻을 다해 하나님을 섬기라"고 주문한 것입니다.

남자가 된다는 것과 하나님을 경외하는 것은 같은 것입니다. 하나님과의 관계에서 소년이 어른스러워져야 하고, 미성숙이 성숙으로 바뀌어야 하고, 과장된 허풍이 진정한 위대함으로 대치되어야 합니다. 다윗은 골리앗에 대한 관계에서 남성다웠고, 사울과 요나단에 대해서도 남성다웠습니다. 하지만 밧세바나 우리아에 대해서는 그렇지 못했습니다. 나단 앞에서 회개할 때는 남성다웠습니다. 압살롬에 대해서는 남성답지 못했습니다. 그가 하나님 앞에 바로 서고자 노력할 때는 언제나 남성다웠습니다. 반면 사울 왕은 외모는 빼어났지만 참된 남성은 아니었습니다.

다윗 왕의 관 | 실제로 다윗 왕의 유해가 들어 있는 것은 아니고, 왕관이 들어 있는 유리관과
제2차 세계 대전 때 유대인 학살이 행해진 유대교 회당에서 가져온 토라가 들어 있다고 한다.
관을 덮은 천에는 다윗이 즐겨 연주하던 하프가 그려져 있고, '다윗이 살아서 여기 있다'고 쓰
여 있다.

사무엘하 23장은 다윗의 부하들이 지닌 남성다움을 보여 줍니다.
다윗이 아둘람 굴에 있고 블레셋은 베들레헴에 진을 치고 대치하고
있었을 때였습니다. 다윗은 고향을 그리워하며 베들레헴 입구에 있는
우물물을 마시고 싶다고 했습니다. 넋두리로 한 혼잣말이었습니다.
다윗의 용사들은 다윗을 사랑했고 그가 극심한 스트레스를 겪고 있
다는 사실을 알았습니다. 그래서 무모한 도발을 감행했습니다. 블레
셋의 전열을 뚫고 베들레헴으로 가서 우물물을 떠온 것입니다. 물을
떠오기 위해서 목숨을 건 것입니다.

이타적인 동기, 헌신과 용기는 남성다움의 산물입니다. 이 사실을
안 다윗은 그 물을 마실 수가 없었습니다. "이것은 나를 사랑하는 내

부하들의 피다. 어찌 내가 이 귀한 것을 마실 수가 있으랴. 하나님께
만 합당한 것이로다'라고 하면서 여호와께 부어 드렸습니다. 부하들
은 다윗에게 그를 위해서라면 목숨까지 바칠 헌신적이고 충성스런 군
사들이 있다는 사실을 알려주었고, 다윗은 부하들의 생명을 얼마나
귀하게 여기는지를 몸으로 웅변한 것입니다. 이것이야말로 남성성의
상호 교류입니다.

　다윗의 죽음과 죽음 직전의 유언들을 살펴보았습니다. 유언을 통
해 다윗을 더 잘 알게 되었고 또한 다윗처럼 위대한 삶을 위해서 어떻
게 처신해야 하는지 알게 되었습니다. 다윗의 유훈은 솔로몬과 유다
왕국에만 적용되는 것이 아니라 신앙을 지니고 살아가는 모든 사람
에게 적용되는 유훈입니다.

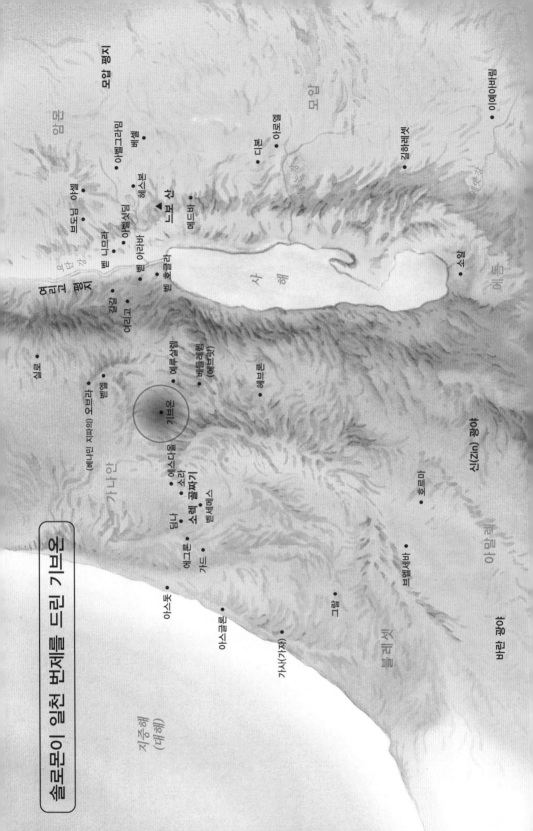

42 기브온 Gibeon

솔로몬의 기도

열왕기상 3:4-15 (역대하 1:3-12)

옛날에 착한 일을 한 농부에게 요정이 나타나 세 가지 소원을 들어주
겠다고 했습니다. 들뜬 농부와 아내는 어떤 소원을 빌어야 할까 행복
한 고민에 빠졌습니다. 배가 고팠던 남편은 문득 소시지 생각이 나서
혼잣말을 했습니다. "소시지를 먹었으면!" 그러자 '펑' 하면서 식탁 위
에 소시지가 나타났습니다. 두 사람은 깜짝 놀랐습니다. 아내의 놀라
움은 곧 분노로 바뀌었습니다. "아니, 기껏 소원이 소시지요? 소원 하
나를 낭비했잖아요! 내가 못 살아. 그 소시지, 코에나 붙어 버려라!"
그러자 남편의 코에 소시지가 턱 붙어 버리고 말았습니다. 이번에는
정말 두 사람 다 놀랐습니다. 남편의 코에서 소시지를 떼어 보려 했지
만 어찌나 단단히 붙어 있는지 뗄 수가 없었습니다. 결국 당황한 부
부는 요정에게 겸손히 요청했습니다. "남편의 코에서 소시지를 좀 떼
어 주세요." 결국 이 부부는 세 가지 소원을 사용하여 소시지 하나 얻

었답니다. 그러므로 소원을 미리 생각해 두는 것이 필요하겠습니다.

당신의 소원은 무엇입니까? "영어를 잘 했으면…." "돈 좀 실컷 벌어 봤으면…." "몸 좀 건강해 봤으면…." "원 없이 자 보았으면…." "자유롭게 여행을 떠나 보았으면…." "아이들이 공부를 잘했으면…." 우리는 다양한 소원을 가지고 살아갑니다.

왕이 된 솔로몬

다윗은 50세에 우리아의 아내 밧세바를 통해 늦둥이 솔로몬을 낳았습니다. 솔로몬이라는 이름은 히브리어 '샬롬'과 같은 어근을 가진 '평화'라는 뜻입니다. 정말 다윗에게는 평화가 간절했을 것입니다. 나단 선지자는 그를 '여디디야'라고 불렀는데, 이는 '하나님께 사랑을 입은 자'(삼하 12:25)라는 뜻입니다. 밧세바의 둘째 아들로 태어난 솔로몬은 사실 왕위를 이을 사람이 아니었습니다. 다윗의 여러 아내를 통해 태어난 아들들이 서로 죽이고 서로 왕위를 얻기 위해 반란을 일으키는 바람에 어부지리로 왕이 되었습니다.

맏아들 암논은 누이 다말을 욕보였다가 다말의 오빠요 그의 이복동생인 압살롬에게 죽임을 당했습니다. 다윗의 용납을 받고 자숙하던 압살롬은 이스라엘 사람들의 마음을 도둑질하여 스스로 왕이 되었고 부왕인 아버지를 축출하고 죽이려다 스스로 망하고 말았습니다. 가정과 왕국 내에 칼과 피가 끊이지 않자 다윗은 반란 공포증에 시달려야 했습니다.

다윗의 만년에는 아도니야가 자신이 최연장자임을 내세워 스스로 왕이 되려고 했습니다. 그러자 다윗은 솔로몬을 자신의 후계자로 긴급하게 임명했습니다. 솔로몬은 20세에 즉위한 듯한데, 요세푸스는

이때 솔로몬의 나이가 15세라고 기록하고 있습니다. 이렇듯 솔로몬은 어느날 갑자기 왕이 된 것입니다. 물론 어머니 밧세바의 치맛바람과 심복인 나단 선지자의 도움이 컸습니다. 솔로몬은 연장자인 형들이 왕위를 두고 서로 다투고 물고 뜯고 죽는 바람에 자신도 모르는 사이에 왕의 감투를 쓰게 된 것입니다.

솔로몬의 일천 번제

졸지에 왕이 된 솔로몬은 기브온에 있던 산당에 나아와 하나님께 일천 번제를 드렸습니다. 기브온은 예루살렘 북서쪽 8킬로미터 지점의 현재 '엘-집'(el-jib)이라 불리는 곳으로 해발 약 792미터의 산악 구릉지에 있습니다. 기브온은 '언덕 위의 도시'라는 뜻으로 아랍어로는 '가바온'이라고 전해집니다.

········
기브온 구릉 | 17세기부터 '엘-집'이라 불린다.

기브온이 성경에 처음 언급된 것은 여호수아가 중부 가나안 정복 전쟁을 치를 때입니다. 기브온 사람들은 여호수아가 여리고와 아이에 행한 일을 듣고 먼 나라에서 온 것처럼 위장하고 화친을 맺어 결국 이스라엘을 위하여 나무를 패며 물을 긷는 자가 됩니다(수 9장). 기브온은 베냐민 지파의 땅이 되고(수 18:25), 사울(기스)의 조상은 기브온 사람 여이엘이며(대상 8:29-30), 레위 지파의 도시가 됩니다(수 21:17).

여호수아는 기브온이 이스라엘과 화친을 맺었다는 말을 듣고 기브온을 치러 온 예루살렘 왕 아도니세덱을 비롯한 헤브론 왕 호함, 야르뭇 왕 비람, 라기스 왕 야비아, 에글론 왕 드빌, 이렇게 아모리 족속의 다섯 왕과 대진하여 대승을 거두기도 합니다. "태양아, 너는 기브온

위에 머무르라. 달아, 너도 아얄론 골짜기에서 그리할지어다"(수 10:12).

다윗은 주전 1000년경 이곳에서 블레셋을 무찔렀습니다(대상 14:16). 그 후 다윗은 법궤를 기브온 산당에 모셨습니다(대상 16:39). 아직 예루살렘 성전이 지어지기 전이고, 기브온 산당에 하나님의 회막이 있었기 때문에 솔로몬은 브살렐이 지은 놋 제단에 일천 번제를 드렸습니다. 일천 번제는 일천 일 동안 예배를 드렸다고 해석할 수도 있고, 한꺼번에 일천 마리의 제물(대하 1:6)을 드렸다고 볼 수도 있습니다. 제물의 숫자를 넘어 그 정성이 대단했음을 나타내는 것입니다.

솔로몬이 기브온 산당에서 며칠 동안 머물러 하나님께 제사를 드렸는지는 확정할 수가 없습니다. 하지만 일천 번제라는 말 속에서 하나님의 은혜를 구하고자 하는 그의 간절한 열망을 읽을 수 있습니다. 왕으로서 공식적인 사역을 시작하기 전에 먼저 하나님을 찾아뵙고 은혜와 능력을 구하는 것은 정말 바람직한 일입니다.

이 일천 번제는 다름 아닌 하나님을 감동시키는 예배입니다. 우리 생애에 이처럼 하나님을 감동시키는 헌신이 한 번이라도 있었으면 좋겠습니다. 그러면 하나님이 먼저 우리의 소원을 물으실 것이요, 우리의 일생을 보장하실 것입니다. 하나님을 감동시키는 예배가 최상의 예배요, 최선의 예배입니다.

네게 무엇을 주랴

얼마나 하나님께 간절히 매달렸겠습니까? 얼마나 간절히 기도했겠습니까? 하나님의 제단 곁에서 몇 날 며칠을 기도했을지도 모릅니다. 마침내 하나님께 기도가 상달되어 솔로몬은 꿈에 하나님의 음성을 듣게 되었습니다. "내가 네게 무엇을 줄꼬? 너는 구하라." 하나님이 백지 수표를 주시면서 액수는 원하는 만큼 쓰라고 하시는 것 같습니다.

　하나님이 오셔서 "내가 네게 무엇을 줄꼬?" 하시면 무엇을 구하시겠습니까? 하나님의 질문은 곧 솔로몬에게 삶의 동기와 목적 그리고 야망을 묻고 있는 것입니다. 우리 삶의 목적과 방향에 대한 질문입니다. 우리는 과연 무엇을 구하며 살아가고 있을까요? 내가 하나님께 바라는 것은 무엇인가요?

　신약 성경에서도 예수님은 맹인 바디매오에게 "네게 무엇을 하여 주기를 원하느냐?" 하고 물으셨습니다(막 10:51). 물으나마나 한 질문 같습니다. 앞을 볼 수 없기에 직업도 가질 수 없고 구걸하며 살고 있으니 당연히 눈 뜨는 것이 소원이 아니겠습니까? 하지만 꼭 그런 것은 아닙니다. 어떤 사람은 장애에 익숙해져서 변화를 원하지 않기도 합니다. 건강해지면 더 이상 구걸할 명분이 없어지고 다른 사람들과 경쟁하는 팍팍한 삶을 살아야 하기 때문입니다. 그래서 정말 낫기를 원하는지 묻고 계십니다. 맹인 바디매오는 "선생님이여, 보기를 원하나이다"라고 분명히 말했습니다.

　예수님은 베데스다 연못가의 38년 된 병자에게도 "네가 낫고자 하느냐?"(요 5:6) 물으셨습니다. 주님은 우리에게도 똑같이 물으실 것입니다. 우리가 주님께 구하시는 것은 다 주실 터인데 문제는 무엇을 구하겠느냐입니다. 더욱 근원적인 것, 하나님의 마음에 합한 것을 구해야 합니다.

　성경은 이 질문에 대한 응답과 관련하여 좋은 사례와 나쁜 사례, 모범 답안과 나쁜 답안을 보여 줍니다. 나쁜 답안은 아도니야의 경우

....
「성전 설계도와 솔로몬(Solomon and the Plan for the Temple)」 1896. 작자 미상. 석판화.

입니다. 다윗이 황급히 솔로몬을 후임 왕으로 세우자 '끈 떨어진 갓 신세가 되어 버린 아도니야는 허망했습니다. 솔로몬이 하나님께 올라간 반면 아도니야는 솔로몬의 어머니 밧세바를 찾아갔습니다. 아도니야는 서열로 보나 백성들 사이의 인기로 보나 자신이 왕위에 올라야 하는데 하나님의 뜻으로 그것이 솔로몬에게 돌아갔다고 말했습니다. 그러나 하나님의 뜻이므로 순종하겠다고 하면서, 섭섭한 마음을 달랠 수 있게 다윗 왕의 말년에 데려온 아리따운 처녀 아비삭을 자신에게 주어 아내로 삼게 해 달라고 청원하였습니다(왕상 2:13-18). 밧세바가 솔로몬 왕에게 이야기를 잘 해 달라는 부탁입니다.

　'이 사람이 왜 찾아왔을까' 하고 긴장했던 밧세바는 아도니야의 제안이 자기에게도 해가 되지 않는다고 판단하여 수락했습니다. 그런데 밧세바가 솔로몬에게 청원을 하자, 솔로몬은 정색을 하고 왕권을 찬탈하려는 것보다 더 큰 모반으로 보았습니다. 고대 근동은 왕국을 무너뜨린 정복자가 왕의 부인을 자신의 처로 삼음으로써 자신의 지배권을 확정했습니다. 아비삭이 비록 다윗 왕과 정식으로 결혼하지는 않았을지 몰라도 '왕의 여자'였습니다. 그러므로 그 제안에는 아도니야의 음흉한 동기가 숨어 있다고 판단한 것입니다. 결국 아도니야는 당일에 칼로 죽임을 당했습니다. 잘못된 소원에 대한 최악의 응답입니다.

솔로몬의 답변

하나님이 "내가 네게 무엇을 줄꼬?" 하셨을 때 솔로몬은 자신의 소원을 아뢰었습니다. 그리고 그의 간구가 "주의 마음에 맞은지라"라고 되어 있습니다. 시험으로 따지면 출제자의 의도를 정확히 알고 대답한 100점짜리 답변이었습니다. 그래서 하나님은 기쁨 가운데 그가 구한 것과 구하지 않은 것 모두를 주셨습니다. 기도한 것 이상을 받은 것입니다. 많은 것을 구하고서도 하나도 못 받는 사람이 많은데, 하나를 구해 모든 것을 받았습니다. 얼마나 경제적인 기도입니까?

우선 솔로몬은 하나님의 질문에 응답하기 전에 하나님이 아버지 다윗에게 베푸신 은혜를 말하고 있습니다(왕상 3:6). 자신이 왕이 된 것은 하나님의 크신 은혜라고 고백합니다. 좀더 구체적으로 말하면 자신의 어떤 장점 때문이 아니라 부친 다윗이 하나님께 복 받을 삶을 살았으므로 하나님이 다윗에게 큰 은혜를 베푸셔서 자신이 왕위를 잇게 된 것이라는 사실을 먼저 시인합니다. 자신이 잘나서, 자격이 있어서, 지혜와 덕이 있어서, 실력이 있어서가 아니라고 말입니다. 모든 것이 다 하나님의 은혜요 부모의 은혜라는 말입니다.

■ 종은 작은 아이라

솔로몬은 무엇을 원한다고 말하기 전에 하나님의 은혜를 찬미합니다. 자신의 의나 자격을 말하지 않고 "나의 나 된 것은 하나님의 은혜"라고 말합니다. 그러면서 자신의 미약함과 연약함을 고백합니다(7-9절). 자기의 허물과 부족함, 어리석음을 말합니다.

종은 작은 아이라 출입할 줄을 알지 못하고(7절)

다윗이 솔로몬을 후계자로 지목한 것은 그에게서 왕의 자질을 보았기 때문입니다. 솔로몬은 분명 명석하고 지혜로운 아들이었습니다. 하지만 국가를 운영할 만한 넓은 지혜와 명철은 아직 없었습니다. 그래서 솔로몬은 자신의 작은 지혜에 의지하지 않고 겸손히 하나님 앞에 나아갔던 것입니다. 솔로몬이 통치해야 할 백성은 주님이 택하신 주님의 백성입니다. 자신은 '작은 아이'인 반면에 주님이 택하신 백성은 '큰 백성', 위대한 백성입니다.

못된 정권은 자신은 위대하게 여기고 백성은 어리석고 무지한 자들로 치부하여 함부로 대하기 일쑤입니다. 솔로몬은 반대였습니다. 그래서 하나님께 은혜를 구했습니다. 사명은 막중한데 자신은 초라하기 때문입니다. 기도자의 이런 자세는 하나님의 눈길을 사로잡습니다. 그렇다면 솔로몬은 하나님께 무엇을 구했을까요? 권위와 권세를 달라고 했을까요? 자신을 위대하게 만들어 달라고 했을까요?

■ 듣는 마음을 주사

하나님은 솔로몬에게 하나만 구하라고 하지 않으셨습니다. 하지만 솔로몬은 오직 하나를 구했고 그 한 가지가 핵심 중의 핵심이었습니다. 솔로몬은 한 가지에 집중했습니다. 정확하게 맥을 짚었던 것입니다.

> 듣는 마음을 종에게 주사 주의 백성을 재판하여 선악을 분별하게 하옵소 서(9절)

"듣는 마음"은 알아듣는 마음, 이해하는 마음, 수용하는 마음, 상대를 생각하는 마음, 분별하는 마음입니다. 하나님의 뜻과 하나님의 말씀 그리고 사람과 사물의 본질을 꿰뚫어 볼 수 있는 마음이기도 합니다. 성경은 이것을 지혜라고 말합니다.

신약의 가장 큰 은사가 사랑이라면 구약에서는 단연 지혜일 것입니다. 솔로몬은 "듣는 마음" 곧 지혜를 구했습니다. 잘 알아듣는 경청에서 분별력도 지혜도 나옵니다. 지도자인 왕에게는 지혜가 필수적입니다. 그것이야말로 선악을 분별하여 정의를 실현하며 백성들을 바로 인도하는 사명을 감당할 수 있게 해주기 때문입니다. 결국 이것은 백성들의 유익을 구하고 나라를 구하는 이타적인 기도입니다. 솔로몬이 드린 기도는 모든 사람의 기도에 모범이 되고 있습니다. 헨리 트루먼 미국 대통령은 취임식에서 이 기도를 자신의 기도로 삼았습니다.

하나님의 상급

하나님은 솔로몬의 기도를 듣고 무척 기뻐하셨습니다. "자기를 위하여 장수하기를 구하지 아니하며 부도 구하지 아니하며 자기 원수의 생명을 멸하기도 구하지 아니하고 오직 송사를 듣고 분별하는 지혜를 구하였으니." 앞에 나열되어 있는 것들은 즉위하는 왕들이 구하는 이

기적인 기도의 제목들, 복의 제목들이었습니다. 그러나 솔로몬은 세상 사람들과 다른 길을 걸었습니다. 그리하여 하나님은 기뻐하시는 중에 그에게 지혜롭고 명철한 마음을 주겠다고 허락하셨습니다. 그 지혜와 명철은 이전에도 없었고 이후에도 없을 전무후무한 것입니다. 지혜에 관한 한 이제 솔로몬이 최고봉을 차지하게 되었습니다.

뿐만 아니라 하나님은 솔로몬이 구하지 않은 것들까지도 주겠다고 하십니다. "너는 부도 구하지 않았으나 나는 너에게 부와 영광을 줄 것이다. 동시대 왕들 중 누구도 너와 같은 영광을 누려 보지 못하리라." 단지 장수의 복은 솔로몬이 다윗처럼 진실하고 정직하게 여호와의 길을 걸어갈 때 주겠다고 조건부로 말씀하셨습니다. 여하튼 솔로몬은 엄청난 것들을 약속받았습니다.

으뜸을 구하니 부차적인 것들은 자동으로 따라왔습니다. 으뜸이란 지혜와 지식이었고, 부차적인 것들은 부와 재물과 영광이었습니다. 이것이 지식 정보 사회에 살고 있는 우리가 구할 21세기 기도입니다. 무형의 자산인 지혜를 구할 때 모든 보이는 것들이 따라오게 됩니다.

솔로몬이 깨어 보니 그것은 꿈이었습니다. 하지만 하나님이 주시는 분명한 응답이었습니다. 솔로몬은 예루살렘 왕궁으로 돌아와 하나님의 은혜에 감사하며 성대한 잔치를 베풀었습니다.

솔로몬의 재판

하나님이 주시겠다는 "듣는 마음" 즉 지혜와 명철은 언제 받은 것일까요? 솔로몬이 그것을 받았다는 것을 어떻게 알 수 있을까요? 솔로몬 왕에게 신적인 지혜가 임했음을 증명하는 한 사건이 일어났습니다. 아주 해결하기 어려운 법률 사건이었습니다. 하급심에서 처리하지 못해 왕궁에까지 올라오게 된 사건입니다. 많은 법률가들이 해결해 보려 했지만 해결 못한 어려운 문제였습니다. 이 문제를 명쾌하게 해결함으로써 솔로몬은 백성에게 지혜의 왕이라는 면모를 보여 주게 되었고 이후에 반역할 생각을 하지 못하게 만들었을 것입니다. '어려운 시험'은 우리 내면에 무엇이 있는지를 만천하에 드러내는 리트머스 시험지입니다. 그 사건은 '생모 가려내기'였습니다.

창기 두 여인이 왕 앞에 섰습니다. 고대 근동에 퍼져 있던 창기는 많은 경우 가련한 여인이었습니다. 경제적으로 어려운 부모에 의해서 팔렸거나 과부로서 생계가 막막한 여인들이 대부분이었습니다. 하지만 부정한 직업임은 틀림없습니다. 두 여인이 사흘 사이에 각각 아들을 낳았습니다. 출생 시기도 비슷하고 성별도 남아로 동일했습니다. 그런데 한 집에서 밤중에 잠을 자다 한 여인이 자기의 아들 위에 누워 질식사를 시켰습니다. 그러자 그 여인은 자기의 죽은 아이를 산 아이와 바꿔치기하였습니다. 이렇게 해서 분란이 생기게 된 것입니다. 출산을 축하해 주는 사람도 없었겠지만 설사 방문했던 사람이라고 해도 신생아를 구별할 수는 없었을 것입니다.

"죽은 아이가 네 아이요 산 아이가 내 아이라." 이것이 소송의 핵심입니다. 이 문제를 가려 주어야 합니다. 그 남아들은 틀림없이 사생아일 것입니다. 어머니들만큼이나 힘겹고 고통스러운 삶, 모질고 가련한 삶을 살아갈 운명을 안고 태어났습니다. 그런데 왜 두 창기는 서로 살아 있는 아이를 차지하여 키우겠다고 하는 것일까요? 비록 그 아이에게 장밋빛 인생이 약속된 것이 아니지만 그 생명을 품에 안고 키우고 싶은 마음이 있었던 것입니다. 아이를 통해 노후를 보장받겠다는 생각을 했을 수도 있습니다. 한순간의 실수를 돌이킬 수만 있다면 하고 생각했을 것입니다. 두 사람 외에는 진실을 알 수 없는 상황입니다. 요즘이라면 유전자 검사를 통해 쉽사리 분별할 수 있겠지만 당시로서는 정말 난감한 상황입니다.

솔로몬 왕이 그 송사를 들었습니다. 그리고 사건을 요약 진술했습니다. "이 여자는 말하기를 산 것은 내 아들이요 죽은 것은 네 아들이라 하고 저 여자는 말하기를 아니라 죽은 것이 네 아들이요 산 것이 내 아들이라 하는도다"(왕상 3:23). 배석했던 사람들도 난감하여 혀를 찼을 것입니다. 본 사람도 없고, 여인의 말을 입증해 줄 그 어떤 증거도 없기 때문입니다. 솔로몬은 난감한 척하면서 과격한 선고를 내립니다. 칼을 가져오게 하고, 그 칼로 산 아이를 둘로 나누어 가지라는 것입니다. '기왕에 판별이 안 될 터이니 산 아이를 잘라 똑같이 나누어 주겠다'라고 말입니다.

지혜가 막힌 재판관이 짜증스레 외치는 최후의 선고같이 들립니다. 사실 소가 다른 사람의 소를 받아 죽게 했을 때 그 살아 있는 소를 죽여 반씩 나누는 판례는 있습니다. 지금 솔로몬 왕은 창기와 창기의 아들이라고 짐승 취급하고 있는 것일까요? 칼을 든 시위대장도 어찌할 바를 몰라 눈치만 보고 있었을 것입니다. 하지만 지엄한 왕명이니 칼을 높이 들고 그 살아 있는 아이를 치려는 순간 두 여인이 갈라집니다. 한 여인은 칼과 아이 사이를 막고 눈물을 흘리며, 제발 아이를 살려 달라고 차라리 저 여인에게 주라고 합니다. 반면 다른 여인은 곁에 서서 "내 것도 되게 말고 네 것도 되게 말고 나누게 하라"고 고함을 칩니다.

「솔로몬의 재판(The Judgment of Solomon)」 1649, 니콜라스 푸생, 캔버스에 유화, 101×150cm, 루브르 박물관, 파리.

    흑과 백이 분명하게 갈라지게 되었습니다. 한 여인은 아이의 생명을 위해서 자신의 주장을 철회합니다. 자신의 주장보다 아이의 생명이 우선입니다. 다른 여인은 자신의 주장이 아이의 생명보다 더 중요합니다. 저 여인 앞에 내가 초라하게 보이지 않는다면 아이의 생명쯤은 대수롭지 않습니다. 솔로몬은 집행을 멈추고 아이의 목숨을 살려달라고 애걸하는 여인에게 아이를 주었습니다. 자식에 대한 소유권보다 자식의 생명과 행복을 더욱 소중하게 여겼던 여인입니다. 매정하게 비춰지던 솔로몬의 지혜가 빛을 발하는 순간입니다. 솔로몬이 참어머니를 가려낸 것입니다.

    17세기 최고의 프랑스 화가 니콜라 푸생은 이 재판 장면을 안정적인 대칭 구조로 표현하고 있습니다. 재판석 중앙에 앉아 있는 솔로몬을 중심으로 오른쪽 여인은 죽어 늘어진 아이를 왼손으로 아무렇게나 걸치고 있습니다. 대신 오른손으로 살아 있는 아이를 가리키면서 소리를 지르고 있습니다. 왼편에 있는 여인이 울부짖는 사이에 병사는 왕의 명령을 수행하기 위해 아이를 거꾸로 들어올리며 칼을 뽑고 있습니다. 오른편에 있는 여인들은 차마 보지 못하고 얼굴을 돌립니다. 이런 극적인 상황에서 솔로몬은 어머니다운 어머니를 가려내는 것입니다.

이 재판은 솔로몬이 하나님께 구한 '듣는 마음'을 받았음을 확증해 주었습니다. 모르긴 해도 두 여인이 자신의 의견을 개진할 때 솔로몬은 이미 두 창기의 목소리와 얼굴을 통해 진짜와 가짜를 구별해 냈을 수도 있습니다. 솔로몬은 '참된 어머니란 자신의 자녀에 대해서 어떤 마음을 품고 있는 존재인가? 진정한 모성애란 무엇일까'를 생각하면서 분별하는 시험을 행한 것일 수도 있습니다. 어머니는 어떻게 되는가? 낳았다고 바로 어머니가 되는가? 솔로몬은 누가 어머니인가 이전에 어머니는 어떤 존재인가를 스스로 물었던 것입니다. 참다운 어머니, 진정한 모성은 아이의 미래를 걱정합니다. '누가 낳았나'라는 과거지향적인 질문이 아니라 '누가 길러야 하느냐'라는 미래지향적인 질문을 했던 것입니다.

솔로몬의 이 시험이야말로 유전자 검사보다 더 정확하게 진정한 모성성을 발견하는 것이었습니다. 만일 솔로몬의 판결이 잘못되었고, 유전자 검사 결과 죽이라고 말한 여인이 어머니로 판명된다면 어떻게 되나요? 그래도 여전히 솔로몬은 올바른 판결을 한 것입니다. 죽이라는 여인은 이미 어머니의 자격을 잃은 것입니다. 참어머니는 언제나 살리는 일을 하기 때문입니다. 그러므로 지혜는 지식보다 우위에 있습니다.

사사건건 의견 충돌을 하면서 지내 온 한 부부가 있었습니다. 그들이 의견의 일치를 본 것은 '성격이 맞지 않아 못살겠으니 이혼하자'라는 것이었습니다. 그래서 함께 살면서 모은 것들을 공평하게 반반 나누기로 했습니다. 모은 돈과 땅은 쉽게 반씩 나누었습니다. 문제는 자녀들이었습니다. 함께 살면서 11명의 자녀를 낳았기 때문입니다. 어떻게 해야 반반으로 나눌 수가 있을까요? 그들은 이 어려운 문제를 해결하기 위해서 랍비를 찾아갔습니다. 랍비는 곰곰이 생각하다 지혜롭게 말했습니다. "사정이 정 그렇다면 당분간 이혼을 멈추고 자녀를 하나 더 낳으시오. 그러면 12명이 될 터이니 그때 이혼 절차를 다시 밟으시오." 그래서 참고 살면서 다시 아이를 낳았는데 애석하게도(?) 쌍둥이였습니다. 그래서 다시 아이를 낳을 때까지 살다 보니 이혼하려던 생각이 사라졌다고 합니다. 이 랍비는 부모가 지닌 자녀에 대한 부성애, 모성애를 자극해서 그들의 이혼을 막은 것입니다. 솔로몬의 지혜에 버금가는 지혜를 지닌 랍비입니다.

솔로몬의 재판 결과는 곧바로 방방곡곡에 퍼지게 되었습니다. 이야기를 듣는 이마다 무릎을 치면서 솔로몬의 지혜를 칭찬하고 또한 그에게 지혜를 주신 하나님을 찬양했습니다. 이제 지혜로운 왕을 지닌 이스라엘은 부국강병을 이룰 것이 틀림없었습니다. 이후에 솔로몬은 하나님이 주신 지혜로 모든 사람 위에 뛰어나 잠언 삼천을 지었고 노래 일천다섯을 지었으며 초목과 짐승을 많이 논했습니다. 예수님도 솔로몬의 지혜를 언급하실 정도로 지혜의 대명사가 되었습니다.

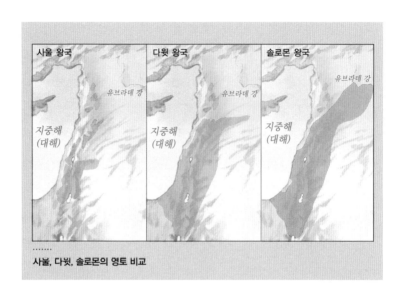

사울, 다윗, 솔로몬의 영토 비교

하나님이 기뻐하시는 기도

솔로몬이 지혜의 왕이요 지혜의 대명사가 된 것은 기브온에서 드린 기도와 간구 때문입니다. 그렇다면 솔로몬같이 하나님을 기쁘시게 하는 기도를 하려면 어떻게 해야 할까요? 삶의 초점을 어디에 두어야 이처럼 하나님이 기뻐하시는 기도와 간구를 드릴 수 있을까요?

첫째, 나보다는 남을 위하는 것을 먼저 구해야 합니다. 솔로몬 당시에 많은 왕국이 있었고 왕위에 오르는 사람들도 많았습니다. 그들이 구하는 것들은 천편일률적입니다. 부와 영광을 달라, 오래 부귀영화를 누리며 살게 해 달라, 적국의 원수를 멸하여 진멸해 달라는 것입니다. 모두 땅의 것들입니다. 자신의 영달을 위한 기도 제목들입니다.

솔로몬은 전혀 달랐습니다. 그가 분별하는 마음 즉 지혜를 구한 것은 호기심을 충족하거나 지적 탁월함을 위해서가 아니었습니다. 하나

지명을 읽으면 성경이 보인다 · 42 기브온

님이 그에게 맡기신 백성, 하나님의 양무리를 잘 돌보기 위해서였습니다. 자신의 유익이라는 동기가 아니었습니다. 뭇사람의 마음을 아시는 주님이 어찌 솔로몬의 깊은 마음을 모르시겠습니까? 그는 분명 자신을 위해서가 아니라 주신 사명과 하나님의 백성을 위해서 기도했습니다. 이기적인 기도가 아니라 이타적인 기도였습니다. 사적인 기도가 아니라 공적인 기도였습니다. 나보다 남의 유익을 먼저 생각했습니다. 남들에게 잘 봉사할 수 있는 내가 되게 해 달라고 기도한 것입니다. 통치는 군림이 아니라 섬김임을 잘 보여 주고 있습니다.

둘째, 구체적인 가치보다는 궁극적인 가치를 구해야 합니다. 구체적인 가치란 시공간상으로 제약되고 유한한 것을 말합니다. 돈, 명예, 권력, 지위, 학위 등입니다. 희소하기 때문에 치열한 경쟁이 있습니다. 투쟁해서 쟁취해야 할 무엇입니다. 구체적인 가치를 구하게 되면 투쟁을 각오해야 합니다. 양육강식의 피바다(red ocean)를 만듭니다. 비록 그것을 얻는다 해도 겸하여 적을 많이 얻게 될 것입니다.

반면에 궁극적인 가치는 제한이 없습니다. 무한한 가치입니다. 사랑, 평화, 자유, 지혜, 하나님의 나라 등입니다. 궁극적인 가치는 나눌수록 더 커집니다. 그리고 얻을 가능성도 많아집니다. 더 많은 사람들이 친구가 될 것입니다. 그래서 궁극적인 가치 영역은 블루 오션(blue ocean)에 해당합니다. 궁극적인 가치를 구하게 되면 구체적인 것들은 저절로 따라오게 됩니다.

셋째, 위대한 업적보다는 바른 사람이 되기를 구해야 합니다. 어떤 '일'을 할 것인가보다 어떠한 '사람'이 될 것인가가 더 중요합니다. '된 사람, 든 사람, 난 사람' 중 '된 사람'이 최고입니다. 솔로몬은 영토를 확장하고, 영화를 누리고, 많은 재물을 가지고, 외적인 성과와 업적을 이루는 것보다, 선악을 알아 올바르고 지혜로운 삶을 누릴 수 있기를 기도하였습니다. 소유보다 존재 지향의 태도입니다.

우리도 마찬가지입니다. 얼마나 많은 일을 할 것인가보다 중요한 것은 '어떠한 사람이 될 것인가!'입니다. 얼마나 큰 교회가 될 것인가보다 중요한 것은 '어떤 교회가 될 것인가!' 하는 질문입니다. 외면보다는 내면, 남을 다스리는 일보다는 자신을 다스리는 일, 일 중심보다는 사람 중심으로 살아가야 합니다.

나중에 솔로몬이 성전을 지어 놓고 봉헌 기도(왕상 8:22-53; 대하 6:12-42)를 드릴 때도 이러한 원리가 적용됩니다. 하나님께 모든 영광을 돌리고, 하나님의 임재를 구하고, 기도를 위해 중보하고, 회개와 회복을 구하고, 심지어 이방인을 위해 기도 드림으로써 하나님의 응답을 받았습니다.

네 기도와 네가 내 앞에서 간구한 바를 내가 들었은즉 나는 네가 건축한 이 성전을 거룩하게 구별하여 내 이름을 영원히 그곳에 두며 내 눈길과 내 마음이 항상 거기에 있으리니(왕상 9:3)

내 이름으로 일컫는 내 백성이 그들의 악한 길에서 떠나 스스로 낮추고 기도하여 내 얼굴을 찾으면 내가 하늘에서 듣고 그들의 죄를 사하고 그들의 땅을 고칠지라 이제 이곳에서 하는 기도에 내가 눈을 들고 귀를 기울이리니 이는 내가 이미 이 성전을 택하고 거룩하게 하여 내 이름을 여기에 영원히 있게 하였음이라 내 눈과 내 마음이 항상 여기에 있으리라(대하 7:14-16)

하나님이 응답하신 솔로몬의 기도는 바로 이런 원리에서 드린 기도였고 그것이 하나님을 기쁘시게 했습니다. 하나님의 한량 없는 은혜를 받은 비결이 바로 이것입니다. "너희는 먼저 하나님 나라와 하나님의 의를 구하라. 그리하면 이 모든 것을 너희에게 더하시리라"(마 6:33).

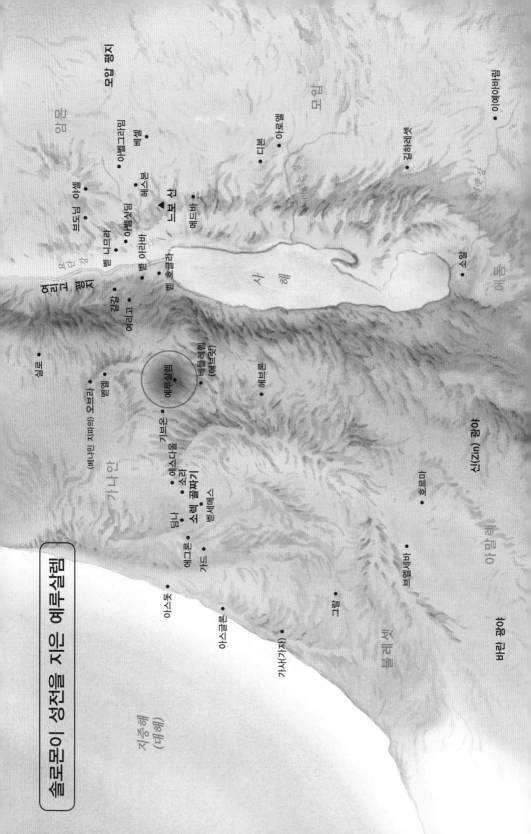

솔로몬이 성전을 지은 예루살렘

43 예루살렘 왕궁 II The Palace of Jerusalem

솔로몬이 마음을 돌려

열왕기상 11:1-13

한 소년이 있었습니다. 그는 아버지의 많은 처첩들 중 하나인 어머니에게서 태어났습니다. 같은 어머니에게 태어난 형은 난 지 며칠 만에 죽고, 이 소년은 많은 이복형제들과 함께 별로 주목 받지 못하고 자랐습니다. 냉대와 무시, 생명의 위협까지 느끼면서 하루하루를 살았습니다. 그래도 어머니와 함께 하나님을 잘 섬겼습니다. 목사님의 특별한 사랑도 받았습니다. 여러 가지 어려운 일을 만났지만, 그때마다 하나님의 은혜로 어려움을 잘 모면할 수 있었습니다.

그는 하나님께 기도도 많이 하였습니다. 하나님은 이 소년에게 뛰어난 지혜를 주셨고 앞길을 형통케 하셨습니다. 그래서 불과 20대에 높은 학위, 좋은 직위와 많은 재산을 얻게 되는 인생의 성공을 맛보았습니다. 그는 너무 감사하여 이 모든 것을 하나님의 은혜로 여기며 하나님께 영광을 돌렸습니다. 그리고 하나님을 위해 무엇인가 뜻있는 일을 하기로 결심하고 하나님이 주신 많은 재물을 가지고 교회가 없는 곳에 교회를 지어 주었습니다.

그러나 세월이 지날수록 어렸을 때 받은 신앙 교육과 젊은 시절 하나님께 기도하며 감사하고 감격했던 믿음이 점점 식게 되었습니다. 이미 많은 권세를 가지고 있었지만 더 많은 권세를 갖기 위해 바빴습니다. 많은 재물을 가지고 있었지만 더 진귀한 것들, 세계적으로 소문난 명품들을 모으느라 바빴습니다. 자기의 높은 학식과 재능을 과시하느라 각종 세미나로 바빴습니다. 가문 좋은 여인과 결혼했는데 불교 신자인지라 절에도 가고, 때로는 무당을 불러다가 굿도 하였습니다. 그리고 그 역시 아버지처럼 많은 첩을 거느렸고, 어려운 사람들의 것을 가로채서라도 호의호식하는 데 바빴습니다. 외국 손님이나 유명 인사를 불러 파티를 열고 그들과 어울리며 지냈습니다.

교회 갈 시간이 없었을 뿐 아니라 하나님의 말씀을 듣는 것도 싫어졌습니다. 이제는 하나님을 완전히 떠나 있었습니다. 그러면서도 젊은 시절에는 헌금도 많이 하고 교회도 지어 바쳤다고 위안을 삼았습니다. 그런데 이상하게도 아무런 희망이 없던 어린 시절은 하나님을 믿으면서 나름대로 만족하며 평안했는데, 이제 많은 재물과 학식과 권력을 지니고 있으면서도 무엇인가 쫓기고 불안하고 허무한 생각밖에 들지 않는 것이었습니다.

이 이야기의 주인공은 누구입니까? 성경을 읽었다면 솔로몬 이야기라고 단번에 짐작하시겠지만 혹시 내 이야기를 하는 것 같다는 생각이 들지는 않으셨나요? 저는 이런 분들을 주위에서 많이 봅니다. 처음과 나중이 같지 않은 신자들 말입니다. 처음 사랑을 버린 경우입니다.

어려울 때는 하나님께 매달리고 열심을 내다가 축복을 받고 나서는 신앙을 유지하지 못합니다. 하나님의 베푸신 많은 은혜를 오히려 죄 짓는 데 씁니다. 인생의 끝맺음을 잘못하는 사람들입니다. 하나님이 주신 축복이 나중에는 그의 올무가 됩니다. 매일 내가 새로워지지 않으면 축복조차도 죄를 짓는 도구가 됩니다. 모든 것이 그렇지만 특히 신앙 생활은 처음보다 끝이 좋아야 합니다. 계속적인 성장이 중요합니다. 변함없는 전천후 사계절 신앙을 가져야 합니다.

솔로몬이 받은 은혜

솔로몬은 우리아의 아내였던 밧세바에 의해 다윗의 열 번째 아들로 태어났습니다. 그는 왕위 계승 서열에 들 수도 없었고 별로 눈에 띄는 것이 없는 어린 시절을 보냈습니다. 이복형인 암논, 압살롬, 아도니야 등에 비하면 사람들의 신망을 받기에 부족했습니다. 그러나 그에게는 한 가지 중요한 자산이 있었습니다. 순수한 믿음입니다. 그는 어렸을 때 "여디디야" 즉 "하나님께 사랑을 입은 자"(삼하 12:24, 25)라는 별명을 얻을 정도로 하나님 앞에서 살았습니다. 그의 어린 시절은 평범한 것이었지만, 하나님을 사랑하며 하나님만을 전적으로 신뢰하는 삶이었습니다.

하나님은 솔로몬에게 특별한 은혜를 베푸셨습니다. 압살롬이 반란을 일으켜 형제들을 다 죽일 때도 목숨을 부지했고, 아도니야를 비롯해서 많은 뛰어난 형제들이 서로 왕위를 차지하려고 온갖 일을 꾸몄지만 결국 왕위는 하나님의 섭리로 솔로몬에게 돌아오게 되었습니다. "네가 심지 않은 과실을 먹게 하고, 네가 짓지 아니한 집을 얻게 하리라"는 말씀 그대로입니다. 요세푸스에 의하면 솔로몬이 왕위에 나아갈 때 15세였다고 합니다.

솔로몬은 왕위에 오르자 자신을 세우신 하나님을 사랑하며(왕상 3:3), 감사하여 기브온에서 하나님께 일천 번제를 드렸습니다(왕상 3:4). 그러자 하나님은 솔로몬에게 나타나셔서 "내가 네게 무엇을 줄꼬?"(왕상 3:5) 물으셨습니다. 이때 솔로몬의 대답은 너무나 겸손하고 아름다운 것이었습니다.

솔로몬이 이르되 주의 종 내 아버지 다윗이 성실과 공의와 정직한 마음으로 주와 함께 주 앞에서 행하므로 주께서 그에게 큰 은혜를 베푸셨고 주께서 또 그를 위하여 이 큰 은혜를 항상 주사 오늘과 같이 그의 자리에 앉을 아들을 그에게 주셨나이다 나의 하나님 여호와여 주께서 종으로 종의 아버지 다윗을 대신하여 왕이 되게 하셨사오나, 종은 작은 아이라 출입할 줄을 알지 못하고 주께서 택하신 백성 가운데 있나이다 그들은 큰 백성이라 수효가 많아서 셀 수도 없고 기록할 수도 없사오니 누가 주의 이 많은 백성을 재판할 수 있사오리이까 듣는 마음을 종에게 주사 주의 백성을 재판하여 선악을 분별하게 하옵소서(왕상 3:6-9)

이렇게 아름다운 기도가 또 어디에 있겠습니까? 솔로몬은 자신을 하나님의 종으로, 백성들을 섬기는 종으로, 하나님 앞에 어린 아이로 두는 겸손을 보였고, 왕위를 자신의 능력이 아니라 하나님의 큰 은혜로 받았음을 고백했습니다. 하나님의 도움으로만 왕의 사명을 감당할 수 있음을 인정했고, 자신을 위한 것보다 하나님 주신 사명을 감당하고 백성들을 섬기기 위한 지혜를 구했습니다.

이 기도가 "주의 마음에 든지라"(왕상 3:10)고 했습니다. "너희는 그의 나라와 그의 의를 구하라. 그리하면 이 모든 것을 너희에게 더하시리라" 하신 하나님은 솔로몬에게 전무후무한 "지혜롭고 총명한 마음"을 주셨을 뿐 아니라 구하지도 않은 부와 영광과 권세까지도 덤으로 주셨습니다(왕상 3:12-13). 하나님이 주신 지혜가 확실하게 솔로몬에게 임하였음은 이후 생모를 가리는 재판을 통하여 분명하게 드러납니다 (왕상 3:16-28).

온 백성이 솔로몬에게 '하나님의 지혜'가 있음을 듣고 놀라게 되었습니다. 하나님은 솔로몬에게 지혜와 총명을 심히 많이 주시고 넓은 마음도 주셨습니다. 그는 식물학, 동물학, 원예학, 건축학, 철학, 문학, 음악에도 능하여 "잠언 삼천 가지를 말하였고 그의 노래는 천다섯 편이며 그가 또 초목에 대하여 말하되 레바논의 백향목으로부터 담에 나는 우슬초까지 하고 그가 또 짐승과 새와 기어다니는 것과 물고기에 대하여 말한지라. 사람들이 솔로몬의 지혜를 들으러 왔으니 이는 그의 지혜의 소문을 들은 천하 모든 왕들이 보낸 자들이더라"(왕상 4:32-34)고 했습니다.

성전을 건축하는 솔로몬

솔로몬이 왕위에 오른 지 4년 후부터 아버지 다윗이 유언으로 부탁한 하나님의 성전을 짓는 역사를 시작했습니다. 그는 성심성의를 다하여 7년 동안 하나님의 성전을 지었고 성전을 하나님께 봉헌할 때 너무나도 감동적인 기도를 드렸습니다. 하나님께 많은 제물을 드렸고, 하나님의 영광이 그 전에 가득한 가운데 솔로몬은 성전 봉헌사와 기도를 드렸습니다(왕상 8:12-54). 솔로몬은 백성을 대표해서 하나님의 전 앞에 무릎을 꿇고 손을 펴서 하늘을 향하여 기도하였습니다(왕상 8:54).

안토니아 요새

모리아 산

솔로몬
성전

히피쿠스 탑

윗성

중앙 골짜기

다윗 성

오벨

기드론 골짜기

힌놈 골짜기

실로암

솔로몬 성전의 위치

이 모든 것이 하나님의 은혜로, 하나님의 손으로, 하나님의 말씀을 따라 은혜로 이루셨다는 찬양으로 기도는 시작됩니다. 하늘의 하늘이라도 주님을 용납지 못하겠거늘 하물며 사람이 지은 성전에 어떻게 주님이 거하실 수 있겠느냐고 겸손을 표합니다. 하지만 하나님의 은혜로 이곳에 영원히 임재해 달라는 간구를 드립니다. 비록 부족하지만 이곳에 임재하셔서 하나님의 이름을 이곳에 두시고, 이스라엘의 기도와 예배를 받아 달라는 간구였습니다(왕상 8:27-30). 이곳은 기도의 전이 될 터인데 공의를 행하며, 전쟁이나 흉년이나 재앙이나 어려운 일을 당할 때 주의 이름으로 이곳에서 기도하면 죄를 용서하시고 어려움에서 구해 주시기를 기도했습니다. 심지어 이방인이라 할지라도 이곳에서 주의 이름으로 구하면 하나님이 살아 계심을 알려 주시고, 이스라엘이 출전할 때 이곳에서 기도하면 승전하게 해 달라고 기도드렸습니다(왕상 8:31-53).

이에 하나님은 솔로몬의 꿈에 나타나셔서, 그의 간구를 들어주실 것이며 성전을 거룩하게 구별하며 하나님의 이름을 그곳에 두고, 하나님의 눈과 마음을 항상 그곳에 두겠다고 약속하셨습니다(왕상 9:3). 그러나 만일 하나님을 버리고 우상을 숭배하면 망할 것이고, 이 성전조차도 던져 버릴 것이라는 경고도 아울러 하셨습니다(왕상 9:7). 이렇게 솔로몬의 젊은 시절은 하나님과의 아름다운 관계 속에서 온갖 축

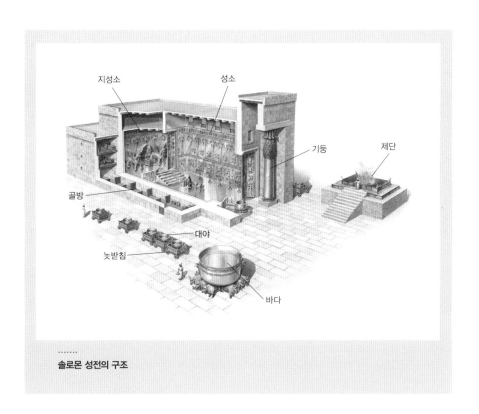

지성소　성소

기둥

제단

골방

대야

놋받침

바다

복을 받으며 시작되었습니다.

솔로몬의 타락

"선 줄로 생각하는 자는 넘어질까 조심"(고전 10:12)해야 합니다. 우리 인생은 원죄가 있고 그 타락의 힘은 막강하기 때문에 한눈을 팔고 방심하면 죄악의 노예가 되기 십상입니다. 정작 중요한 것을 놓쳐 버리게 됩니다. 웰스(H. G. Wells)는 "무덤"이라는 소설을 썼는데 이런 내용입니다.

「시바 여왕의 솔로몬 방문(The Visit of the Queen of Sheba to King Solomon)」, 1890, 에드워드 포인터, 캔버스에 유화, 뉴사우스웨일스 주립미술관, 시드니.

인도의 어느 왕국에 왕과 아름다운 왕비가 있었습니다. 그들은 너무도 사랑했는데 결혼한 지 1년이 못 되어 왕비가 병으로 사망하였습니다. 왕은 너무 슬퍼서 왕비의 무덤을 정성스럽게 만들어 주었습니다. 얼마 후 무덤을 찾은 왕은 그곳이 너무 쓸쓸하게 보여서 신하들을 시켜 자신을 닮은 미남 동상을 세워 놓았습니다. 그 후에 가 보니 여전히 초라하게 보였습니다. 그래서 호랑이 상을 세우고, 그 후에는 호화로운 집을, 그 후에는 성곽을, 이렇게 아름다운 것들로 치장을 시켰습니다. 나중에 살펴보니 모든 것이 아름답게 잘 어울리는데, 눈에 거슬리는 것이 하나 있었습니다. 바로 정중앙에 있는 무덤이었습니다. 왕은 부하들에게 "저 가운데 있는 무덤을 치워 버리라"고 명령했답니다. 사실 모든 것은 무덤을 꾸미기 위한 장식이었는데, 나중에는 장식이 본질을 밀어내고 말았습니다.

초기의 솔로몬은 아름답고 은혜로운 삶을 살았지만 말년의 솔로몬은 점점 타락하여 배은망덕한 길을 걷게 되었습니다. 솔로몬은 어떤 왕보다 큰 권력을 가지게 되었습니다. 세상의 모든 학문을 통달했기에 세계 사람들이 그의 지혜를 듣고 그에게 와서 가르침을 받았습니다. 그의 부귀 영화는 예수님도 신약에서 두 번이나 인용하실 정도로(마 6:29, 12:42) 세상의 누구도 누려 보지 못한 어마어마한 것이었습니다.

열왕기상 10장에서도 솔로몬의 영화를 볼 수 있습니다. 단편적인 예로 그 비싼 수입목 백향목이 솔로몬에게는 뽕나무같이 흔했고, 은은 돌같이 여길 정도였습니다(왕상 10:27). 그의 업적은 역대 어느 왕에 비할 바가 아니었습니다. 영토를 확장하고, 모든 나라들과 무역하고, 군대를 막강하게 하여 중동의 강대국으로 부상하였습니다.

하지만 솔로몬의 극한 영광은 타락의 길을 예비하고 있었고, 서서히 죄의 싹이 나고 있었습니다. 솔로몬 영광의 정점을 보여 주는 10장에 이런 이야기도 나옵니다. 여호와 하나님을 위해서 성전을 짓되 7년 동안 지었습니다. 하지만 자기 왕궁을 위해서는 곱절에 육박하는 13년을 들였습니다. 호화롭게 이것저것 추가하다 보니 그렇게 긴 건축 기간이 소요되었을 것입니다. "왕이 또 상아로 큰 보좌를 만들고 정금으로 입혔으니 그 보좌에는 여섯 층계가 있고 … 솔로몬 왕이 마시는 그릇은 다 금이요 레바논 나무 궁의 그릇들도 다 정금이라 …"(왕상 10:18-21).

자신을 위하여 사치하기 시작하면서 솔로몬의 영력은 누수되기 시작합니다. 하나님이 주신 복을 당연히 여기고, 그것을 자신을 위해 쓰기 시작할 때 위험이 찾아옵니다. 자신에게 주어진 권한과 물질을 자신을 위해 쓰지 않겠다는 결단이 필요합니다. 저는 그것을 '할 수 있지만 하지 않는 윤리'라고 명명했습니다. 모든 지도자가 이런 다짐을 해야 합니다. 그러지 못하면 힘을 남용하거나 이기적인 삶을 살게 됩니다. 솔로몬은 자신도 의식하지 못하는 사이에, 자기를 위해서는 부요하고 다른 사람이나 하나님께는 인색한 사람이 되었습니다. 그의 왕궁이 어찌나 웅장하고 화려했던지 시바 여왕이 와서 보고 대경실색했을 정도입니다.

결국 솔로몬은 풍부함의 시험에서 넘어졌습니다. 시험에는 욥이 당한 것과 같은 곤고함의 시험도 있지만 풍부함의 시험도 있습니다. '광야의 시험'도 있지만 '가나안의 시험'도 있습니다. '없음의 시험'도 있지만 '있음의 시험'도 있는 것입니다. 인생 최대의 시험은 무엇을 이루기 전이 아니라 이룬 후에 찾아오는 경우가 많습니다. 솔로몬은 은혜 받고 성공하고 잘 나가다가 타락한 사람입니다. 성공의 저주입니다. 요셉의 경우와는 정반대입니다.

신명기 17장은 이스라엘의 왕이 해서는 안 되는 것 세 가지를 제시합니다. 첫 번째는 병마를 많이 두지 말라, 두 번째는 아내를 많이 두지 말라, 세 번째는 은금을 많이 쌓지 말라입니다. 그런데 솔로몬은 이 세 가지 모두를 위반하고 말았습니다. "솔로몬이 병거와 마병을 모으매 병거가 천사백이요 마병이 만 이천 명이라. 병거성에도 두고 예

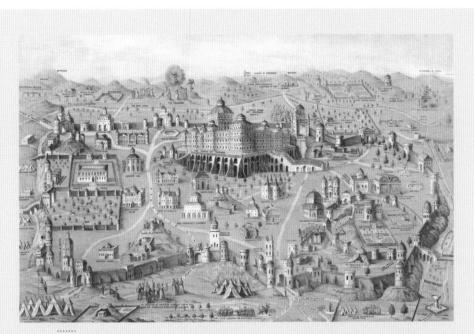

....
「솔로몬 성전이 있는 고대 도시 예루살렘(The ancient city of Jerusalem with Solomon's Temple)」
1871, 작자 미상.

루살렘 왕에게도 두었으며"(왕상 10:26). 하나님 대신 군대를 의지하면 넘어지기 때문에 "왕 된 자는 말을 많이 두지 말라"고 경고하셨음에도 불구하고 군대와 군비를 증강하고 군사 교역을 하면서 솔로몬의 영력은 누수되고 있습니다.

신약에서는 하나님과 재물을 겸하여 섬길 수 없다고 말하고 있습니다. 솔로몬은 하나님이 주신 재물과 영광으로 인해서 하나님을 섬기지 못하게 된 듯합니다. 재물이 있는 사람은 재물을 부인할 줄 알고, 권력이 있는 사람은 권력을 부인할 줄 알고, 지혜가 있는 사람은 지혜를 부인할 줄 알아야 더욱 귀한 사람이 됩니다.

솔로몬은 하나님 대신 하나님이 주신 것을 붙들고 향유하고 의지하였습니다. 성공이 가져다주는 위험은 교만만이 아님을 알 수 있습니다. 이미 얻은 것을 잃어버릴까 두려워하는 마음입니다. 두려운 나머지 잡아서는 안 될 것을 의지합니다. 찾아서는 안 될 것을 찾습니다. 보이는 것에서 안전을 보장 받으려 합니다. 그래서 물질과 군대에서 위안을 찾으려고 한 것입니다.

하나님이 주신 축복이 성장을 가로막는 방해물이 될 수도 있습니다. 우리는 하나님과 동행하면서 선물을 받지만, 이제 그것이 우리를 쓸모없이 만들고 새로운 부르심을 듣지 못하도록 막습니다. 그래서 안주합니다. 새로운 꿈이 없습니다. 하나님을 향한 비전 말입니다. 하나님이 주신 축복을 기뻐할 수는 있지만 그것을 섬겨서는 안 됩니다. 날마다 새로워져야 합니다.

우리는 하나님이 주신 복으로 죄를 짓는 이상한 재주가 있습니다. 재물이 늘고, 권력을 잡고, 지혜가 늘수록 그렇게 감격스럽게 여기던 하나님을 뒷방 늙은이로 밀어내고 자기 중심의 삶을 삽니다. 그러기에 아굴은 이렇게 기도했습니다.

나를 가난하게도 마옵시고 부하게도 마옵시고 오직 필요한 양식으로 나를 먹이시옵소서 혹 내가 배불러서 하나님을 모른다 여호와가 누구냐 할까 하오며 혹 내가 가난하여 도둑질하고 내 하나님의 이름을 욕되게 할까 두려워함이니이다 (잠 30:8-9)

불순종의 죄
타락은 무엇보다 불순종입니다. 작은 불순종에서 시작하여 차츰 큰 불순종으로 나아갑니다. 죄는 알지 못하는 사이에 자랍니다. 누룩처럼 번집니다. 솔로몬이 타락한 가장 큰 요인은 아내를 많이 둔 것, 특히 이방 여인을 아내로 많이 둔 것이었습니다.

하나님은 이스라엘로 하여금 이방 백성과 통혼하지 말라, 그들도 너희와 통혼하게 하지 말라, 그들이 반드시 너희의 마음을 돌려 그들의 신들을 따르게 하리라 하셨으나 솔로몬은 그들을 사랑하고 통혼하였습니다. 자신은 이 명령에서 예외라고 생각했는지, 아니면 자신은 통혼하더라도 이방 신들을 따르지 않을 자신이 있다고 생각했는지, 자그마치 700명의 처와 300명의 첩을 거느리며 살았습니다. 이렇게 아내가 많으면 집으로 전화했을 때 "응, 나는 당신 남편인데 당신은 누구지?" 하고 물어야 할 것입니다. 결국 세상의 정욕과 향락에 취하여 하나님을 저버리게 되었습니다.

솔로몬도 나름의 변명거리가 있을 것입니다. 솔로몬은 국제 관계에서 혼인 동맹으로 나라의 안보를 지키려 했을 것입니다. 하지만 이것은 하나님의 방법이 아닙니다. 오히려 병폐가 더 커지게 되었습니다. 이방 여인을 아내로 맞아들였으니 그녀가 가져오는 우상 숭배 관행도 보호하고 지원해야 했습니다.

왕비들은 저마다 자기의 신을 가지고 와서 왕궁에서조차 이방신을 섬겼습니다. 그래서 솔로몬의 왕궁은 그야말로 우상으로 가득하게 되었습니다. 풍요의 신이라고 믿었던 시돈 사람의 여신 '아스다롯', 암몬 사람의 가증한 '밀곰', 모압의 가증한 '그모스', 암논 사람의 신 '몰록'(왕상 11:5-7)을 위하여 예루살렘 성전 앞산에 산당을 지었습니다. 하나님의 성전을 짓던 자가 어떻게 우상을 위한 산당을 지을 수가 있었을까요? 그것도 지척의 거리에다 말입니다. 마치 고멜이 호세아가 벌

....
「우상에게 제사를 지내는 솔로몬 왕(King Solomon Sacrificing to the Idols)」 17세기, 세바스티앙 부르동.

어다 준 물질을 가지고 다른 남자와 놀아나는 것과 같습니다. "곡식
과 새 포도주와 기름은 내가 그에게 준 것이요 그들이 바알을 위하여
쓴 은과 금도 내가 그에게 더하여 준 것이어늘 그가 알지 못하도다"(호
2:8).

이 산당들은 유다의 골칫거리로 남아 있다가 요시야 왕 때에야 일
소되었습니다. 이제 예루살렘은 종교 백화점을 방불케 합니다. 솔로
몬이 나이가 많을 때에 여인들이 그의 마음을 돌려 다른 신들을 따
르게 하였으므로 왕의 마음은 그의 아버지 다윗의 마음과 같이 아
니하여 그의 하나님 여호와 앞에 온전하지 못하였고(왕상 11:4) 여호와

보시기에 악을 행하였습니다. 순수한 마음에 불순물이 섞이게 되면 마음이 오염되고 변질되어 결국 하나님을 떠나게 됩니다. 왕실의 종교 혼합주의는 백성들에게도 번지게 되었습니다.

하나님의 진노

솔로몬의 마음이 하나님을 떠나자 하나님이 진노하셨습니다. 하나님이 직접 솔로몬에서 나타나셔서 그를 만나 주셨는데 말입니다. 첫 번째는 기브온 산당에서 일천 번제를 드린 날, 두 번째는 성전을 하나님께 봉헌한 뒤였습니다. 어느 누가 솔로몬처럼 하나님의 각별한 방문을 두 번이나 받았을까요? 솔로몬은 누구보다 신앙의 정절을 지켜야 했습니다. 많이 받은 자에게는 많이 요구하시기 때문입니다. 하지만 솔로몬은 타락했고 그 타락이 어떤 왕보다 심했습니다.

하나님은 보이는 성전보다 마음의 성전을 원하십니다. 솔로몬은 성전을 지었으니 하나님이 자동으로 그 성전에 계실 줄 생각했는지 모르지만 하나님은 손으로 지은 곳에 계시지 않습니다. 하나님은 마음으로 순종하고 섬길 때 그 마음 성전에 거하기를 기뻐하십니다. 애석하게도 솔로몬은 현몽하신 하나님의 말씀을 가볍게 들은 것이 틀림없습니다. 하나님의 영광(카보드)을 무시했습니다. 하나님의 영광을 생각하는 자는 하나님의 말씀을 무겁게 듣습니다. 멸망하는 자들의 공통점은 하나님의 말씀을 가볍게 듣는다는 점입니다. 롯의 사위들, 엘리 제사장도 다 그 경고를 가볍게 대하다가 망했습니다.

솔로몬에 대한 하나님의 징계는 세 가지로 왔습니다.

첫 번째는 에돔 족속의 하닷을 일으켜 세운 것입니다. 하닷은 다윗

과 요압 장군에 의해서 에돔의 남자들이 진멸당할 때 애굽으로 도피했던 왕자였습니다. 그가 솔로몬 즉위와 요압 장군의 사망 소식을 듣고 고국인 에돔으로 돌아가서 '게릴라식 전투'를 통해 이스라엘을 괴롭힌 것으로 추정됩니다.

두 번째는 엘리아다의 아들 르손입니다. 그는 소바 왕 하닷에셀의 신하였다가 역시 다윗 왕에게 패망할 때 잔당을 이끌고 다메섹을 정복하고 왕이 된 자입니다. 이들이 곧 아람을 창건하게 되었는데 이후 이스라엘 민족에게 끊임없는 위협이 된 국가입니다.

세 번째는 느밧의 아들 여로보암입니다. 이것은 내부에서 오는 위협이었습니다. 하나님은 솔로몬의 우상 숭배와 배교에 대한 응징으로 여로보암을 세워 그에게 왕권을 주겠다고 하셨습니다. 다만 다윗을

아스다롯 여신

그모스 | 모압의 국가신. 어린아이가 희생 제물로 바쳐지기도 했으며, '불의 신', '전쟁의 신'으로 숭배되었다.

몰록 | 암몬의 국가신. 몰록은 황소 머리에 사람 형상을 하고 있다. '몰록', '몰렉', '밀곰' 등 다양한 이름으로 불린다.

생각해서 솔로몬 때가 아닌 그 아들의 때로 심판이 유예되고, 10개의 지파가 그에게 돌아갈 것이라고 하셨습니다. 솔로몬의 핍박을 받고 애굽에서 망명 생활을 하게 되었지만 솔로몬 사후에 여로보암은 솔로몬 왕조에 대한 확실한 심판의 도구가 되었습니다.

결국 솔로몬은 하나님의 은혜를 받은 자에서 하나님의 심판을 받은 자가 되었습니다. 솔로몬의 우상 숭배로 인해서 국가는 남왕국 유다와 북왕국 이스라엘로 분열되고 민족상잔의 전투를 벌이게 되었으며, 나중에는 결국 그 우상 숭배의 여파로 남북왕국이 모두 멸망당하고 성전이 훼파되는 비극을 맞이했습니다. 솔로몬의 업적은 하나님 없이 이룩한 것이었고 그 결말은 너무나도 허망했습니다. 하나님 없이 세운 업적은 모두 이와 같이 모래 위에 지은 집처럼 허망하게 무너지고 맙니다.

인생의 참 승리자

아서 밀러(Arther Miller)의 희극 "세일즈맨의 죽음"에는 두 가지 질문이 등장합니다. "성공을 추구할 것이냐?" "순리를 추구할 것이냐?" 성공과 순리는 다릅니다. 주인공 윌리 노만은 성공적인 세일즈맨이었지만 그의 말로는 자살로 종결됩니다. 순리가 성공보다 중요합니다. 솔로몬은 성공을 위해서 순리를 버렸습니다.

인생의 순리는 무엇을 소유하느냐 또는 무슨 직위를 갖느냐가 결정해 주는 것이 아닙니다. 인생의 온갖 귀한 것들은 획득하거나 소유할 수 있는 것이 아니라 하나님의 은혜로 주어지는 것입니다. 인생의 참 승리는 어떻게 살 것인가에 달려 있습니다. 참으로 영적인 사람은 성공하기보다 거룩하기를 열망하며, 어려움이 있어도 하나님의 뜻대로 살기로 결단합니다. 솔로몬은 반면교사로서 이 영적인 진리를 우리에게 보여 줍니다.

44 그릿 시내와 사르밧
The Kerith Ravine and Zarephath
부족함 가운데 있는 축복

열왕기상 17:1-16; 신명기 8:1-4

구약 성경에서 위대한 인물 두 사람을 든다면 하나는 모세요, 다른 하나는 엘리야입니다. 모세는 이스라엘을 애굽 노예 생활에서 해방시킨 민족의 지도자이며, 엘리야는 이스라엘이 영적 암흑기에 있을 때 우상을 타파하고 신앙의 부흥을 가져온 선지자입니다. 그의 이름은 "나의 하나님은 여호와시다"라는 신앙 고백적인 의미가 있으며, 그의 일생은 바알-아세라 우상 숭배자들과의 싸움으로 점철되었습니다.

예수님이 변화산에 올라가셨을 때 제자들은 모세와 엘리야로 더불어 말씀하시는 것을 목격할 수 있었습니다. 이 세 분은 모두 '광야 신학교'(Wilderness Seminary) 동기라는 공통점이 있습니다. 모세가 율법을 대표한다면, 엘리야는 예언자를 대표합니다. 예수님은 율법과 예언의 마침입니다. 엘리야는 죽음을 보지 않고 승천하였는데 구약의 마지막 책인 말라기는 하나님이 말세에 엘리야를 다시 보내실 것이라 예언하

고 있습니다. 예수님의 선구자인 세례 요한은 엘리야의 심령으로 이
땅에 왔습니다.

흑암이 가득한 시대

엘리야가 역사에 등장한 시기는 이스라엘 역사상 가장 패역하고 하
나님이 보시기에 악한 시대였습니다. 북왕국 이스라엘은 솔로몬 왕
사후에 다윗 왕가에 반기를 들고 떨어져 나온 나라로, 창건 이후 60
년이 흐르는 동안 왕조가 세 번, 왕이 일곱 번이나 바뀌는 피의 역사
를 이어 갔습니다.

　첫 번째 왕인 여로보암은 22년 동안 통치하며 남쪽 경계인 벧엘과
북쪽 경계인 단에 '산당'(high places)을 세워 백성들이 예루살렘에 가서
제사하지 못하도록 막았습니다. 결국 사람들의 편의와 뜻에 따라 지
역마다 산당을 세우고 우상 숭배를 하게 했습니다. 그의 아들 나답은
"그의 아비의 길과 어미의 길을 따라 행하다"가 2년 만에 바아사의 쿠
데타로 망합니다.

　바아사는 24년 동안 통치하였고, 그 후 아들 엘라가 즉위하였는데,
그는 알코올 중독자로 2년 동안 통치하다가 시므리의 쿠데타로 죽습
니다. 시므리는 7일 동안 왕위에 있다가 오므리 군대장관에 의해 성
읍이 함락되었다는 소식을 듣고 왕궁에 불을 지르고 자신도 불타 죽
었습니다. 오므리 왕조를 연 오므리는 12년 동안 통치하면서 "여호와
보시기에 악을 행하되 그 전의 모든 사람보다 더욱 악하게"(왕상 16:25)
행하였습니다.

　북이스라엘 왕조는 살인을 통해 왕위를 찬탈한 자가 다른 살인자

길르앗 디셉

에게 왕위를 내주는 형태를 반복합니다. 우상 숭배자들의 전형적인
삶의 패턴을 보여 줍니다. 오므리의 아들 아합(주전 874-853년)은 "그 전
의 모든 사람보다 여호와 보시기에 악을 더욱 행하여"(왕상 16:30)라고
해서 이스라엘 역사상 가장 악한 왕으로 나와 있습니다. 최악의 왕입
니다. 악에 악을 더하는 악한 왕들의 경연장을 보는 것 같습니다.

　더욱이 아합의 처인 이세벨은 이방 나라 왕의 딸로서 바알과 아세
라 우상을 섬겼을 뿐 아니라 이를 백성들에게 강요하였습니다. 나봇
의 포도원을 차지하기 위해 나봇을 죽이고 빼앗는 수법을 보면 이세
벨은 잔인함에 있어서 아합보다 한 수 위입니다. 또한 하나님의 선지
자들을 잡아 죽이고, 엘리야도 죽이려고 했던 이스라엘 역사상 최고
의 악녀였습니다. 부창부수(夫唱婦隨)입니다. 정치적으로는 계속되는
쿠데타로 피에 얼룩지고, 종교적으로는 우상 숭배가 판을 치고, 경제

적으로는 약한 자들을 착취하고, 도덕적으로는 부패하고 타락된 풍조가 만연했습니다. 이세벨의 이름이 아합과 함께 자세하게 등장하는 이유는 이세벨이 거의 아합과 동등한 권력을 가지고 공동 통치자 역할을 했으며, 바알 숭배를 본격화한 장본인이라는 의미입니다.

하나님과 바알의 대결

흑암이 가득한 시기에 하나님은 빛의 사자를 내려보내십니다. 어둠이 짙을수록 그것에 대응하도록 강력한 빛을 주십니다. 그가 바로 엘리야입니다. 열왕기상 17장 1절에는 어떤 서론적인 설명 없이 갑자기 엘리야라는 이름이 나옵니다. 다른 선지자의 경우에는 그가 속한 지파와 가문과 부친의 이름 정도는 소개되는데, 엘리야는 그런 소개도 없습니다. 사람의 혈통이 아니라 그냥 하나님께로부터 바로 온 자처럼 나옵니다. 멜기세덱과 비슷합니다. 다만 그가 신앙적으로 아직 오염이 되지 않은 길르앗 출신이라는 정도만 전하고 있습니다.

　엘리야의 사역은 아합 왕에게 나아가 하나님의 심판을 전하는 것으로 시작됩니다. "나의 섬기는 이스라엘의 하나님 여호와의 사심을 가리켜 맹세하노니 내 말이 없으면 수년 동안 비도 이슬도 있지 아니하리라." 비와 이슬이 오지 않을 것이라는 선언은 비를 내린다는 풍요의 신 바알에 대한 도전적 메시지입니다. 하나님의 심판으로 가뭄이 들고 흉년이 찾아온다는 것입니다. 하나님과 바알의 대결이 시작되었습니다.

　하나님은 이 말씀을 전한 엘리야에게 "너는 여기를 떠나 동으로 가서 요단 앞 그릿 시냇가에 숨으라"(왕상 17:3)고 말씀하십니다. 그릿 시내는 잘 알려지지 않은 곳인데, 엘리야의 고향 길르앗 디셉 부근에서 요단 강으로 흐르는 강줄기 중 하나의 와디로 추정됩니다. 디셉

그릿 시내 | 이스라엘 지역에서 일 년 내내 흐르는 시내나 강은 거의 없는데, 한철만 흐르는 시내 와디(Wadi, 계절천)가 있다. 와디는 비가 오지 않을 때는 바닥이 드러났다가 일단 비가 오기 시작하면 격류가 흐른다. 엘리야가 아합을 피하여 숨었던 그릿 시내도 와디였다.

은 현재 요르단 마르 일리야스(Mar Elyass)로 추정되며, 그릿 시내는 얍복 강과 야르묵 강 사이에 있는 와디 야비스입니다[이원희, 『성지행전』(구약), pp. 414-415].

그러나 지난번 이스라엘을 방문했을 때 예루살렘에서 여리고로 내려가는 유다 광야에 있는 성 조지(St. George) 수도원에 들르게 되었습니다. 이때 수도사로부터 엘리야가 머물렀던 그릿 시냇가가 바로 여기라는 말을 들었습니다. 그곳은 와디 야비스와는 다른 지역입니다. 그렇지만 광야 계곡 아래로 물이 흐르고 있는 정말 아름다운 수도원이었습니다. 또 수도원 동굴 안에는 엘리야와 까마귀 그림도 있었습니다.

성 조지 수도원의 위치

여리고
성 조지 수도원
예루살렘
사해

하나님이 엘리야를 그릿 시냇가로 보내신 데는 아마도 두 가지 뜻이 있었을 것입니다. 하나는 아합의 손으로부터 피신시키기 위함이요, 다른 하나는 장래의 사역을 위하여 엘리야에게 영적인 훈련을 시키기 위함입니다. 그래서 18장 1절에 나오는 바와 같이 3년째 "너는 가서 아합에게 보이라"는 말씀이 들릴 때까지 만 2년 이상 엘리야는 하나님께 직접 훈련과 연단을 받게 됩니다. 그러므로 본문 17장은 '숨으라'와 '보이라' 사이에 있는 엘리야의 영적 훈련 기간에 대한 묘사입니다. 결론부터 말하자면 이 훈련의 핵심은 '하나님만 의지하는 법'을 배우는 것입니다.

고난, 침묵, 고독의 훈련

이제 그릿 시냇가에서 엘리야의 선지 수업이 시작됩니다. 하나님의 조교는 까마귀입니다. 가뭄으로 점점 말라 가는 시냇물을 마시면서 아침저녁으로 까마귀가 물어다 주는 떡과 고기로 하루하루를 연명해 가는 훈련입니다. 아니, 이거 유격 훈련도 아니고 하나님이 시키시는 영적인 훈련이 왜 이렇습니까? 흔히들 영성 훈련이라고 하면 먹는 것, 입는 것은 초월하여, 훌륭한 강사를 초빙하여 신령한 세계에 대

와디에 있는 성 조지 수도원

성 조지 수도원 내부에 걸려 있는 엘리야와 까마귀 그림

한 이야기나 듣고, 성경을 많이 읽고 심오한 진리를 깨닫는 것이라고 생각할 텐데, 하나님의 커리큘럼은 그런 것이 아닙니다. 화끈한 것도 없고, 신비스런 것도 없고, 고작 기록할 수 있는 것은 말라 가는 물과 아침저녁 먹을 것을 물어다 주는 까마귀의 일입니다. 더욱이 일 년이 넘도록 똑같은 일만 반복됩니다. 까마귀가 물어 온다고 해야 얼마나 물어 오겠습니까? 결국 그릿 시냇가의 훈련은 고난, 침묵, 고독을 통한 훈련입니다.

하나님은 고난을 통해 훈련시키십니다. 출애굽 때도 하나님은 이스라엘을 '광야로부터'(from)가 아니라 '광야로'(into) 인도하셨습니다. 하나님은 광야의 신이십니다. 엘리야는 여기에서 홀로 있음의 훈련을 받습니다.

당신이 엘리야의 처지에 놓여 있다면 어떤 심정이겠습니까? 한때는 하나님의 부름을 받았다고 좋아했지만, 당장에 큰일을 위하여 쓰시지도 않고, 인적도 없고 아무 할 일도 없는 심산심곡에서 세월을 보내게 하시는 하나님을 어떻게 이해할 수 있겠습니까? 더구나 세상은 하루가 급하게 돌아가는 것 같고 무엇인가 긴급하게 대책을 세워야 할 것 같은데 말입니다. 대체 하나님은 나를 어떻게 보시고 이런 식으로 대우하시는가 불평하기 쉬울 것입니다.

하나님의 말씀이 일 년이 넘도록 들리지 않으니 그것도 고통입니다. 시냇물은 점점 줄어 갑니다. 언제 물이 말라 버릴지 모릅니다. 까마귀가 고기를 물어 오는 것을 잊어버리면 어떻게 하나 하는 근심도 있었을 것입니다. 까마귀는 포식동물입니다. 입에 고기를 물고 오다 먹어 버리면 어떻게 될까요? 배달 사고는 인간 세상이나 동물 세계나 마찬가지일 것입니다. 까마귀가 물어다 주는 것이 얼마나 되겠습

니까? 그것으로 요기나 되겠습니까? 그것으로 아침저녁 두 끼를 먹
어야 하니 언제나 허기를 느껴야 했을 것입니다. 언제 이 도피 생활이
끝날지 알 수 없고, 언제 아합의 군대에 잡혀 죽을지도 모르는 상황
입니다. 엘리야의 자리에 있었다면 우리 대부분은 조급해지고, 원망
스럽고, 충격을 받아 인간적인 수단과 방법을 동원하면서 우왕좌왕
했을 것입니다. 그러나 엘리야는 하나님의 분명한 지시가 내려지기까
지 그 자리에 머물러 하나님의 인도를 기다리고 있습니다.

영적 훈련은 고상한 것이 아니라 때로 구질구질하고, 죽느냐 사느
냐, 먹느냐 굶느냐 같은 세상적이고 육신적인 일, 하나님과는 상관이
없을 듯한 일에서 오는 경우가 많습니다. 기갈과 기근, 먹느냐 굶느냐

같은 구체적인 문제를 통해 영적인 훈련이 이루어집니다. 영적인 훈련은 수도원이 아니라 삶의 현장에서 진행됩니다. 복음을 위하여 옥에 갇히고 심지어 순교할 각오까지 하면서도, 우리가 물질적으로 세상적으로 당하는 고통은 참으로 견디기 힘듭니다. 그러나 가장 영적인 것은 구체적인 삶의 현장에서 가장 구체적인 것을 통해 옵니다.

배고픔과 육신의 아픔, 외로움과 세상의 고난을 모르면 영적인 진리도 알 수 없습니다. 영지주의 이단의 영향으로 교회 안에는 육체나 물질을 무시하는 풍조가 있습니다. 하지만 사실 육체적 고통이나 물질적 고통만큼 실제적인 문제는 없습니다. 영적 훈련은 여기에서 이루어집니다. 물질을 드리는 것도 믿음의 영적인 표현입니다. 육신적인 것은 영적인 것을 지향하는 화살표입니다. 광야 고난의 학교에는 조직신학, 성서신학, 설교학, 윤리학, 전도학 등 모든 것이 망라되어 있습니다. 말하자면 집중 코스(intensive course)인 셈입니다. 2년 과정이지만 신학 교육 7년보다 더 많은 것을 배웁니다. 고난의 떡을 먹어 보지 않고서는 인생과 신앙을 논할 수 없습니다. 이런 관점에서 한국 교회의 위기는 영적 지도자의 위기입니다. 영적인 지도자들이 광야 생활을 해 보지 않았기 때문입니다.

부족함에 처할지라도

물론 하나님은 사랑하는 자녀를 절대로 어려움 가운데 죽이지 않으십니다. 공중에 나는 새도 먹이시고, 들풀도 입히시는 하나님이 우리의 쓸 것을 채워 주십니다. 그러나 그렇다고 해서 늘 넘치도록 부어 주시지는 않습니다. 다른 사람 다 가뭄에 고생하여도 엘리야만 시냇가에서 물장구치며 물고기 잡으면서 한가롭게 지낸 것은 아닙니다.

엘리야의 시냇물도 말라 갑니다. 하나님이 엘리야를 기적적으로 먹이셨다고는 하지만, 까마귀 입에서 받아먹은 것이지 진수성찬을 먹은 것이 아닙니다. 하나님의 은총과 돌봄 가운데 있지만 세상적인 기준으로는 부족하기 짝이 없습니다. 하나님의 섭리적 축복과 부족함, 이 두 가지는 병행할 수 있습니다. 부족함에 처할지라도 하나님의 사랑과 은혜, 하나님의 축복 가운데 있을 수 있다는 말입니다.

세상의 감사와 기쁨은 '~하므로' 또는 '~때문에' 오는 것입니다. '넉넉하기 때문에', '건강하기 때문에', '먹을 것이 있으므로', '일이 형통하므로' 감사합니다. 이런 감사는 불신자도 다 하는 기본적인 감사입니다. 풍성함 가운데 감사하는 것은 누구나 할 수 있는 일입니다.

신앙 생활은 고차원적인 감사 즉 '그럼에도 불구하고', '그리 아니하실지라도'의 감사와 기쁨으로 승화되어야 합니다. '먹을 것이 바닥을 드러냄에도 불구하고', '몸에 병이 들어 병원에서 수술을 받음에도 불구하고', '사업이 부진을 면치 못함에도 불구하고' 감사와 기쁨을 주장할 수 있는 것이 신앙적 감사입니다. 믿음은 부족함을 축복의 영역으로 가져갑니다. 그래서 믿음을 가지면 전천후 감사를 드릴 수 있습니다. 다니엘, 하박국, 욥, 바울이 그러했습니다. 조건적인 것이 아니라 무조건적인 신앙으로 전천후 신앙인이 되는 것입니다.

존재의 복

하나님이 주시는 축복은 세상이나 소유가 주는 힘이 아니라 하나님이 주시는 존재의 힘입니다. 기독교의 축복은 소유에 있지 않고 존재에 있습니다. 가진 것의 많고 적음에 달려 있지 않습니다. 하나님을 바로 알고, 바른 믿음을 가지고 의미 있게 사는 것이 축복입니다.

내가 부족하기 때문에 하나님을 더욱 의지하고 산다면 축복입니다. 우리는 늘 시간이 조금만 더 있었으면, 물질적인 여유가 조금만 더 있었으면, 지혜가 조금만 더 있었으면, 조금만 더 건강했으면 하고 늘 없는 것에 대한 아쉬움을 가지고 있습니다. 실망하고, 원망하고, 남을 부러워하면서 자신이 가진 것에 감사하지 못하는 경우가 많습니다. 그러나 누구라도 부족한 것 하나는 있기 마련입니다. 그것이 불만이었는데 알고 보면 바로 그것이 은혜입니다. 눈물과 한숨의 기도 제목이 바로 하나님이 주신 은혜입니다.

내가 누구입니까? 다 갖추고 있다면 예수님을 믿을 위인입니까? 부족한 것을 바라보며 불평하기보다는 하나님의 자리를 만들어 둘 때 부족한 것이 도리어 축복이 됩니다. 있는 것은 당연히 여기고 없는 것에 불평하였다면, 이제 있는 것에 감사하고 없는 것은 은혜로 여겨야 합니다.

엘리야에게 시냇가의 물이 넘치고 양식이 넉넉했다면 어떻게 매일 채워 주시는 하나님의 능력을 체험할 수 있었겠습니까? 어떻게 보이는 물과 양식 대신 보이지 않는 하나님만을 바라볼 수 있었겠습니까? 어떻게 굶주리며 목말라 죽어 가는 이스라엘 백성들의 처지를 이해하며 동정하여 낙타 무릎이 되도록 기도할 수 있었겠습니까? 자고 일어날 때마다 말라 가는 시냇물을 바라보면서 오늘 저녁부터는 굶게 될지도 모른다는 절박함을 가지고 엘리야는 기도했을 것입니다. 하나님만을 더욱 의지했을 것입니다.

하나님은 엘리야를 이렇게 훈련시키셨고, 엘리야는 그 자리를 떠나지 않았습니다. 고난의 자리를 고수했습니다. "순종의 자리가 축복의 자리입니다." 지금 당신이 있는 자리가 하나님이 인도하신 자리라고

확신하십니까? 그러면 엘리야처럼 순종하십시오. 그 자리를 고수하
십시오. 감사하십시오.

성공의 저주

만일 생활이 풍족하여 하나님을 망각하고 자신의 철학과 물질만 믿
고 살았다면, 현재 누리는 편안함과 즐거움 때문에 하나님 없이 살았
다면, 그가 많이 가지고 있다는 사실은 축복이 아니라 저주가 될 수
있습니다.

　내가 건강하기에 하나님을 망각하고 산다면 건강이 저주가 될 수
있습니다. 내가 머리가 좋아서 하나님을 망각하고 산다면 내 지능이
저주가 될 수 있습니다. 내가 재물이 많아서 하나님을 망각하고 산다
면 내 재물이 저주가 될 수 있습니다. 이것이 성공의 저주입니다. 그
러나 내가 부족하다는 사실 때문에 창조주 하나님을 바라보고, 내가
약하다는 사실 때문에 강하신 하나님을 의지하고 산다면 나의 모자
람이 오히려 축복의 조건이 될 수 있습니다. 그렇게 해서 "부족함 가
운데의 축복"이 있는 것입니다.

　가난한 자, 목마른 자, 애통하는 자, 핍박을 받는 자, 병든 자가 세
상에서는 없는 자이지만 그것이 하나님을 향하면 축복이 됩니다. 마
태복음 5장의 팔복도 알고 보면 부족한 가운데 있는 축복입니다. 심
령이 가난한 자, 의에 주리고 목마른 자, 의를 위하여 핍박을 받는
자…. 바울은 자신의 육신의 약함을 통하여 "내(하나님) 은혜가 너에
게 족하다. 이는 네가 부족한 데서 온전하게 됨이라"는 하나님의 음성
을 들었습니다. 그래서 바울은 자신의 여러 약함을 자랑했습니다. 이
로써 하나님의 능력이 그에게 임함을 알게 되었기 때문입니다.

사르밧으로 가라

마침내 그릿 시내의 물이 다 말라 맨 땅이 드러나게 되었습니다. 시간을 맞추어 하나님의 말씀이 엘리야에게 다시 들립니다. "너는 일어나 시돈에 속한 사르밧으로 가서 거기 머물라. 내가 그곳 과부에게 명하여 네게 음식을 주게 하였느니라"(왕상 17:9). 이제 엘리야는 그릿 시내에서 시돈에 속한 사르밧으로 이동하게 됩니다. 사르밧은 작은 항구도시로 오늘날의 레바논 사라판드(Sarafand)인데, 페니키아의 대도시이자 지중해 해안 도시인 두로와 시돈 사이에 있습니다. 그릿 시내에서 사르밧에 이르는 길은 이스라엘을 다 통과하여 북서쪽으로 최소한 120킬로미터 이상이나 됩니다.

만일 제가 엘리야였다면 "그럼 그렇지. 여기서 일 년 이상 아무도 보지 못하고 힘들게 지냈는데 하나님이 내 사정을 보시고 드디어 돈 많은 과부를 준비하여 나를 돕게 하시는구나" 하고 잔뜩 기대했을 것입니다. 그렇게 멀리까지 가는데 그런 기대가 없었겠습니까?

하지만 엘리야는 눈앞의 광경에 실망하지 않을 수가 없었습니다. 하나님이 말씀하시던 이방인 과부를 성문에서 만나게 되었는데 너무 행색이 초라합니다. 전혀 부유해 보이지 않습니다. 심지어 나뭇가지를 줍고 있습니다. 알고 보니 이 여인의 총 재산은 가루 한 움큼과 기름 조금입니다. 지금 마지막으로 그것 모두를 가지고 떡을 만들어 자식과 함께 먹고 죽으려는 지지리도 가난한 과부입니다. 벼룩의 간을 빼먹지, 이런 불쌍한 여인에게 가서 얻어먹으라는 하나님의 말씀이 이해가 가십니까? 죽음을 무릅쓰고 적진에 들어가 물을 떠 온 병사들의 물을 받아 들고 다윗이 이것은 물이 아니라 피라고 한 것처럼, 과부의 떡은 떡이 아니라 그들의 생명이었습니다. 지금 그것을 얻어먹으

라고 하시는 하나님의 말씀이 너무 야속하지 않습니까? 엘리야는 큰
충격을 받았을 것입니다. 살기 위해 이렇게까지 해야 되나 하고 자괴
감이 들었을 것입니다.

　　그렇지만 엘리야는 하나님이 시키시는 대로 합니다. "먼저 그것으
로 나를 위하여 작은 떡 한 개를 만들어 내게로 가져오고 그 후에 너
와 네 아들을 위하여 만들라." 여기에서 '먼저'와 '그 후에'라는 표현에

눈이 갑니다. 엘리야는 무자비하게 과부와 외아들의 것을 빼앗아 먹자는 것이 아닙니다. 엘리야가 하나님 말씀에 의지하여 사르밧 과부에게 요청한 것은 우선순위입니다.

이것은 모험 이전에 순종 이야기입니다. 무작정 모험을 하는 것이 아니라 엘리야가 전한 말씀에 순종하는 것입니다. 과부는 '먹고 죽겠다'고 했는데, 엘리야는 죽지 말고 '먼저 주면 먹으리라'였습니다. 결국 순종의 이적입니다. 죽을 사람이 순종함으로써 사는 것입니다. 과부는 낯선 유다인이 "그릇에 물을 조금 가져다가 내가 마시게 하라"고 말할 때부터 순종의 자세를 보였습니다. 엘리야에게 이 과부야말로 여호와 하나님이 그를 공궤하기 위해서 예비하신 여인이라는 확신이 드는 순간이었습니다. 비록 행색은 엘리야가 기대했던 것과 너무도 달랐지만 엘리야는 낙심하지 않고 하나님의 말씀에 초점을 맞추었습니다. "이스라엘의 하나님 여호와의 말씀이 나 여호와가 비를 지면에 내리는 날까지 그 통의 가루가 떨어지지 아니하고 그 병의 기름이 없어지지 아니하리라 하셨느니라"(17:14). 하나님은 실수하실 리가 없습니다. 하나님이 잘못 보실 리가 없습니다.

사르밧, 더불어 사는 훈련

아무리 기근이라도 먹을 것을 쌓아둔 부자도 있었을 터인데 왜 하필 이방인 가난뱅이 과부입니까? 그런 사람은 10킬로미터 반경 안에서도 얼마든지 찾을 수 있을 텐데 하필 사르밧까지 보내십니까?

목회를 하면서 넉넉한 사람들보다 어려운 사람들이 헌신할 때가 더 많다는 것을 자주 느끼게 됩니다. 인간적인 생각으로는 헌금을 돌려

쥐야 할 것 같은 생각이 들 때도 많습니다. 하나님은 왜 엘리야를 또다시 이런 곳으로 인도하십니까? 그 대답은 한마디로 '훈련은 아직도 끝나지 않았다'입니다.

사르밧이란 말에는 '훈련'이라는 의미가 내포되어 있습니다. 끝나나 했더니 또 다른 훈련이 기다리고 있습니다. 어떤 훈련이 이토록 혹독하단 말입니까? 대체 하나님이 엘리야를 훈련시키시는 내용의 핵심은 무엇입니까? 그것은 눈에 보이는 환경을 의존하지 않고 오직 하나님만을 의지하는 것입니다. 말라 가는 시냇가에 살면서 얼마나 간절하게 하나님을 바라보았겠습니까? 한 움큼밖에 남지 않은 밀가루와 겨우 조금 남아 있는 기름을 보면서 얼마나 하나님을 의지했겠습니까? 하나님만을 의지하는 훈련을 시키십니다.

통로는 까마귀와 과부이지만, 공급자는 동일하게 하나님이십니다. 역시 하루씩 채워 주십니다. 이것은 '떡을 먹는 생활'이 아니라 '하나님을 먹는 생활'입니다. 떡이 아니라 하나님이 엘리야를 살리시는 것입니다. 이스라엘이 광야에 있을 때 하나님이 만나를 먹이신 것은, 사람이 떡으로만 사는 것이 아니라 하나님의 입에서 나오는 모든 말씀으로 사는 것을 가르치시기 위함이었습니다. 이스라엘은 광야에서 하나님을 '보고, 먹고, 마셨습니다.' 엘리야도 마찬가지입니다. 다만 그릿 시내와 사르밧 훈련의 다른 점은, 그릿 시내는 홀로 있음의 훈련인 반면 사르밧은 더불어 사는 훈련이었습니다.

하나님의 시간

하나님의 시간은 정확합니다. 엘리야를 사르밧 과부에게 보내신 하나님의 뜻이 있습니다. 여기 기도의 짝을 맞추시는 하나님을 엿볼 수 있습니다. 사르밧 과부도 바닥이 드러난 양식을 보면서 하나님께 간절하게 기도했을 것입니다. 그래서 하나님은 엘리야의 기도와 과부의 기도를 동시에 들어주신 것입니다. 엘리야의 필요뿐 아니라 과부의 필요도 적합한 시간에 채워 주신 것입니다.

과부는 엘리야에게 음식을 공급하고, 엘리야는 과부와 그의 외아들이 살 수 있게 하였습니다. 섬기는 봉사와 섬김을 받는 봉사가 동시에 이루어집니다. 일방적인 봉사는 없습니다. 그리고 과부의 순종이 돋보입니다. 과부의 마지막 식사가 되었을 것이, 믿고 순종했을 때 영속하는 식사가 되었습니다. "나에게 첫 자리를 다오. 그 다음에는 내가 책임지겠다." 하나님께 내어맡긴 것은 모두 하나님이 책임지십니다. 양식, 자식, 자신까지 보장하십니다.

사르밧 과부가 순종하는 마음, 헌신하는 마음으로 자기의 것을 모두 드려 엘리야를 대접했을 때 하나님의 말씀대로 이적이 나타났습니다. 그러나 그 기적은 10년쯤 먹고살 것을 한꺼번에 주시는 방법이 아니라 그날의 양식을 그날에 주시는 것이었습니다. 기적 가운데 있었지만 날마다 의지하게 했습니다. 주기도문에도 "주여, 내 평생 먹을 양식을 쌓을 수 있도록 주옵소서"라지 않고 "일용할 양식"을 달라고 기도하라는 이유입니다.

열 가지 재앙과 홍해의 기적이 큰 기적이라면, 만나를 내리시는 기적은 매일의 작은 기적으로 하나님을 경험하는 것입니다. 엘리야에게 일주일 먹을 양식은 없었지만 오늘 먹을 양식과 물은 있었습니다. 과부에게도 오늘을 연명할 음식이 있었습니다. 그것으로 하나님을 보고 먹고 마시는 생활을 합니다. 그것으로 자족하였습니다.

하나님은 '숨으라'와 '보이라' 사이 3년 동안 하나님만을 의지하는

「엘리야 선지자와 사렙다 과부(Prophet Elijah and the Widow of Sarepta)」 1640~1644, 베르나르도 스트로치, 캔버스에 유화, 빈 미술사 박물관, 빈.

훈련을 시키셨습니다. 눈에 보이는 환경이나 세상을 의지하지 않고, 보이지 않는 하나님을 의지하는 훈련입니다. 그래서 결국 보이지 않는 하나님을 보는 것처럼 살아가는 생활 훈련입니다. 이것이 엘리야를 넉넉하지 않은 환경으로 인도하시는 하나님의 뜻입니다. 이것이 나중에 간악한 아합과 이세벨 앞에 담대하게 설 수 있는 능력을 주고, 바알과 아세라의 선지자 850명 앞에 홀로 나아가 그들을 무찌르고 하늘에서 불을 내리고 물을 내리는 역사를 이루게 합니다(왕상 18장). 기도할 때 단번에 불이 내려오고, 소낙비가 내린 것 같지만 사실은 3년 동안의 훈련과 준비가 있었기 때문에 가능한 것입니다. 광야의 훈련이

192
·
193

없었다면 이런 능력이 나타날 수 없습니다.

부족함 가운데 나온 축복들

아무리 어려워도 이 엘리야의 처지보다는 나을 것입니다. 내 주머니에 돈이 남아나지 않는 이유를 생각해 보았습니까? 내게 다른 사람을 압도할 만한 총명과 재능과 건강이 없다고 비판하는 사람은 없습니까? 내가 무지하기에 하나님이 필요합니다. 그렇다면 나의 부족함이나 넉넉하지 못하다는 사실이 저주나 불평이나 원망이 아니라 오히려 감사의 조건일 수 있습니다. 바로 그것이 더욱 주님을 바라보고 기도하며 의지하게 합니다. 너무나도 간절하게 합니다.

세상의 온갖 위대한 것들은 알고 보면 부족한 가운데 나온 축복들입니다. 에디슨, 베토벤, 밀턴, 강영우 박사, 이민아 목사 등은 부족함 가운데 하나님을 의지하고 만나고 위대해졌습니다. 우리는 광야 같은 척박한 생활을 하고 있습니다. 꿈꾸던 결혼 생활이 아니며, 혼자 자식을 키우기가 버겁고, 사업은 날로 어렵고, 부채는 늘어만 가고, 취업의 문은 열리지 않습니다. 아픈 곳이 많아지고, 점점 더 외로워지고, 하나님도 기도를 들으시는 것 같지 않습니다.

어떤 면에서 보면 인생의 환상이 깨지는 순간 믿음으로 새 삶을 시작하게 됩니다. 오스왈드 챔버스는 이렇게 말합니다.

하나님은 좌절을 통해 우리를 연단하신다. 승승장구하던 삶이 실망의 장벽에 부딪혀 산산조각 나면, 비로소 우리는 좌절 속에 일하시는 하나님의 섭리를 깨닫는다. 하나님은 자신의 보물을 어둠 속에 숨겨 두신다. 아무리 찬란한 별도 밤이 되기 전에는 보이지 않는다.

삶은 만만하지 않습니다. 믿는 사람도 마찬가지입니다. 우리는 성금 요일과 부활절 사이를 살고 있습니다. 십자가의 은혜로 구원받은 우리는 부활의 소망 가운데 믿음으로 살고 있습니다. 큰 고통과 어려움에 처해 있을 때, 은혜가 더 설실합니다. 아니, 이때야말로 은혜 없이는 살아가기 힘듭니다. "내가 너와 함께한다. 너의 고통을 이해한다. 조금만 참아라. 너의 있는 모습 그대로 나는 받아들인다."

석탄 한 조각은 대단한 가치를 지닌 것이 아닙니다. 불을 붙이면 한동안 타다가 한 줌의 재가 됩니다. 그러나 수백 년 동안 고도의 열기를 견디게 되면 성분이 변화되어 세상에서 가장 견고하고 값진 다이아몬드가 됩니다. 압력과 열이 석탄을 다이아몬드로 변화시키듯, 당신을 넘어트리지 못하는 고난은 당신을 위대하게 만듭니다. 어니스트 헤밍웨이는 "세상은 모든 사람에게 상처를 준다. 그러나 많은 사람들이 상처받은 곳에서 강해진다"고 했습니다. 불만과 불평이 쌓일 때, 가장 효과적인 약은 감사입니다. 감사하다 보면 감사하지 않을 것이 없다는 사실을 알게 됩니다. "그럼에도 불구하고" 감사하는 것입니다. 고난 속에 숨겨진 거대한 축복을 보면서 감사하는 것입니다.

마침내 네게…

저는 나름대로 짧은 세월에 많은 연단을 받았다고 생각했습니다. 부모님의 심한 반대를 무릅쓰고 신학교에 들어간 것, 후원도 없이 믿음으로만 미국 유학길에 오른 것, 광야와 같은 미국에서 한인 교회를 개척한 것. 그러면서도 "내가 하나님 일을 하면 하나님이 내 일을 해주신다"는 믿음을 가지고 살았습니다. 미국에서 자리를 잡고 안정적인 궤도에 올랐을 때, 그 안락함을 포기하고 이제 역으로 광야가 되어 버린 한국으로 돌아오기로 결정한 것, 물론 이것은 하나님이 제게 주신 역량을 남김없이 발휘하고 성취하려는 의도였습니다. 아내도 반대했고 담임 목회하던 교회도 만류했지만 과감하게 그곳 일을 정리하고 귀국했습니다.

각오를 단단히 했지만 거의 9년 만에 한국으로 돌아온 저와 가족에 대한 도전은 만만치 않았습니다. 공항에서 아내와 아이들은 처가로, 저는 이미 시작된 학교 강의에 충실하기 위하여 학교 기숙사로 헤어졌습니다. 사역에 대한 열정과 사랑은 번번이 벽에 부딪히게 되었습니다. 내가 알지 못하는 사이에 강의 한 과목이 취소되고, 그것도 강의실로 가는 길에 통고를 받았습니다. 전세값은 너무 비싸고 돈은 없어서 집을 구할 수도 없었고, 미국에서 부친 짐은 이미 도착하여 창고에 쌓여 있는데 가져갈 집이 없어 보관료만 물고 있었습니다. 날씨는 추워지는데 짐을 찾을 수 없어 여름에 입고 온 옷을 입고 지내야 했습니다. 강사인 주제에 학교에 머무는 것이 직원들의 눈총을 샀기 때문에 결국 저까지 처가에 들어갔습니다. 아이들은 6개월 동안 세 번이나 전학을 해야 했습니다. 자연스레 아내도 원망을 늘어놓았습니다.

이때 모세의 심정을 이해하게 되었습니다. 시간 강사로 일주일에 하루 출강하러 외출하는 일 외에는 대부분의 시간을 처가 골방에 틀어박혀 하루 세 끼씩 얻어먹었습니다. '명퇴', '조퇴'한 사람들의 심정도 헤아리게 되었습니다. 일할 곳이 없는 사람들, 어려운 처지에 있는 사람들을 생각했습니다. 욥기도 새롭게 읽었습니다. 그냥 밥만 먹기 미안해서라도 하루 세 번씩 방바닥에 엎드려 기도했습니다. "하나님, 이곳에서 꼭 필요한 사람이 되게 해주십시오."

하루(1996년 9월)는 잠을 자는데 꿈속에서 누군가 펴 주는 성경책을 읽게 되었습니다. 왼쪽 페이지를 읽고 오른쪽 페이지로 넘어가 몇 절을 읽다가 너무나 감정에 복받쳐 엉엉 울게 되었습니다. 그렇게 울다가 스스로 놀라 눈을 뜨게 되었는데, 새벽 2시쯤이었고 제 얼굴에는 실제로 눈물이 흘러서 베개를 적시고 있었습니다. 그런데 읽은 말씀이 어디에 있는 무슨 말씀인지 도통 기억이 나지 않았습니다. 그리고 다음날 점심 때 방바닥에 무릎을 꿇고 엎드려 기도하는데 갑자기 꿈속에서 읽었던 말씀 중에 "마침내"라는 단어가 떠오르는 것이었습니다.

저는 기도를 멈추고 그 말씀을 찾기 시작했습니다. 어디에 나오는지 알 수가 없었습니다. 신명기부터 찾아보려고 성경을 펴니 신명기 8장이 나왔습니다. 그래서 1절부터 읽는데 14절에 이르자 꿈 속에서처럼 눈물이 하염없이 흐르기 시작했고 16절에서 "마침내 네게 복을 주려 하심이었느니라"라는 말씀이 나왔습니다. 저는 이 말씀을 하나님이 우리 가정에 주시는 약속의 말씀이라고 받았습니다. 이 말씀을 붙들고 가정 예배를 드렸습니다. 지난 세월 광야 같은 미국에서 하나님이 도와주신 역사를 기억하면서 또 다른 광야인 한국에서 하나님의 훈련을 잘 받자고 다짐했습니다. 다시 시작된 광야 생활에 훈련을 잘 받으면 마침내 하나님이 길을 열어 주실 것이라고 믿었습니다.

2년 후 하나님의 은혜로 서울신학대학교 전임교수가 되었습니다. 총장에게 임용장을 받고 집으로 오는데, 신명기 8장을 다시 읽어 보라는 감동이 왔습니다. 집에 와서 읽어 보니 지난번에는 약속의 말씀으로 들렸던 것이 이제는 경계의 말씀으로 들렸습니다. '기억하라', '조심하라'는 말씀이었습니다. 스스로 이룬 것처럼 교만하고 하나님

196
·
197

을 잊는다면 징계를 받게 된다는 경고의 말씀이 있었습니다. 광야에서 '없음의 시험'을 잘 통과했지만 가나안에도 '있음의 시험'이 있다는 것입니다. 광야에서는 부족함의 축복을 경험했지만, 가나안에서는 풍부함의 시험을 경험하게 된다는 것입니다. 이때도 겸손하게 하나님을 인정하고 살아야 한다는 것입니다. 그렇지 않으면 언제든지 다시 광야로 내몰릴 수 있다는 것입니다.

유대교 신비주의 하시디즘에는 "슬픔의 나무"라는 우화가 있습니다. 사람이 죽으면 그 영혼은 천국의 문 앞에 있는 커다란 나무 앞으로 가게 된다고 합니다. 그 나무에는 사람들이 겪은 온갖 슬픈 일이 가지마다 주렁주렁 매달려 있습니다. 이제 막 그곳에 도착한 영혼도 자신의 슬픈 사연을 종이에 적어 가지에 걸어 놓습니다. 천사는 그 영혼의 손을 잡고 나무를 한 바퀴 돌며 그곳에 적혀 있는 다른 사람들의 슬픈 이야기들을 읽게 합니다. 마지막에 이르러 천사는 그 영혼에게 그 이야기들 중 어떤 것을 선택해 다음 생을 살고 싶은가 묻습니다. 가장 덜 슬퍼 보이는 삶을 선택하면 다음 생에는 그렇게 살게 해주겠다고 말입니다.

우화에서는 어떤 영혼이든 결국에는 자신의 삶을 다시 선택한다고 합니다. '슬픔의 나무'에 적혀 있는 다른 사람들의 이야기를 알고 나면, 그래도 자신의 삶이 가장 덜 슬프고 덜 고통스러웠음을 깨닫는다는 것입니다. 또한 자신이 겪은 그 고통이 자신을 있게 해주었음을 알게 된다는 것입니다.

복의 씨앗

엘리야를 그릿 시냇가와 사르밧에서 훈련시키신 하나님은 종국에 그를 통해 아합과 이세벨을 꾸짖으시고, 갈멜 산에서 우상 종교를 타파하시고, 이스라엘을 하나님 앞으로 이끄시며, 큰 비를 내려 만물을 소생하게 하셨습니다. 하사엘로 아람 왕을 삼고, 예후를 이스라엘 왕으로 세우고, 엘리사와 선지 학교를 세우는 위대한 역사를 이루셨습니다. 그 하나님이 저와 당신을 그런 형편 가운데 이끄시고 훈련시키고 계십니다. 하나님의 은혜 안에서 오늘의 부족함이 내일에는 복의 씨앗이 됩니다.

갈멜 산의 엘리야

두로

헬몬 산

바산

하솔

가르나임

아스드롯

바알과 아세라 선지자
850명을 죽임

갈릴리
바다

길르앗

로드발

에드레이

로글림

갈멜 산

지중해
(대해)

벧스안

그릿 시내

암몬

아벨므홀라

요단강

사마리아

세겜

숙곳

브니엘

마하나임

얍복강

길갈

아담

욥바

벧엘

여리고
평지

야셀

모압 평지

랍바베네암몬

기브온

여부스

아벨싯딤

기럇 여아림

바알브라심

여리고

벧 아라바

헤스본

벧세메스

예루살렘

벧 호글라

가드

아세가

바후림

아스돗

느보 산

모압

가나안

넵도아

드고아

아스글론

엘라 골짜기

헤브론

사
해

가사(가자)

엔게디

시글락

디본

그랄

블레셋

브엘세바

길하레셋

아말렉

호르마

브엘라헤로이

세렛 강

가데스바네아

소알

신(Zin) 광야

에돔

이예아바림

45 갈멜 산 Mt. Carmel
여호와를 향한 열심
열왕기상 18:30–40

저는 무슨 일이든 열심히 하는 사람이 존경스럽습니다. 공부도 열심히 하고, 사업도 열심히, 부부 사랑도 열심히, 교회 봉사도 열심히, 작은 일에도 열과 성을 다하는 분들이 훌륭하게 보입니다.

『장자』에 나오는 유명한 고사입니다. 포정이라는 백정이 문혜왕 앞에서 소를 잡는데 이 사람 솜씨가 대단했던 모양입니다. 날렵하게 칼을 움직이는 소리가 마치 좋은 음악과 같고 그 모양은 흡사 춤을 추듯 했답니다. 왕이 탄복하며 어떻게 그와 같은 경지에 이를 수 있었는지를 묻자 백정은 칼을 놓고 이렇게 대답했습니다. "제가 처음 소를 잡을 때에는 눈에 보이는 것이 모두 소였으나, 3년이 지나자 소의 모습은 눈에 보이지 않게 되었습니다. 저는 마음으로 소를 보지 눈으로 보지 않습니다. 정신으로만 소를 보게 되니 저는 큰 틈새와 빈 곳을 따라 칼을 움직여 소의 원래 구조 그대로 따라갈 뿐입니다. 본래 있는 결을 따라가다 보니 힘줄이나 질긴 근육을 건드리지 않는데 하물며 큰 뼈야 말할 것이 없습니다."

고대 세계에서 멸시와 천대를 받던 백정도 열심을 다하면 임금에게 인정을 받습니다. "네가 자기의 일에 능숙한 사람을 보았느냐. 이러한 사람은 왕 앞에 설 것이요 천한 자 앞에 서지 아니하리라"(잠 22:29).

미국 GE사의 최연소 최고경영자가 되어 '경영의 달인', '세기의 경영인' 등으로 불린 잭 웰치는 비범한 리더들에게 공통적으로 찾아볼 수 있는 네 가지 특징을 '4E 리더십'으로 주창했습니다. ① 적극적인 에너지(Energy) ② 조직에 활력을 불어 넣는 능력(Energize) ③ 결단력(Edge) ④ 장애를 뚫고 실행하는 능력(Execute). 공통점이 있다면 모두 '열심'이라고 할 수 있는데, 불로 상징할 수 있을 것입니다. 불 같은 열심을 지닌 리더가 성공적인 리더가 된다는 의미입니다. 열심을 지닌 리더가 현대의 기업을 생존 번영하게 할 수 있는 리더라는 것입니다. 이 열정이 바른 방향의 비전을 만나면 반드시 성공하게 됩니다.

하나님의 열심

우리의 모든 열심 이면에는 하나님의 열심이 있습니다. 바울은 빌립보에 편지하면서 "너희 안에서 착한 일을 시작하신 이가 그리스도 예수의 날까지 이루실 줄을 우리는 확신하노라"(빌 1:6)라고 했는데, 어떤 사람을 구원으로 택정하신 하나님이 중생의 씻음을 주실 뿐만 아니라, 그를 성화의 길로 인도하시고 온갖 선행을 행하도록 열심을 주신다는 것입니다.

이 세상에서 우리가 내는 모든 열심도 알고 보면 하나님이 우리를 향해 갖고 계신 열심의 투영이라고 볼 수 있습니다. 하나님은 우리에게 자유 의지를 주셔서 하나님을 향한 열심을 가질 수 있게 하셨습니다. 엘리야가 호렙 산에서 "내가 만군의 하나님 여호와께 열심이 유별하오니"(왕상 19:10)라고 말하고 있는 바와 같습니다. 하나님은 우리를 향해 지니신 그분의 사랑이나 열심이 외짝 사랑이나 열심이 되기를 원치 않으십니다. 당신의 자녀들도 하나님을 향해서 그런 사랑과 열심을 내기 원하십니다. 우리는 과연 하나님을 향해서 어떤 열심을 품어야 할까요?

아합과 이세벨의 열심

세상을 살다 보면 잘된 열심만 있는 것이 아니라 잘못된 열심도 많습니다. 우리가 무엇에 우선적으로 열심을 내느냐에 따라서 우리 인생의 방향이 정해집니다. 북왕국 이스라엘 왕 아합의 아내 이세벨은 바알 종교에 대한 열심이 대단했습니다. 그녀는 시돈의 공주로서 시돈에서 섬기던 바알 숭배를 하나님의 백성들이 살고 있는 땅으로 가져왔습니다. 시집올 때 혼수(?)로 가져왔나 봅니다. 그녀는 남편을 꾀어 하나님만을 섬겨야 하는 이스라엘에게 바알과 아세라를 섬기도록 강요하는 종교 정책을 폈습니다. 여호와 하나님의 선지자들을 핍박하거나 잡아 죽였고, 대신 바알과 아세라의 선지자들을 양성하고 후원하여 왕궁에서 함께 먹으며 온갖 특혜를 누리게 했습니다. 여호와의 백성을 바알의 백성으로 만들려 했습니다.

북왕국 백성은 정권의 눈치를 보면서 서서히 하나님으로부터 떠나고 있었습니다. 하나님은 결코 당신의 백성이 곁길로 나가는 것을 원치 않으십니다. 그래서 엘리야 선지자를 통해 바알에게 정식으로 도전하셨습니다. "내 말이 없으면 수 년 동안 비도 이슬도 있지 아니하리라." 아합 왕이 조장하고 장려하는 바알 숭배는 결코 진실이 아니다. 바알은 너희들이 생각하는 것처럼 풍요의 신이 아니다. 내가 앞으로 비를 내리지 않을 터이니 너희들이 섬기는 바알에게서 비를 기대해 보라'는 의미가 들어 있습니다. 아합 정권과 바알에 대한 심판입니다. 엘리야는 이 심판 선언 후에 숨어 버렸는데, 엘리야와 함께 하나님이 그분의 얼굴을 이스라엘에게서 가리신 것입니다.

> 여호와여, 주의 은혜로 나를 산같이 굳게 세우셨더니 주의 얼굴을 가리시매 내가 근심하였나이다(시 30:7)

이렇게 해서 이스라엘에는 3년 동안(혹은 3년 반 동안) 비가 내리지 않았고 곡물은 말라 기근이 심하게 되었습니다. 지금도 아무 생명 없는 우상 종교에 열심을 내는 많은 어리석은 무리를 보게 되는데, 그들은 기근에 찌들어 더 가난한 삶을 살고 있습니다. 신앙적인 무지와 부패는 영적 그리고 육신적 가뭄이라는 기근을 낳습니다. 오직 신앙적인 개혁만이 영적 육신적 풍요를 낳습니다.

세상 사람들의 열심은 다 제각각입니다. 먹는 일을 탐하는 사람, 쾌락에 탐닉하는 사람, 재물을 모으는 데 혈안인 사람, 명예를 애타게 구하는 사람, 권력을 쟁취하기 위해 권모술수를 일삼는 사람…. 이 모든 것이 세상 신 바알을 향한 열심입니다. 엘리야는 하나님을 향한 열심의 소유자입니다. 그는 하나님께 거듭해서 고백합니다. "내가 만군의 하나님 여호와께 열심이 유별하오니"(왕상 19:10, 14). 공동번역에서는 "열심이 유별하다"라는 표현을 "가슴에 불이 붙고 있다"라고 번역

「바알 선지자들과 겨루는 엘리야(Elijah competes with the Prophets of Baal)」1575~1600, 필립스 반 갈레, 판화, 207×285mm, 레이크스 미술관, 암스테르담.

하였습니다. 가슴에 하나님을 향한 열정의 불이 타고 있었던 엘리야입니다. 그러므로 우상 숭배에 빠져 있는 이스라엘에 대한 거룩한 분노가 있었고, 바알 제사장들과 대결을 벌일 용기와 그들을 진멸하는 단호함이 있었고, 살아 계신 하나님의 영광을 나타내고자 하는 열정이 있었습니다.

하나님이 참으로 살아 계시며, 자기 백성에게 관심을 기울이시며, 땅에 비를 내리고 풍작을 주는 분이심을 알게 하기 위해서 그분은 이스라엘에 가뭄과 기근의재앙을 내리셨습니다. 교훈적인 재앙이라고 할 수 있습니다. "너는 여기서 떠나 동쪽으로 가서 요단 앞 그릿 시냇가에 숨고"(왕상 17:3).

3년 반이 지나고 하나님은 말씀하십니다.

너는 가서 아합에게 보이라 내가 비를 지면에 내리리라(왕상 18:1)

이 '숨으라'와 '보이라' 사이에서 이스라엘 백성과 아합 정권은 누가
참된 신이고 권능의 신인지를 깨달아야 했습니다. 극심한 한발이 계속
되는 동안, 백성들과 아합 그리고 이세벨은 그들의 식탁에서 먹는 바알
과 아세라 선지자 850명에게 비를 내리게 해 달라고 요청했을 것이고,
그들은 열심을 다해서 제사를 드렸을 것입니다. 하지만 아무 소득이 없
었습니다. 그래도 아합은 참 신이 누구인지 깨닫지 못하고 엘리야의 말
때문에 재앙이 임했다고 생각하고 오로지 엘리야를 죽이기 위해 찾아
다녔습니다. 아니, 엘리야의 말 때문이라면 그것도 이기지 못하는 바알
을 믿어 무엇하겠습니까만은 아합은 어리석게도 깨닫지 못합니다.

엘리야는 이제 여호와의 명령에 따라 이스라엘 땅에 비를 내릴 것
입니다. 하지만 먼저 우상 숭배를 조장하는 아합을 찾아가 이 은혜의
단비를 허락하시는 분이 누구인지를 분명히 밝혀야 합니다. 엘리야를
만나자 아합은 대뜸 비난부터 합니다. "이스라엘을 괴롭게 하는 자여,
너냐?" 물론 표면적으로는 엘리야의 예언대로 가뭄이 이스라엘 땅을
강타했습니다. 하지만 진정한 원인은 엘리야가 아닙니다. 아합과 이세
벨이 조장하는 바알 숭배가 하나님께 죄를 짓게 하였고, 더 큰 범죄
와 재앙을 막기 위해 엘리야가 나선 것입니다.

내가 이스라엘을 괴롭게 한 것이 아니라 당신과 당신의 아버지의 집이 괴
롭게 하였으니 이는 여호와의 명령을 버렸고 당신이 바알들을 따랐음이라
(왕상 18:18)

재앙에 대한 진정한 책임 소재를 따져야 합니다. 그래서 엘리야는 아직도 깨닫지 못한 아합, 마음이 완악한 아합에게 신앙의 시합을 제의합니다. "여호와와 바알, 누가 진짜 신인지 가려 봅시다. 갈멜 산에서 봅시다!" 갈멜 산에서 신 증명기가 열리는 것입니다.

갈멜 산 대결

갈멜 산은 아크리 만(Bay of Acre)으로부터 내륙 남동쪽으로 20킬로미터에 걸쳐 뻗어 있는 낮은 구릉입니다. 하이파(Haifa) 항구 위쪽입니다. 동남단이 높은 편인데 제일 높은 곳이 546미터에 불과합니다. 고대로부터 신성한 지역으로 여겨졌고, 바알의 종교 제단이 있던 곳으로 알려져 있습니다. 갈멜 산에 오르면 북쪽 방향으로 이스라엘의 곡창 지대라고 불리는 이스르엘 평원을 한눈에 조망할 수 있습니다.

갈멜 산 대결은 여호와와 바알의 싸움일 뿐만 아니라, 하나님께 대한 엘리야의 열심과 바알에 대한 아합과 이세벨의 열심이 결투를 벌이는 것이기도 합니다. 갈멜 산 결투, 이는 생과 사를 가르는 혈투입니다. 목숨을 건 대결입니다. 믿는 바에 따라 살기도 하고 죽기도 하는 것입니다. 다수결이 문제가 아닙니다. 내가 믿는 대상의 능력에 따라 구원받기도 하고 멸망당하기도 합니다.

아합은 이스라엘 사람들 그리고 전국에 있는 바알과 아세라 선지자들을 소환했습니다. 엘리야는 그곳에 모인 사람들에게 신앙적 결단을 촉구합니다.

엘리야가 모든 백성에게 가까이 나아가 이르되 너희가 어느 때까지 둘 사이에서 머뭇머뭇 하려느냐 여호와가 만일 하나님이면 그를 따르고 바알

이 만일 하나님이면 그를 따를지니라 하니(왕상 18:21)

여기 '머뭇머뭇' 한다는 말은 '비틀거리다'라는 뜻으로, 우왕좌왕하는 상태, 줏대 없이 왔다 갔다 하면서 양다리 걸친 상태를 의미합니다. 이스라엘 백성은 누구를 섬겨야 할지 확정하지 못한 채 여호와와 바알 사이에서 왔다 갔다 하고 있었습니다. 줏대 없이 간에 붙었다 쓸개에 붙었다 하는 식으로 살아왔습니다. 왕과 왕비가 절대 권력을 가지고 하나님의 선지자를 죽이고 믿는 자를 핍박하는 상황에서 목숨을 부지하기 위해서는 바알을 섬길 수밖에 없었습니다. 그러나 다른 한편으로는 아브라함, 이삭, 야곱의 하나님이신 하나님도 저버릴 수 없어서 이쪽저쪽을 넘나들며 적당히 타협해 보려고 했습니다. 이에 대해 엘리야는 분명한 자세를 보이라는 것입니다. '언제까지 두 마음을 품고 살겠느냐? 언제까지 미지근한 상태로 살겠느냐?'

그래도 여호와를 완전히 버린 것은 아니니, 괜찮지 않느냐고 반문할 수도 있습니다. 그러나 하나님은 우리의 온 마음을 원하는 분이십니다. 나누어진 마음이 아니라 온전한 마음, 마음 전체를 원하십니다. 주만 바라보아야 합니다. 지금 여호와를 향한 그들의 신앙은 배교도 아니지만 그렇다고 헌신적인 신앙도 아닙니다. 타협적인 미지근한 신앙입니다.

요한계시록을 보면 하나님은 라오디게아 교회를 책망하시면서, 이런 미지근한 신앙, 미온적인 신앙을 싫어하심을 보이셨습니다. "네가 차지도 아니하고 뜨겁지도 아니하도다. 네가 차든지 뜨겁든지 하기를 원하노라. 네가 이같이 미지근하여 뜨겁지도 아니하고 차지도 아니하니 내 입에서 너를 토하여 버리리라"(계 3:15-16). 이스라엘은 미지근했

갈멜 산에서 바라본 이스르엘 평원 | 갈멜 산에는 엘리야가 오른손에 구부러진 칼을 들고 발로 바알의 선지자를 밟고 목을 치려는 모습의 동상과, 엘리야 기념 교회가 세워져 있다. 또 엘리야 기념 교회 옥상에 올라가면 탁 트인 사방 경관과 북쪽 이스르엘 평원 가운데 흐르는 기손 시내를 볼 수 있다.

을 뿐만 아니라 실상 두 주인을 섬기고 있었던 것입니다. 양립이 불가능한 일을 하고 있습니다. 이런 사람은 두 마음을 품어 모든 일에 정함이 없는 자입니다(약 1:8).

다 걸기(all in)를 하지 않는 사람은 어떤 것도 이룰 수가 없습니다. 하나님께 거는 만큼 힘을 얻게 됩니다. 오랫동안 신앙 생활을 해 왔음에도 불구하고 하나님께 온전히 헌신하지 못하고 있다면 지금 태도를 바꾸어야 합니다. 믿기는 하되 사람들 앞에서 그리스도인이라고 당당히 밝히지 못하고 신앙인의 길을 걷지 않는 자, 은밀하게 그리스도인으로 살아가는 자, FBI식 비밀 그리스도인은 있을 수 없습니다. 거룩한 길에 대한 부담감, 사람들의 평가에 대한 두려움으로 몰래 신앙 생활을 하려는 것은 참된 신앙이 아닙니다. 오늘이라도 당당히 자

....
갈멜 산의 모습

신이 하나님의 자녀임을 밝히고 그 길로 매진해야 합니다. 그러기 위해서는 신앙적 결단이 필요합니다.

지금 엘리야는 모세와 여호수아처럼 백성들에게 신앙적 결단을 촉구하고 있습니다. "누구든지 여호와의 편에 있는 자는 내게로 나아오라"(출 32:26). "너희가 섬길 자를 오늘 택하라. 오직 나와 내 집은 여호와를 섬기겠노라"(수 24:15).

불을 내리는 신

엘리야가 아합과 백성에게 제의한 시합은 '하늘에서 불을 내리는 신'을 참된 신으로 인정하자는 것입니다. 백성들은 이구동성으로 동의했습니다. 명확하고 분명한 기준이었습니다. 주사위는 던져졌습니다. 여호와를 위하는 엘리야, 바알과 아세라를 위하는 선지자는 각각 제단

위에 각을 뜬 송아지를 올려놓고 불이 내려오도록 해야 합니다. 바알은 태양신으로 숭배되었고, 고대 시리아 예술에서 오른손에 번개를 들고 있으며 비를 관장하여 곡식과 풍요를 주는 신으로 알려져 있었습니다. 그렇다면 불을 내리는 것은 바알의 장기인 셈입니다.

시합이 벌어지자 두 세력이 확연히 대조됩니다. 여호와 하나님을 대변하는 엘리야는 혼자였습니다. 바알과 아세라의 선지자는 850명이었습니다. 1대 850. 누가 보더라도 엘리야가 불리합니다. 어떻게 혼자서 850명을 이기겠습니까? 중과부적(衆寡不敵)입니다. 하지만 엘리야는 용기 있게 나아갑니다. 신앙은 다수결의 문제가 아니기 때문입니다. 보이는 것만으로 판단할 수 있는 것도 아닙니다. 진정으로 살아 계신 하나님만이 중요합니다. 엘리야의 용기는 살아 계신 여호와 하나님을 체험하고 그분의 음성을 들음에서 온 것이요 또한 여호와를 향한 열심에서 비롯된 것입니다.

그 역시 우리와 성정이 같은 사람입니다. 엘리야라고 해서 왜 두려움이 없었겠습니까? 그도 목숨은 하나입니다. 또한 하나님의 살아 계심을 체험했다고 해서 그가 원하는 일을 원하는 시공간에 해주시리라는 보장도 없습니다. 하나님은 절대 주권자이자 절대 자유자이십니다. 능력과 기적을 베푸시느냐 그렇게 하지 않으시느냐는 온전히 하나님의 소관입니다. 우리가 하나님을 시험해서는 안 됩니다. 하지만 지금 엘리야는 하나님이 불을 내리실 것이라고 확신하며 불의 시합을 제안했습니다. 여호와를 향한 열심이 있었기 때문입니다. 그럴 일은 없겠지만 하나님이 불을 내려 주시지 않는다면 엘리야는 여호와를 위하여 목숨을 내놓을 결심까지도 했을 것입니다.

인생은 보이는 것, 숫자에 약합니다. 하지만 우리는 육신의 눈과 함께 영적인 눈을 갖고 있어야 합니다. 눈에 보이는 것은 1대 850이지만, 신앙의 눈은 엘리야와 함께하시는 만군의 여호와 하나님을 보는 것입니다. 그러므로 실상은 1대 850이 아닙니다. 엘리야와 함께하시는 전능한 하나님 그리고 이에 맞서는 인생들 850명과 함께하는 우상입니다. 승패는 불문가지(不問可知)입니다. 우리가 가진 신앙과 신앙의 눈은 온갖 불합리함과 부조리 그리고 악조건 속에서도 역전의 드라마를 연출할 수 있는 힘입니다.

바알과 아세라 선지자가 먼저 공세를 펼칩니다. 그들은 아침부터 낮까지 제단 주위를 돌면서 "바알이여 우리에게 응답하소서"라고 부르짖었습니다. 하지만 어떤 일도 일어나지 않았습니다. 바알은 "산산이 부서진 이름이여!", "불러도 주인 없는 이름이여!", "부르다가 내가 죽을 이름이여!"였습니다. (김소월의 명시 "초혼"에서 이런 표현을 빌려와 죄송합니다.) "아무 소리도 없고, 아무 응답하는 자도 없고, 아무 돌아보는 자도 없더라"(왕상 18:26-29).

3년 반 동안 비를 내릴 수 없었던 바알은 이제 불도 내릴 수 없는 무기력한 존재임이 드러나고 있습니다. 바알은 물도, 불도 관장할 수 없는 존재였습니다. 바알과 아세라 선지자들은 더욱 자극적인 몸짓을 하기 시작합니다. 춤을 춥니다. 아마도 술을 마시고 무아지경 속에서 거칠고 방탕한 춤을 추기 시작했을 것입니다. 바알의 관심과 기쁨을 받아 불을 내리게 하려는 안타까운 몸부림이었습니다.

백성과 엘리야는 그 광경을 한참이나 지켜보았을 것입니다. 정오쯤되자 엘리야가 그들을 조롱하기 시작합니다. "큰 소리로 부르라. 그는 신인즉 묵상하고 있는지 혹은 그가 잠깐 나갔는지 혹은 그가 길을 행하는지 혹은 그가 잠이 들어서 깨워야 할 것인지…"(왕상 18:27). 바알이 존재한다고 가정한다면, 그처럼 무심한 신이 또 있을까요? 그의 명예를 위해서 선지자들이 목숨을 걸고 푸닥거리하고 있는데, 개인적 용무 때문에 숭배자들을 돌보지 못하는 무능한 존재라는 암시를 던지고 있습니다. '잠깐 나갔다'는 표현은 '화장실에 간다'는 의미로도 해석될 수 있다고 합니다. 엘리야의 거룩한 유머요 조롱입니다. 죽은 신을 섬기는 자들은 그 신과 더불어 조롱과 멸시를 받게 됩니다.

춤을 추어도 안 되고, 엘리야의 조롱과 백성의 야유를 받는 지경에 이르자 바알 선지자들은 자해를 하기 시작합니다. 몸에 상처를 내서 피가 낭자하게 흐릅니다. 그러나 저녁 소제 드릴 즈음까지도 하늘은 묵묵부답입니다. 아침 6시에서 이른 저녁인 오후 3시까지 9시간 동안이나 별의별 수단을 동원하여도 아무 응답을 받지 못했습니다.

신의 은혜를 받는 것은 얼마나 많은 숫자가 참여했느냐, 얼마나 명성 있는 자가 왔느냐, 얼마나 오랫동안 간구했느냐, 얼마나 큰 소리로 부르짖었느냐 하는 문제가 아닙니다. 생명이 관건입니다. 능력이 관건입니다. 여호와 하나님은 바로 영원 전부터 영원까지 살아 계신 유일무이한 하나님이시고, 권능이 무한한 분이십니다.

바알 종교는 사람이 요란하고 신은 조용합니다. 사람이 피를 흘리고 자해 행위를 하는데도 아무 소리도, 응답도, 관심도 없었습니다. 바알을 섬김은 헛된 일입니다. 여호와 하나님에 대한 섬김은 그렇지 않습니다. 여호와의 종은 침착했지만 하나님은 불 같은 능력으로 임재하여 주십니다. "불로 응답"하는 것은 하나님이 생명의 신이심을 드러내고, 이 불은 성령님을 상징적으로 나타냅니다. 하나님의 열심, 즉 하나님의 불은 하나님을 향한 열심을 가진 자에게 역사합니다.

이제 하늘로부터 불이 임한 엘리야의 열심을 살펴보아야 합니다. 엘리야가 불의 역사를 볼 수 있었던 것은 무엇 때문일까요?

■ 순종할 때 불의 역사가 나타났습니다

엘리야는 이스라엘 앞에 모습을 감추거나 드러낼 때 하나님의 말씀 대로 행하였습니다. 그의 모든 행동은 하나님의 지시에 따른 것이었습니다. "내 말이 없으면 수년 동안 비도 이슬도 있지 아니하리라"(왕상 17:1). 이는 엘리야가 자의로 한 말이 아닙니다. 그릿 시내와 사르밧으로 그리고 아합에게 나타날 때도 하나님의 말씀에 따랐습니다. "너는 가서 아합에게 보이라. 내가 비를 지면에 내리리라"(왕상 18:1). 그는 결코 주제넘게 나서서 하나님을 시험하지 않았습니다. 그는 갈멜 산에서 백성들에게 "가까이 오라"고 명하였고 백성들은 엘리야의 말에 순종하여 가까이 나아왔습니다. 이런 순종들이 합쳐져서 불의 역사를 목격하고 살아 계신 하나님을 체험하게 된 것입니다. 순종하십시오! 순종으로 나아오십시오! 하나님의 역사를 맛보게 될 것입니다.

■ '무너진 여호와의 단을 수축'할 때 불의 역사가 나타났습니다

우상을 섬기는 선지자들은 바알로 하여금 불을 내리게 하는 데는 실패했지만, 엘리야의 시간을 빼앗는 데는 성공했습니다. 그들은 저녁소제 드릴 때까지 광란의 춤을 추고 자해하는 행동을 함으로써 엘리야에게 충분히 간구할 시간을 주지 않았습니다. 엘리야도 불을 내리지 못해 비기기만 해도 바알의 선지자들로서는 아쉬울 것이 없습니다. 다급해진 것은 이제 엘리야입니다.

그런데 어찌 된 영문인지 엘리야는 먼저 제단을 수축합니다. 여호와를 위한 제단은 파괴된 채로 있었습니다. 그래서 엘리야는 무너진 제단을 수축하였습니다. 이스라엘 열두 지파를 따라 열두 돌로 수축했습니다. 그리고 도랑을 파고 세 차례에 걸쳐 12통이나 물을 부었습니다. 가뭄에 이 많은 물을 어디서 구했을까요? 인근에 있던 바다에서 길어 온 것일까요 아니면 마지막까지 남겨 놓은 생명 같은 물일까요?

단을 준비하는 것은 곧 하나님의 응답을 기대하는 일입니다. 무너진 단은 이스라엘이 하나님으로부터 떠났음을 보여 주는 증거입니다. 엘리야가 고발한 대로 "이스라엘 자손이 주의 언약을 버리고 주의 제단을 헐며 칼로 주의 선지자들을 죽였음"(왕상 19:10, 14)입니다. 무너진 단을 다시 쌓음은 하나님을 떠났던 믿음을 회복시키며, 언약을 상기하고, 예배를 회복하는 일입니다. 우리는 하나님의 역사를 위하여 믿음의 무너진 단을 수축해야 합니다. 예배의 민족 제단, 교회 제단, 가정 제단을 세워야 합니다. 부흥은 "이 땅에 무너진 기초를 다시 쌓을 때" 일어납니다.

■ 여호와만을 의지할 때 불의 역사가 나타났습니다

이제 남은 시간이 얼마 없습니다. 바알의 선지자들은 실패했습니다. 만약 엘리야마저 실패한다면 우스운 꼴이 됩니다. 게다가 이 시합은 엘리야가 제안한 것이 아닙니까? 괜한 시비를 걸어 사회 질서를 무너뜨리는 공공의 적이 될 판입니다. 이 순간에 엘리야는 누구를 의지해야 할까요?

"주밖에 내가 누구를 바라리요, 주밖에 의지할 이 없나이다." 엘리야의 심정이 이러했을 것입니다. 무너진 단을 새롭게 쌓으면서 엘리야는 간절히, 아주 간절히 하나님을 의지했습니다. 게다가 지금 엘리야는 여호와의 제단에 물까지 붓습니다. 온종일 비친 태양열로 인해서 자연 발화했다는 오해를 불식시키고 하나님의 역사 앞에서 모든 입을 막기 위해서 자신의 조건을 더욱 어렵게 만든 것입니다. 상황이 어려워지면 더 크신 하나님을 경험하게 됩니다. 그는 간절히 하나님만 의지했습니다. 전심으로 여호와를 의지할 때 하나님의 능력이 나타납니다.

■ 각을 뜬 제물을 제단 위에 올려놓았습니다

엘리야가 제단과 제물을 준비하는 태도는 바알의 선지자들과 대조적입니다. 모든 과정에 정성이 담겨 있습니다. 송아지는 각을 떠서 제단 위에 올려놓았습니다. 이 송아지는 백성들의 죄를 위한 대속 제물이 될 것입니다. 이스라엘을 위한 속죄 제물로 하나님 앞에 드린 것입니다. 이는 십자가를 상징적으로 드러내고 있습니다. 하나님이 내리시는 불로 제물이 열납됨으로써 이스라엘은 하나님의 진노에서 사함을 받고 구원을 얻게 됩니다. 그러나 이 속죄 제물은 바알과 아세라 선지자를 위한 것은 아니었으므로 그들은 자신들의 죄로 인해서 죽임 당해야 했습니다.

■ 믿음의 기도를 드렸을 때 불의 역사가 일어났습니다

모든 준비를 마치자 엘리야는 기도했습니다. "아브라함과 이삭과 이스라엘의 하나님 여호와여, 주께서 이스라엘 중에서 하나님이신 것과 내가 주의 종인 것과 내가 주의 말씀대로 이 모든 일을 행하는 것을 오늘 알게 하옵소서. 여호와여 내게 응답하옵소서. 내게 응답하옵소서. 이 백성에게 주 여호와는 하나님이신 것과 주는 그들의 마음을 되돌이키심을 알게 하옵소서"(왕상 18:36-37).

이 기도는 대략 60단어를 사용하고 있습니다. 엘리야의 기도가 이처럼 단순할 수 있었던 것은 골방에서 열렬히 3년 동안 기도했기 때문입니다. 이 기도에는 3년 동안 쌓인 준비 기도가 담겨 있습니다. 이 기도는 짧은 기도였으나 불을 내리는 능력 있는 기도였습니다. 이 기도에는 하나님을 향한 열정이 명확하게 표현되어 있습니다. 엘리야의 기도는 무엇보다 하나님의 영광을 구하는 기도입니다. 즉 살아 계신 하나님을 보여 달라는 간구입니다. 다음으로 엘리야 자신이 하나의 종인 것을 알게 해 달라고 간구했습니다. 그리고 이 모든 일이 주의 말씀대로 행하는 것임을 증거해 달라고 했습니다. 마지막으로 백성들의 마음을 돌이키시는 하나님이심을 알게 해 달라는 기도입니다. 이것은 하나님께 열심인 사람들의 삶의 목적이며 싸움의 목적이기도 합니다. 이런 기도가 응답을 받습니다. 이것이 오늘날 우리의 기도가 되어야 합니다. 하나님이 살아 계시며, 내가 하나님의 종으로 살고 있으며, 하나님의 말씀을 전하고 있으며, 하나님이 사람들을 변화시켜 달라는 기도입니다.

하나님의 응답

준비는 정성스럽게 그러나 기도는 짧고 굵게. 엘리야가 그랬습니다. 그리고 하나님은 그 기도에 응답하셨습니다. 하나님을 향한 엘리야의 열정에 하나님은 강력한 불로써 응답하셨습니다. 위로부터 불이 떨어졌습니다. 보통 불은 아래부터 위로 타 올라가는데 이 불은 위로부터 아래로 타 내려왔습니다. 위로부터 내리는 불은 성령의 불입니다. 맨 위에 있는 제물을 태우고, 제단과 돌과 흙, 도랑의 물까지 증발시켰습니다. 엘리야가 기도한 대로 이스라엘은 하나님이 살아 계신 것과 엘리야가 하나님의 참 종임을 목격하였습니다. 하나님께 바쳐진 제물이 속죄 제물로 받아들여졌고, 엘리야의 간절한 기도가 즉시 열납되었다는 뜻입니다.

백성들이 깜짝 놀랐습니다. 백성들은 큰 소리로 하나님을 연호했습니다. "여호와 그는 하나님이시다. 여호와 그는 하나님이시로다." 엘리야(나의 하나님은 여호와이시다)라는 이름도 이 진리에 대한 신앙 고백적 이름입니다〔'엘리'(Eli)는 '나의 하나님', '야'(Yah)는 여호와의 준말〕. 엘리야! 엘리야! 승패는 갈라졌고 선지자들의 운명도 갈라졌습니다. 엘리야는 그 자리에 참여한 모든 우상 선지자를 잡게 하여 기손 시내에 내려가 처단했습니다.

큰 빗소리

갈멜 산 전투는 끝이 났고 사람들은 각기 자신의 고향으로, 집으로 돌아갑니다. 이제 이스라엘의 종교는 어느 정도 정화가 된 셈입니다. 비록 우상들은 여전히 그 땅에 남아 있어도 제사장 노릇할 자들이 없어졌기 때문입니다. 하지만 아직 문제가 남아 있습니다. 여전히 가뭄과 한발은 남아 있습니다. 바알과 아세라 선지자를 죽인 후에도 하늘에는 구름 한 점 없이 맑고 쨍쨍합니다.

엘리야는 승리감에 도취되지 않고 남은 한 가지 임무를 위해 갈멜 산 꼭대기로 올라갑니다. 갈멜 산은 사방이 확 트여 평야를 조망하기 좋은 곳입니다. 이스라엘 백성에게 여호와 하나님만이 참된 하나님이심을 증명했고, 백성이 그 사실을 인정했으므로, 이제 비를 내리게 해야 합니다. 하나님은 비를 주겠다고 말씀하셨지만 자동적으로 비를 주시지는 않습니다. 하나님이 우리를 향해 아무리 좋은 계획을 갖고

갈멜 산 위의 엘리야 동상

기손 시내

계시더라도 우리는 그 좋은 일이 이루어지기를 기도해야 합니다.

엘리야는 갈멜 산 꼭대기에 올라 무릎을 꿇고 무릎 사이에 얼굴을 파묻고 간절히 기도했습니다. 그리고 사환에게 올라가서 지중해 쪽 바다를 바라보라고 했습니다. 하지만 비를 품은 것 같은 구름은 없었습니다. "일곱 번까지 다시 가라!" 엘리야는 하나님의 선한 약속을 받았음에도 불구하고 여전히 오지 않는 비를 기다리며 겸손하고 간절하고 끈기 있게 기도했습니다. 더 간절한 기도가 이어졌습니다. 불이 내리는 기도는 즉각적인 응답을 받았지만 비를 내리는 기도는 점진적인 응답을 받았습니다. 일곱 번째에야 사환이 내려와서 "바다에서 사람의 손만 한 작은 구름이 일어나나이다"라고 말했습니다. 엘리야는 직감적으로 이 손바닥만 한 구름이야말로 하나님이 약속하신 그 은혜의 징조라고 보았습니다.

엘리야의 영적 풍향계는 부흥을 예감하였습니다. 구름이 점점 다가오면서 먹구름처럼 커졌습니다. 그의 기대대로 이스라엘에는 3년 가뭄을 해갈시킬 단비가 왔습니다. 이를 통해 불을 주관하실 뿐만 아니라 비를 주실 수 있는 분도 오직 여호와 하나님 한 분임을 증명하셨습니다. 여호와를 향한 엘리야의 열심도 응답을 받았습니다. 하나님을 위해서 두려움 없이 결투를 신청했고 간절히 기도함으로 불을 받았고, 승리 후에는 간절히 기도하여 비를 받았습니다. 엘리야는 물불 안 가리는 역사를 이루었습니다. 하나님을 향한 엘리야의 열심은 특별히 기도를 통해 열매 맺었다고 할 수 있습니다.

의인의 간구는 역사하는 힘이 많으니라 엘리야는 우리와 성정이 같은 사람이로되 저가 비 오지 않기를 간절히 기도한즉 삼 년 육 개월 동안 땅에 비가 아니오고 다시 기도한즉 하늘이 비를 주고 땅이 열매를 내었느니라 (약 5:16-18)

이렇게 하여 이스라엘은 신앙적인 부흥을 경험하게 되었습니다. 영적 신앙의 회복은 육신적인 필요(가뭄)를 해결해 주었습니다. 신앙이 부패할 때 기근의 재난을 만났으나, 신앙이 부흥할 때 '큰 빗소리'가 납니다. 늘 영적인 부흥이 육신적인 번영을 앞섭니다.

오늘 이 땅에도 성령의 역사를 위하여 하나님을 향한 열심의 소유자가 요청됩니다. 누가 엘리야처럼 하나님을 향한 열정에 사로잡혀 살겠습니까! 마차를 타고 달리는 아합 앞에 더 빨리 달려가는 엘리야! 우리의 고백이 진젠도르프 백작과 같기를 원합니다. "내게는 오직 한 가지 정열이 있습니다. 그 정열은 오직 주님 한 분을 향한 것입니다."

46 브엘세바와 호렙 산

Beersheba and Mt. Horeb

하나님의 세미한 음성

열왕기상 19:1–8

엘리야는 갈멜 산에서 위대한 승리를 거두었습니다. 하지만 정상에 머무는 시간은 너무나 짧게 끝나 버리고 말았습니다. 곧바로 인생의 쓰디쓴 맛을 보게 되었습니다. 세상은 그렇게 호락호락하지 않습니다. 우리는 열왕기상 19장의 엘리야를 통해 인생에서 일희일비하지 말고 진중하게 걸어가야 한다는 교훈을 받게 됩니다.

열왕기상 18장에서는 엘리야를 통해 물불 가리지 않는 놀라운 역사가 벌어졌고 홀로 850명을 꺾는 대역사가 일어났습니다. '다윗과 골리앗 싸움의 재현'이라고 할 수 있을 것입니다. 3년 반 동안 지속된 가뭄도 엘리야가 간절히 기도하자 "큰 비"가 내려 해갈이 되었습니다. 18장은 잔치 분위기로 끝났습니다. 그렇다면 이제 북왕국 이스라엘에 큰 변화를 기대할 만합니다. 종교 정화와 개혁이 들불처럼 번지고, 백성들이 하나님 여호와께 돌아오고, 사회적·영적 풍토가 바로잡혀야 할 것입니다. 이처럼 불행 끝, 행복 시작이면 얼마나 좋겠습니까?

그러나 뜻밖에도 우리가 19장에서 발견하는 것은 이런 순간에도 완악한 이세벨입니다. 이세벨의 위협과 그 위협에 놀라 도망치는 엘리야입니다! 그런데 오히려 이것이 인생을 닮았습니다. 인생이 그렇게 술술 풀리던가요? 성경은 소설이나 픽션이 아니라 역사적 사실을 말하고 있다는 방증(傍證)이기도 합니다.

너무나 달라진 엘리야

솔직히 18장의 엘리야와 19장의 엘리야는 극적인 대조를 이루어 너무나도 당혹스럽습니다. 과연 같은 인물인지 의심이 될 정도입니다. 갈멜 산에서의 엘리야는 하나님의 능력으로 자기의 목숨을 노리는 아합을 자발적으로 찾아가 용감하게 바알과 아세라의 선지자 850명과 대결을 벌입니다. 하나님의 영광을 나타내고, 불의 역사를 나타내는 승리자로서 전차를 타고 가는 아합을 앞서 달리는 자랑스러운 모습입니다.

그러나 19장에서 로뎀나무 아래에 있는 엘리야는, 왕후 이세벨의 위협에 두려운 나머지 자기의 생명을 구하기 위해 브엘세바로 도주합니다. 브엘세바가 어디입니까? 그곳은 남유다의 최남단으로 사람이 거주할 수 있는 한계선입니다. 북이스라엘에서 남유다로, 그것도 남방 한계선까지 도망한 것입니다. 그것도 모자라 거기에 사환을 머무르게 하고 자기는 더 깊은 광야로 하룻길을 들어가 그늘도 제대로 없는 로뎀나무 아래 앉아 죽기를 청합니다.

광야에서 비교적 또렷이 구별되는 두 종류의 나무는 싯딤나무와

로뎀나무입니다. 싯딤나무는 교목으로 튼튼해서 조각목으로 만들어 법궤를 만드는 재료로 사용되었습니다. 로뎀나무는 그렇지 못합니다. 로뎀의 어원은 '시궁창'이라고 합니다. 즉 흐르지 않고 고인 물이 썩은 웅덩이입니다. 따라서 로뎀나무란 그런 시궁창 근처에서 자라는 나무라는 뜻입니다. 로뎀나무는 간조한 사막 지대에서 모래에 흡수되거나 증발하지 못한 채 갇혀 있는 시궁창 주위에서 자랍니다. 그 모양이 빗자루를 만드는 싸리와 비슷합니다. 잎도 거의 없기 때문에 직사광선을 막아 주지도 못합니다.

이세벨의 으름장과 위협에 줄행랑을 쳐 브엘세바 아래 광야까지 온 엘리야입니다. 그는 터벅터벅 걸으면서 자신의 신세를 한탄하다가 내리쬐는 태양빛을 피해 보려고 광야에 서 있는 나무를 찾았을 것입

.... 「광야의 엘리야(Elijah in the Wilderness)」 1878, 프레데릭 레이튼, 캔버스에 유화, 210.4×234.3cm,
워커 미술관, 리버풀.

니다. 멀리 로뎀나무가 보입니다. 그 밑으로 피해 고통을 면해 보려고 합니다. 그러나 결과는 참담합니다. 로뎀나무는 엘리야에게 그런 위로와 보호를 제공하지 못합니다. 이런 보잘것없는 것에 몸을 피해야 하는 엘리야, 그는 영적인 침체, 절망감, 우울증, 그리고 자기 연민에 빠져 있는 연약한 인간입니다. "여호와여 넉넉하오니 지금 내 생명을 거두시옵소서."

죽여 달라는 엘리야의 호소는 엘리야의 진심이 아닐 가능성이 큽니다. 죽으려면 이세벨 앞에서 죽지 왜 "자기 생명을 위하여" 그 먼 거리를 도망쳐 와서, 죽여 달라고 하겠습니까?

부끄럽게도 한국은 OECD 국가 중 자살률 1위로 하루 평균 34명이 자살한다고 합니다. 그런데 남성보다 여성의 자살 실패율이 높습니다. 자살을 시도하는 여성은 꼭 죽으려는 것이 아니라, 자신의 안타까움과 외로움을 누군가 알아주고 손을 내밀어 달라는 마지막 몸부림이라고 합니다. '내가 이렇게 어렵습니다', '나를 좀 알아주세요', '나를 위로해 주세요', '나의 친구가 되어 주세요' 이런 다급한 메시지를 보내는 방법이 자살 시도라는 것입니다. 인생의 마지막에서 삶의 욕구와 죽음의 욕구가 교차하고 있습니다. 인간 관계에서도 이러할진대 하나님과의 관계도 마찬가지일 것입니다.

갈멜 산과 로뎀나무

엘리야의 삶에는 갈멜 산의 승리, 즉 정상에 오르는 시간도 있고, 로뎀나무 아래 실의의 골짜기도 있습니다. 우리의 삶과 신앙 생활 그리고 사역에서도 갈멜 산과 로뎀나무 사이에서 수없이 올라갔다 내려갔다(up and down)를 반복합니다. 하나님의 능력을 힘입어 기적적인 역사를 경험하고 승리의 감격 속에 하나님께 감사하며 나를 이렇게 불러 주시고 써 주심을 감사하지만, 때로는 노력한 일이 무위로 끝나고 오해를 불러일으키고 고난이 닥칠 때 "내가 왜 이 일을 시작했나?", "하나님, 왜 저에게만 이런 시련을 주십니까" 하며 낙담하고 불평합니다.

어떤 것이 나의 참 모습입니까? 갈멜 산입니까 아니면 로뎀나무입니까? 18장의 엘리야가 19장에서는 타락한 것입니까? 로뎀나무 아래 엘리야의 모습을 보고 실망할 필요가 없습니다. 엘리야도 우리도 하나님의 능력으로 충만하지 않으면, 본래가 다 그렇습니다. 걸핏하면 낙담하고 생명 부지에 연연해하는 것이 우리 본연의 모습입니다.

그런 면에서 저는 엘리야를 좋아합니다. 우리와 본성이 같기 때문입니다. 우리와 똑같이 별 수 없는 인간입니다. 사실 그가 특별해서 놀라운 역사를 일으킨 것도 아니고, 형편없어서 로뎀나무 아래 누워 있는 것도 아닙니다. 그저 아직도 이 땅 위에서 생의 길을 걸어가야 하는 우리의 일상적인 모습입니다. "형통한 날에는 기뻐하고 곤고한 날에는 되돌아보아라. 이 두 가지를 하나님이 병행하게 하사 사람이 그의 장래 일을 능히 헤아려 알지 못하게 하셨느니라"(전 7:14).

나는 어떤 자일까?

본회퍼는 1944년 7월 16일 옥중에서 다음과 같은 시를 썼습니다. 본회퍼는 제2차 세계 대전 중에 반나치 운동에 가담하여 히틀러 정권에 항거하다가 수감되어, 정권 붕괴를 불과 얼마 앞두고 게쉬타포에 의해 처형된 39세의 청년 신학자입니다. 그는 『옥중서신』에 다음과 같은 시를 남겼습니다.

나는 어떤 자일까?

나는 도대체 어떤 자일까?

태연하게, 명랑하게, 확고하게,

영주가 자기의 성에서 나오는 것처럼,

감방에서 내가 나온다고 사람들은 자주 내게 말하지만.

나는 도대체 어떤 자일까?

자유롭게, 다정하게, 맑게.

명령하는 것이 나인 것처럼,

간수들과 내가 대화한다고 사람들은 자주 내게 말한다.

나는 도대체 어떤 자일까?

침착하게, 미소하며, 자랑스럽게,

승리에 익숙한 자와 같이,

불행한 나날을 내가 참고 있다고 사람들은 내게 말하기도 한다.

나는 정말 사람들이 말하는 것과 같은 자일까?

그렇지 않으면 다만 나 자신이 알고 있는 자에 지나지 않는 것일까?

새장 속의 새와 같이 불안하게, 그리워하다 병들었고,

목을 졸렸을 때와 같이 숨을 쉬려고 몸부림치고,

색채와 꽃과 새 소리를 갈구하고,

부드러운 말과 인간적인 친밀을 그리워하고,

자의(恣意)와 사소한 모욕에도 분노에 몸이 떨리고,

대사건의 기대에 사로잡히고,

저 멀리 있는 친구를 그리워하다 낙심하고,

기도하고, 생각하고, 창작하는 데 지쳐서 허탈에 빠지고,

의기소침하여 모든 것에 이별을 고하려고 한다.

나는 도대체 어떤 자일까? 전자일까, 후자일까?

오늘은 이런 인간이고 내일은 다른 인간일까?

양자가 동시에 나일까?

사람들 앞에서는 위선자이고,

자기 자신 앞에서는 경멸할 수밖에 없는 불쌍한 약자일까?

혹은 아직 내 속에 있는 것은,

이미 승패가 난 싸움에서,

흩어져 퇴각하는 패잔의 군대와 같은 것일까?

나는 도대체 어떤 자일까? 이 고독한 물음이 나를 비웃는다.

내가 어떠한 자이건,

아 하나님이여, 당신은 나를 아시옵니다.

나는 당신의 것입니다.

인생의 영고성쇠에 따라 내면적으로 엎치락뒤치락하는 것이 인간에게 다반사요 본질이라고 할지라도 모든 일에는 다 그에 합당한 이유도 있는 법입니다. 아니 땐 굴뚝에 연기 날 일 없고, 핑계 없는 무덤이 없습니다. 그렇다면 로뎀나무 아래서 죽기를 청하는 엘리야의 절망적인 모습은 어디에서 연유한 것일까요? 그 이유를 찾아본다면 우

리가 로뎀나무 밑에 들어가는 일을 줄일 수 있을 것입니다.

말씀인가, 상황인가?

지금 엘리야의 행동은 이전과 다른 점이 있습니다. 이전에 엘리야가 무슨 행동을 할 때는 "하나님의 말씀이 엘리야에게 임하니라"(왕상 17:2, 8; 18:1)는 말씀이 먼저 나오고 엘리야는 이에 순종하였습니다. 그러니까 말씀의 인도를 받았다는 말입니다. 비록 도피할지라도 하나님의 말씀에 따른 것이었습니다. 그런데 이번에는 아합의 아내 이세벨이 자기를 죽이기로 맹세했다는 전갈을 받고 움직입니다.

> 내가 내일 이맘때에는 반드시 네 생명을 저 사람들 중 한 사람의 생명과 같게 하리라 그렇게 하지 아니하면 신들이 내게 벌 위에 벌을 내림이 마땅 하니라(왕상 19:2)

이세벨의 말, 그것은 사람의 말이지 하나님의 말씀이 아닙니다. 그런데도 하나님께 가부를 묻지 않고 자기의 판단에 의지하여 스스로 도피한 것입니다. "그가 이 형편을 보고 일어나 자기의 생명을 위해 도망"했습니다.

사람을 두려워하면 올무에 빠지게 됩니다. 위협이 오면 그것의 출처를 살펴보십시오. 그것이 하나님께로부터 온다면 정말 큰 위협입니다. 그러나 다른 곳으로부터 온다면 하나님을 의지하고 담대하십시오. 하나님을 의지하면 안전할 것입니다.

마태복음 14장의 베드로가 생각납니다. 베드로가 예수님을 보고 있을 때는 바다 위로 걸을 수 있었지만 시야를 옮겨 바람과 파도를 보았을 때 몸은 물속으로 빠져들었습니다(마 14:30). 우리는 이미 해결한 문제로 다시 돌아가 실족하는 경향이 있습니다. 이때는 분명하게 말해 주어야 합니다. "나는 너를 이미 해결하였다!" 베드로 역시 이미 해결한 문제에 다시 사로잡혔습니다. 주님은 "믿음이 작은 자여, 왜 의심하였느냐"(마 14:31) 하시면서 베드로를 이끌어 올리십니다. 믿음으로 해결한 두려움에 다시 사로잡혔기 때문입니다.

■ 사람의 말보다 하나님의 말씀을

주변 사람의 말에 기초하여 행동하면, 자기의 이성에 기초하여 판단하면, 환경에 따라 행동하면, 목숨만을 부지하기 위해 행동하면 이렇게 실수하기 쉽습니다. 믿음의 사람들도 이렇게 행동할 때가 있습니다. 하나님 말씀보다 사람의 말에 귀기울이고, 하나님께 기도하기보다 자기의 이성적인 판단에 기초하여 행동하고, 믿음의 결단보다 환경에 적응하기 바쁜 것이 보통 인간의 모습입니다. 너무나 급해서 하나님께 기도할 시간도 없이 즉각적으로 판단하여 행동하고 나중에 생각합니다. 그러니 실수하지요. 오히려 바쁘기 때문에 먼저 기도해야 합니다. 기도하고 말씀에 따라 행동해야 합니다.

"주의 말씀은 내 발에 등이요 내 길에 빛이니이다"(시 119:105). 말씀이 길입니다. 엘리야나 우리나 환경과 여건들을 보면 절망할 수밖에 없습니다. 믿음의 눈으로 하나님을 보고, 하나님의 역사를 기대해야 합니다. 어려울 때, 다급할 때일수록 기도하고 여쭈어야 합니다. 그래야 말씀의 인도를 받고, 어둠 속을 다니지 않게 됩니다.

엘리야의 육체적인 과로

엘리야의 형편을 잘 생각해 보십시오. 오랜 세월 시련과 연단 속에 준비하고 배고픔과 외로움을 참으며 광야와 산에서 생활하다가 하나님 말씀대로 이스라엘 앞에 나아가 갈멜 산에서 극적인 승리를 거두게 되었습니다. 이제 사람들이 하나님께 돌아오고, 엘리야는 하나님의 사람으로 좀 대접도 받고, 사람들과 어울려 여유 있는 생활을 할 수 있으려나 했지만 실제는 그렇지 않습니다.

상급은 고사하고 죽음이 기다리고 있습니다. 갈멜 산의 신앙 대결, 생사를 놓고 벌인 이 중차대한 시합에 무슨 일로 이세벨은 오지 않았는지, 아합이 소식을 전해 주었습니다. 꼭 전령이 상관에게 보고하는 것 같고, 아이가 어른에게 이르는 것 같습니다.

아합은 이스라엘의 하나님 여호와의 살아 계심과 역사하심을 분명히 목격하고서도 그것은 쏙 빼놓았습니다. 그것이야말로 핵심 중의 핵심이 아니겠습니까? 그런데 아합은 엉뚱한 사실만을 전달했습니다. 핵심이 빠진 부차적인 사실만을 전하는 것은 거짓을 전달하는 것과 마찬가지입니다. 아합은 "하나님은 살아 계시다!"라고 말하는 대신 "당신이 총애하는 바알과 아세라 선지자들이 다 죽었다. 엘리야가 죽였다"라고 말했습니다.

같은 자리에서 예배드려도 집에 가서 엉뚱한 이야기만 하는 사람이 있습니다. 엘리야의 이 이야기를 듣고도 집에 가서 무슨 이야기였냐고 질문 받으면 "글쎄, 누가 나무 밑에서 낮잠을 잤다고 하더군", "자기를 죽여 달라고 하더래!" 하실 분이 있을지도 모르겠습니다. 그것이 오늘 이야기의 핵심입니까? 아합의 말을 들은 이세벨은 정치적인 입지 때문인지 엘리야를 죽이는 데 사생결단을 하겠다고 나옵니다.

이세벨이 무섭기는 무서운가 봅니다. 아합도 이세벨 앞에서는 꼼짝을 못합니다. 공처가의 수준을 넘어 경처가(아내를 보면 깜짝 놀라 경기하는 사람)의 경지에 도달한 것이 아닐까요.

여하튼 이세벨의 공갈로 엘리야는 큰 위기를 겪게 되었습니다. 이 것은 분명한 공갈 협박입니다. 만일 이세벨이 정말 엘리야를 죽이려 했다면 자객을 보내서 은밀하게 처리했을 것입니다. 그런데 죽이겠다고 예고하고 있습니다. 도망가라는 뜻입니다. 왜 그럴까요?

사실은 이세벨도 엘리야를 직면하는 것에 겁을 먹고 있습니다. 그리고 만일 엘리야가 도망을 간다면 그것이야말로 엘리야를 조롱할 좋은 기회입니다. 이세벨 입장에서는 엘리야를 순교자로 만들 이유가 없지요. 그러니 엘리야가 이세벨에게 완전히 말려든 것입니다. 비겁하게 꽁무니를 뺐으니까요.

엘리야에게 무슨 문제가 있었을까요? 큰 승리 뒤에 오는 고독감, 목숨이 위태로웠던 위기 뒤에 또 다른 위기, 지금까지 유보해 놓았던 피곤과 배고픔이 한꺼번에 엘리야에게 몰려온 것입니다. 방금 마라톤 경기를 마친 사람에게 1킬로미터를 더 달려야 된다고 말하면 어떻게 될까요? 로뎀나무의 엘리야는 갈멜 산의 반작용이라고 할 수 있습니다. 엘리야는 육체적으로 탈진(Burn out)한 것입니다.

갈멜 산 전투를 치르기 위해 엘리야가 얼마나 많이 금식하고 또한 간절히 기도했겠습니까? 낙타 무릎이 될 정도로 육체를 혹사해 가면서 기도했을 것입니다. 갈멜 산 전투를 치르는 동안 비록 담대함은 있었지만 엘리야의 몸속에서는 아드레날린이 과다하게 분비되었을 것입니다. 전투가 끝난 뒤에 제대로 휴식을 취하지도 못했습니다. 오히려 위협을 받아 급히 도피해야 했습니다. 아합보다 더 악독한 이세벨이 자신을 찾아 죽이려 한다는 소식을 들었기 때문입니다. 육신적 에너지가 완전 고갈된 것입니다. 정신적인 피로도 대단했을 것입니다. 승리 뒤의 실망감, 허탈감, 무력증, 인간성에 대한 실망, 예기치 못한 반응에 당황한 것입니다.

영혼만 중하다 하여 이분법적으로 생각하고 육신을 돌보지 않으면 안 됩니다. 하나님의 성령이 거하는 전이므로 육신에게도 적당한 쉼과 안식을 제공해야 합니다. 요사이 유망한 40대 장년들이 과로로 인해 병에 시달리는 것을 자주 봅니다. 때론 하나님께 맡기고 믿음으로 쉴 필요가 있습니다. 일할 때도 믿음으로 하고 쉴 때도 믿음으로 쉬어야 합니다.

제가 교회학교 고등부 회장을 할 때, 2개월간 "시와 음악의 밤" 행사를 기획하고 준비한 적이 있습니다. 열정을 가지고 교회에 상주하다시피 하면서 행사 성공을 위해서 진력했습니다. 각고의 노력 끝에 내놓은 결과물은 대성공이었습니다. 많은 교인들이 칭찬하고 고등부로 인해서 교회에 활력이 생기는 것 같았습니다. 하지만 그 날 행사가 끝난 뒤에 어느 친구가 훌쩍훌쩍 울기 시작했고, 저를 비롯해서 모든 학생이 엉엉 목 놓아 울었던 기억이 있습니다. 못해서 아쉬워서가 아니라 성공했는데 너무 허탈했기 때문입니다.

높은 산에 올랐을 때는 하산할 때를 조심해야 합니다. 승리 뒤의 후유증이 있습니다. 간디는 유명해진 뒤에도 일과를 마치면 집에 돌아와서는 물레질을 했다고 합니다. 많은 사람들이 이것을 간디의 검소한 성품이라고 말하지만 저는 다르게 생각합니다. 간디는 물레질을 통해서 삶의 무게 중심을 다잡았을 것입니다. 자신을 과대평가하려는 유혹을 물리치고 평온함을 유지하기 위해서, 그리고 영적인 힘을 재충전하기 위해서 말입니다. 웨슬리는 이렇게 말했습니다. "나는 늘 바쁘지만 서두르지 않는데, 그 까닭은 영혼의 고요함을 유지하면서 할 수 있는 일 이상은 결코 손대지 않기 때문입니다."

'오직 나만 남았다'는 생각

엘리야는 호렙 산에서 하나님께 "나만 남았다"고 호소하고 있습니다. 이것은 나 홀로 증후군입니다. 외로움과 두려움과 무력감입니다. 종종 우리는 나 혼자라는 생각을 하게 됩니다. 특히 가까운 친구나 친척, 부모와 형제가 눈에 보이지 않고, 병들거나 어려운 일을 당하게 되면, 외로움 속에서 자기 연민에 빠지게 됩니다. 자기 연민은 상황을 과장하고 스스로를 속여 애처로운 눈물을 흘리게 하며 자신이 희생자라는 생각을 갖게 합니다. 그래서 죽고 싶습니다.

엘리야가 하나님께 "나는 열심이 유별나다"고 말한 것에는, 자신이 목숨을 걸고 최선을 다했지만 하나님은 그 열심에 부응하지 않으셨다는 원망이 담겨 있습니다. 여호와께서 갈멜 산에서 불과 물을 내리기는 하셨지만 엘리야가 기대한 대로 백성들의 마음까지 돌이키지는 않으셨다는 것입니다. 그 소동을 겪은 후에도 북왕국 이스라엘에 전혀 변화가 없으니, 혼자서 북 치고 장구 친 셈이라고 말하고 있습니다.

엘리야는 하나님께 "나는 내 조상들보다 낫지 못합니다"라고 말하는데, 조상 누구를 말하는지 모르지만 낮아진 자존감의 표출입니다. 누구도 엘리야에게 그런 이야기를 한 적이 없는데, 다른 사람과 자신을 비교하고 있는 것입니다. 나는 나 스스로도 족합니다. 모세나 다윗같이 되어야 하는 것이 아닙니다. 엘리야는 이스라엘을 바로잡고자 하는 열정으로 내면적으로 끊임없이 이전의 어떤 사역자보다 탁월하게 사역하리라고 마음먹었던 모양입니다. 열망은 야망이 되었고, 그것이 물거품처럼 사라지자 이제 절망에 사로잡히게 된 것입니다.

하나님은 결코 엘리야에게 다른 선지자를 능가하는 선지자가 되라 하신 적이 없습니다. 모든 사역자는 자신의 길을 걸어가면 그만입니다. 엘리야는 자신의 고통을 누구와도 나눌 수가 없다고 생각했습니다. 누구도 자신을 이해해 주지 않고, 아무도 자신을 도와주지 않는다고 생각했습니다. 심지어 하나님마저도 외면하신다고 생각했습니다. 우리도 '나 홀로 증후군'을 앓습니다. 나의 고통을 나눌 사람이 없고, 나를 이해해 주는 사람이 없으며, 군중 속에 있어도 고독하고, 남편과도 자식과도 어려움을 나눌 수 없다고 말입니다. 나 혼자 이 문제를 지고 가야 한다고 생각하니 자신이 불쌍하고 그래서 절망합니다.

임마누엘의 하나님

그러나 임마누엘의 하나님은 언제나 나와 함께하십니다. 언제나 나의 상담자가 되시고, 보호자와 돕는 분이 되십니다.

내가 주의 영을 떠나 어디로 가며 주의 앞에서 어디로 피하리이까
내가 하늘에 올라갈지라도 거기 계시며
스올에 내 자리를 펼지라도 거기 계시니이다
내가 새벽 날개를 치며 바다 끝에 가서 거주할지라도
거기서도 주의 손이 나를 인도하시며 주의 오른손이 나를 붙드시리이다
내가 혹시 말하기를

흑암이 반드시 나를 덮고 나를 두른 빛은 밤이 되리라 할지라도

주에게서는 흑암이 숨기지 못하며 밤이 낮과 같이 비추이나니

주에게는 흑암과 빛이 같음이니이다(시 139:7-12)

'마음이 지쳐서 기도할 수 없고 눈물이 빗물처럼 흘러내릴 때'도 누군가 우리와 함께 계시고, 누군가 우리를 위해서 기도하십니다. 그분이 바로 하나님이십니다. 하나님은 우리와 늘 동행하시고, 언제나 우리를 위해서 기도해 주십니다. 또한 홀로 되었다고 생각하는 나와 같은 이들을 위해 많은 동역자를 남겨 두시고 그들에게 섭리하십니다. "내가 이스라엘 가운데에 칠천 명을 남기리니 다 바알에게 무릎을 꿇지 아니하고 다 바알에게 입 맞추지 아니한 자니라"(왕상 19:18). 혼자 이 길을 걷는 것이 아닙니다. 나와 같은 사람들이 이 순간에도 이름 없이 곳곳에서 동일한 싸움을 하고 있습니다.

찾아오시는 하나님

하나님은 로뎀나무 아래에도 찾아오십니다. 저 역시 종종 로뎀나무 아래 누워 있었기 때문에 하나님의 치유하시는 방법을 잘 알고 있습니다. 하나님은 꾸짖거나 급하게 재촉하지 않으십니다.

■ 먼저 육신적인 안식을 주십니다

영혼육 모든 측면에서 탈진한 엘리야를 다루시는 하나님의 손길을 주목해 볼 필요가 있습니다. 하나님은 우선 육체를 돌보아 주십니다. 하나님은 지친 엘리야로 하여금 먼저 잠을 자게 하셨습니다. 잠은 하나님이 주신 선물입니다. 잠을 자고 나면 새 힘이 솟습니다. 밤새 성

「천사의 도움을 받는 엘리야(Elijah nourished by an Angel)」 1855, 귀스타브 도레, 판화, 『도레 성경삽화』

령님이 나를 치유하시고 대신 간구하여 주시기 때문입니다. 곤히 잠든 아이를 내려다볼 때 부모로서 마음이 어떻던가요? 사랑스러움과 애절함이 있었을 것입니다. 잠든 엘리야를 보시는 하나님 아버지의 마음이 느껴지십니까?

하나님은 천사를 보내 어루만지십니다. 여기에서 자애로우신 하나님의 손길을 느낄 수 있습니다. 병든 아이를 간호하는 부모처럼 엘리야를 보살피십니다. 하나님의 어루만지심입니다. 하나님이 마사지를 해주시는 것입니다. 하나님의 만져 주심을 경험하신 적이 있습니까?

하나님은 엘리야를 깨워 숯불에 구운 떡과 물을 공급하십니다. 이렇게 먹이고 재우고 만져 주기를 며칠씩 반복하셨습니다. 그렇게 해서 엘리야의 육신을 회복시키셨습니다. 이렇게 하신 이유는 이전의 탈진에서 회복시킬 뿐 아니라 새로운 사명을 감당할 수 있는 힘을 부여하기 위해서입니다. "일어나 먹으라. 네가 갈 길을 다 가지 못할까 하노라"(왕상 19:7).

이제 엘리야는 다시 힘을 내어 40일 동안 광야길을 걸어 호렙 산에서 하나님을 뵙게 되었습니다. 하나님이 공급하시는 힘을 받으니 광야 40일이 어떻게 지나갔는지 모르고 오히려 쉼의 시간이 되었습니다. 이와 같이 하나님은 쉼, 음식, 사랑, 신비, 시간을 주어 엘리야를 재충전하십니다.

■ 새로운 차원의 영적 체험을 주십니다

모세를 부르셨던 하나님의 산 호렙(시내 산)에서, 하나님은 엘리야와 만나십니다. 시내 산은 참으로 신령한 산입니다. 모세는 이곳 가시떨기 나무에서 부르심을 받았고, 이스라엘 백성을 애굽에서 이끌고 나왔을 때도 시내 산에 올라 계명을 받았습니다. 이제 엘리야는 모세가 세 번씩이나 올랐던 그 산에, 모세가 그리던 가나안에서 40일을 걸어와 올랐습니다. 감개가 무량했을 것입니다.

저도 한국에서 이집트 카이로를 거쳐 광야를 버스로 이동하여 새벽 별이 쏟아지는 하늘을 보며 시내 산에 올라 일출을 보았던 감동을 잊을 수가 없습니다. 영혼의 고향에 온 듯한 느낌이었습니다. 모든 것을 다시 시작하자는 다짐을 했습니다.

엘리야는 그곳에서 모세를 생각했을 것입니다. 모세의 하나님을 갈 망했을 것입니다. 엘리야는 모세가 지냈음직한 동굴에 들어가 하나님을 기다렸습니다. 드디어 하나님의 음성이 들렸습니다. "네가 어찌하여 여기 있느냐?" 엘리야는 지금 호렙이 아니라 그의 사명의 자리에 있어야 합니다. 우상 숭배에 빠진 백성을 인도하면서 이스라엘의 마음을 하나님께 돌리는 자리에 있어야 합니다. 로뎀나무 아래나 호렙에 있어서는 안 됩니다. 호렙이 이스라엘 민족의 영산(靈山)이요 모세와 관련된 성산이라고 해도 말입니다.

사명자에게는 사명을 성취할 장소가 거룩한 자리입니다. 지금 엘리야는 그 자리를 포기하고 도망쳐 왔습니다. 한 여인의 위협이 두려워서 그 자리를 떠난 것입니다. 하나님은 엘리야가 굴에서 나와 여호와 앞에 서게 하셨습니다. "너는 나가서 여호와 앞에서 산에 서라." 모든 사람은 자기 연민의 굴에서 나와야 합니다. 어두운 동굴에서 나와야 합니다.

이때 엘리야는 하나님의 임재와 섭리에 대한 특이한 체험을 했습니다. 자신이 알고 있는 방식과 다른 방식으로 하나님이 역사하실 수도 있다는 것을 알게 되었습니다.

여호와께서 지나가시는데 여호와 앞에 크고 강한 바람이 산을 가르고 바위를 부수나 바람 가운데에 여호와께서 계시지 아니하며 바람 후에 지진이 있으나 지진 가운데에도 여호와께서 계시지 아니하며 또 지진 후에 불이 있으나 불 가운데에도 여호와께서 계시지 아니하더니 불 후에 세미한

....
호렙 산 전경

소리가 있는지라(왕상 19:11-12)

엘리야는 말씀 한마디로 3년 동안 비를 내리지 않게 하신 하나님,
까마귀와 가난한 과부를 통하여 먹이시는 하나님, 갈멜 산에서 불과
큰 비로 응답하신 초월적이고 초자연적인 하나님의 역사를 극적으로
경험했습니다. 그런데 이번에는 큰 바람 가운데도, 지진 가운데도, 불
가운데도 하나님이 계시지 않습니다. 오히려 그 후에 세미한 소리로
조용하게 찾아오십니다. 바람, 지진, 불은 하나님의 임재를 상징하는
것들입니다. 하지만 하나님은 조용하고 부드럽고 세미한 음성으로도
역사하실 수 있다는 것을 극명하게 보여 줍니다. 한 번의 놀라운 이적
이 아니라 일상의 삶 속에 지속적으로 찾아오시는 하나님입니다.

신앙의 성장과 성숙은 강력한 바람과 지진과 불보다는 세미한 음성을 듣는 영적 민감성에 달려 있습니다. 그러므로 바람이나 지진이나 불이 일어나는 외부적인 상황에 너무 좌우되지 말고 내면의 음성, 하나님의 음성을 들어야 합니다. 사소한 일상에서도 하나님의 음성을 들어야 합니다. 갈멜 산의 극적인 체험만을 구하는 사람은 자기도 모르는 사이 로뎀나무 아래 누워 있게 됩니다. 부흥회 때 뜨거운 체험을 했던 사람이 곧바로 로뎀나무 아래로 내려가 절망하는 것은 극적인 체험만을 강조했기 때문입니다.

산 위에서의 체험은 산 아래로 내려와 일상화되어야 합니다. 하나님은 초자연적인 이적도 이루시지만 일상 생활 속에서도 역사하십니다. 하나님이 우리의 일상 생활에 역사하시도록 우리 삶에서 그 세미한 음성에 귀기울여야 합니다. 주님은 조용하게도 역사하십니다. 지극히 평범한 가운데 역사하십니다.

■ 하나님은 새로운 사명을 부여하십니다

삶의 목적을 상실한 것, 사역의 목표를 상실한 것이 엘리야에게 좌절과 절망의 이유였습니다. 이제 하나님은 엘리야에게 새로운 사명을 주십니다. 사명이 있는 자는 결코 좌절하지 않습니다. 사명이 있는 자는 죽지 않습니다. 지금까지 엘리야는 이스라엘의 우상 숭배와 목숨을 걸고 싸웠지만, 앞으로는 완악하고 불순종하는 이스라엘에게 매를 들 사명을 주신 것입니다. 사랑의 매, 징계의 매, 회개의 매를 들게 하신 것입니다. 다메섹에 가서 하사엘에게 기름 부어 아람 왕을 삼고, 예후에게 기름을 부어 이스라엘 왕이 되게 하고, 엘리사에게 기름을 부어 그의 뒤를 잇게 하라는 세 가지 사역 목표를 주셨습니다.

....
엘리야의 우물 | 이세벨의 낯을 피하여 도피한 엘리야가 머물던 곳. 출애굽 당시에는 아론과 70인의 장로들이 산에 올라간 모세를 기다렸다는 곳이다. 우물로 번역된 'basin'은 원래 지리학에서 '중앙점을 향해 경사면이 비스듬한, 지표면의 움푹 꺼진 곳'을 의미한다.

하나님의 통치와 엘리야의 사역이 미치는 범위를 한 번 보십시오. 아람은 이스라엘 북쪽 지금의 시리아에 해당합니다. 그러므로 적대적인 나라의 왕을 세우는 것입니다. 예후를 이스라엘 왕으로 세우는 것은 아합과 이세벨의 시대를 끝내는 것입니다. 엘리사는 엘리야의 사역을 이어 갈 동역자이자 후계자입니다. 하사엘의 칼을 피하는 자는 예후의 칼에 죽고 예후의 칼을 피하는 자는 엘리사의 말씀의 검에 죽게 될 것입니다. 사명이 그를 새롭게 합니다. 사명이 그의 생명을 연장시켜 줍니다.

로뎀나무의 하나님

갈멜 산의 하나님은 로뎀나무 아래의 하나님이기도 합니다. 우리는 이제 왜 하나님이 엘리야를 로뎀나무 아래로 인도하셨는가를 알 수 있습니다. 엘리야의 본래 모습을 보게 하시는 것입니다. 하나님의 능력이 떠난 우리 모습도 똑같습니다. 이런 가운데 하나님은 그분의 사랑을 보이시고 우리는 우리의 삶을 만지시는 하나님을 경험합니다. 하나님의 초자연적인 역사뿐 아니라 세미한 소리도 순종하고 따르는 사명자를 만들기 위함입니다.

갈멜 산 정상과 로뎀나무 골짜기를 왔다 갔다 하는 저와 당신에게, 하나님은 한결같이 우리를 사랑하시고 도우시는 그분을 믿게 하십니다. 갈멜 산에서 브엘세바의 로뎀나무로 내려갔던 엘리야는 이제 호렙 산에서 하나님을 뵙고 새로운 소명을 받아 다시 사명자의 길을 걸어갑니다. 힘차게 걸어갑니다. 당신이 로뎀나무 아래 있다면 엘리야에게 임하셨던 그 하나님의 손길이 임하여, 당신을 양육하시고, 보호하시고, 만져 주시기를 기도합니다.

47 요단 언덕 The Bank of the Jordan
갑절의 영감이 임하기를
열왕기하 2:1-14

호렙 산에서 세미한 음성으로 말씀하시는 하나님을 경험한 후 엘리야는 차분하고 일상적인 영역에서 하나님의 일을 하는 방식으로 나아갑니다. 그 가운데 제일 중요한 것은 사람을 세우는 일입니다. 7,000명을 남기셨다는 하나님의 말씀에 따라 사람들을 모아 가르치고 함께 동역했습니다.

아합 정권과 우상 숭배하는 백성들과 싸워 승리를 쟁취하고, 이스라엘을 하나님께로 온전히 돌이키리라는 단기적이고 성급한 목표 대신에, 세대를 넘어 오랜 시간 지속되어야 할 싸움을 위해서 선지 학교를 세우고 후진을 양성하는 방향으로 나아갑니다. 하나님을 향한 열심이 특심했던 엘리야는, 하나님의 나라를 세우는 일이 목숨을 건 몇 번의 종교 대결로 되는 것이 아님을 겸허히 수용하고, 자신에게 주어진 새로운 사명을 착실하게 성취해 갔습니다.

「엘리야(Elijah)」 1760, 판넬에 유화. 그리스정교 교회 박물관. 미슈콜츠.

하지만 아무리 위대한 엘리야라도 그의 시대를 마감해야 할 때가 옵니다. 또한 하나님의 사람은 가도 하나님의 일은 계속되어야 합니다. 엘리야의 후계자는 엘리사였습니다. 엘리사의 사역은 엘리야의 사역 연장선상에 있습니다. 다만 시대적인 패러다임이 다르기 때문에 다른 특징이 있습니다. 엘리야가 카리스마 강한 부성적인 사역을 했다면, 엘리사는 치유하고 회복하는 모성적인 사역을 합니다. 엘리야가 멈추어 섰던 곳에서 엘리사의 사역은 시작될 것입니다. 여기 그 전환기가 나타납니다.

엘리사의 소명

호렙 산에서 엘리야는 하사엘을 아람 왕으로, 예후를 이스라엘 왕으로, 엘리사를 후임자로 세우라는 말씀을 받았습니다. 엘리야가 제일 먼저 그리고 직접 성취한 것은 세 번째 명령입니다. 그는 호렙 산(시내산)을 떠나 곧바로 엘리사를 찾아 자신의 제자로 삼았습니다.

엘리야에게는 소명 기사가 없었지만 엘리사는 후기 선지자들처럼 하나님의 부르심을 받는 것으로 그의 사역을 시작합니다. 엘리야는 요르단 지역인 길르앗 아벨므홀라에서 사밧의 아들 엘리사를 만나 겉옷을 그에게 던짐으로써 그를 불렀습니다. 아벨므홀라는 엘리야의 고향인 디셉과 가까운 거리에 있습니다. 엘리사는 부유한 농부 가정 출신인 듯합니다. 대지주들은 복식 쟁기(소 두 마리가 함께 끄는 쟁기)를 이용해서 훨씬 일을 빨리했는데, 엘리사는 12개 조의 쟁기를 사용할 정도로 많은 황소와 일꾼 그리고 논을 가지고 있었습니다. 그는 열심히 농사를 짓다가 부르심을 받았습니다.

부르심을 받을 때 엘리사는 우선 자기의 일에 충실했습니다. 하나님은 성실한 자를 부르십니다. 하나님은 빈둥빈둥 지내는 사람이 아니라 맡은 일에 최선을 다해 수고하는 자를 부르십니다. 신약에도 베드로를 위시한 대부분의 제자들이 일을 하는 현장에서 부름을 받습니다. 세관에 앉아 일을 보던 세리 레위도 마찬가지입니다.

엘리사는 부름을 받자마자 밭 갈던 소를 버려 두고 엘리야 앞으로 나아갔습니다. 마치 이때를 기다리고 있었던 것 같습니다. 엘리야에게 달려가, 부모에게 인사한 후에 '당신을 따르겠다'고 말합니다. 그리고 부모와 친구들에게 작별을 고한 다음 직업도, 재산도, 가족도 버리고 엘리야를 따라나섰습니다. 결단의 표시로 밭 갈던 소를 잡고 사용하고 있던 농기구를 불살라 그 고기를 구워 백성들에게 먹게 하고 엘리야를 따랐습니다(왕상 19:21).

소와 농기구를 불사르는 것은 돌이키지 않겠다는 단호한 결단입니다. 마태가 부름을 받았을 때 자기의 직업을 버리고, 예수님을 따른 것과 같습니다. 지난 일, 무거운 것, 얽매이기 쉬운 모든 것을 벗어버린 것입니다(히 12:1). 모세도 이런 결단을 했었습니다. "믿음으로 모세는 장성하여 바로의 공주의 아들이라 칭함 받기를 거절하고 도리어 하나님의 백성과 함께 고난 받기를 잠시 죄악의 낙을 누리는 것보다 더 좋아하고 그리스도를 위하여 받는 수모를 애굽의 모든 보화보다 더 큰 재물로 여겼으니 이는 상 주심을 바라봄이라"(히 11:24-26).

당시는 아합 왕조 시대로 바알 숭배가 횡행하고 여호와의 종들이 수난을 겪고 있었는데, 부름에 대해 아무런 망설임 없이 이렇게 과감하게 결단하는 것은 엘리사의 헌신과 순종의 표시라고 할 수 있습니다. 엘리야뿐만 아니라 엘리사에게도 여호와를 향한 열심이 있었습니다. 그도 "바알에게 무릎을 꿇지 아니한 사람"이었습니다. 그 후 엘리야와 엘리사가 어떻게 생활을 했는지는 알 수 없습니다. 다만 열왕기하 2장에서 하나님이 엘리야를 취하여 가실 때, 후임 선지자를 세우는 '선지자직의 계승'이 기록되어 있습니다. 왜 많은 제자들 가운데 엘리사가 엘리야의 후계자가 되었는가를 알 수 있습니다.

엘리야에게서 엘리사로

엘리야와 엘리사의 관계에서 멘토링의 모델을 보게 됩니다. 멘토링은 앞 세대에서 다음 세대로 업적을 이어 가는 것입니다. 멘토는 프로테제와 함께 살면서 그를 키웁니다. 결국 엘리야의 최대 업적은 엘리사를 키운 것입니다. 최후에 최대의 일을 한 것입니다.

우리는 사람을 키운 것으로 기억됩니다. 다른 것은 모두 지나갑니다. 엘리야가 까마귀를 통해 양식을 공급받고, 사르밧 과부의 공궤를 받았으며, 갈멜 산에서 불과 비를 내린 일은 다 하나의 사건으로 지나갑니다. 하지만 그의 멘토링을 받고 그의 사역을 이어받은 엘리사를 통해 엘리야는 계속해서 살아 있을 것입니다. 벧엘과 길갈과 여리고에 선지 학교를 세워 많은 후진을 양성했음에도 불구하고 마지막까지 엘리야를 수종 들고 동행했던 사람은 엘리사 혼자였습니다. 프로테제인 엘리사는 멘토 엘리야를 존경하고 그의 모든 것을 바쳐 추종하였습니다. 멘토 엘리야는 엘리사 안에서 위대한 무엇인가를 보고, 그것을 계발시키기 위해서 노력했을 것입니다. 훗날 엘리사가 자신보다 더 위대한 일을 행할 수 있다는 것을 알고 엘리야는 엘리사를 그렇게 멘토링했습니다.

프로테제 안에서 위대한 무엇인가를 보는 것이야말로 멘토의 핵심적 자질 중의 하나입니다. "내가 진실로 진실로 너희에게 이르노니 나를 믿는 자는 내가 하는 일을 그도 할 것이요 또한 그보다 큰 일도 하리니 이는 내가 아버지께로 감이라"(요 14:12). 사심 없이 사람을 키워 하나님을 위한 일을 이어 가도록 해야 합니다.

멘토와 프로테제의 좋은 관계는 둘 다에게 유익합니다. 두 개의 사회가 항상 대조됩니다. 하나는 게 바구니 사회이고 다른 하나는 기러기 사회입니다. 뻘에 나가 게를 잡아 뚜껑 없는 바구니에 넣어 두어도 한 마리도 도망치지 못한다고 합니다. 한 마리가 바구니에서 벗어나려고 하면 뒤에 있던 게가 집게로 그 게를 잡아 안으로 굴러떨어뜨리기 일쑤입니다. 그래서 뚜껑이 없는데도 도망치지 못한다고 합니다. 그러나 기러기의 모습은 대조적입니다. 기러기는 철새라서 적절한 시기에 원거리를 이동해야 하는데, 한 마리의 힘만으로는 도저히 불가능하다고 합니다. 하지만 기러기 무리가 'V'자 형태로 날아감으로써 공기 저항을 최소화하고 피로를 줄여 원거리를 날아갈 수 있습니다. 선두 기러기가 지치면 다른 기러기가 그 자리를 대신하고, 한 마리도 낙오하지 않으며 날아간다고 합니다. 게 바구니 사회는 자중지란을 일으켜 함께 붕괴되는 사회라면, 기러기 사회는 서로 협력하고 도움으로써 유익을 얻는 상생의 사회입니다.

엘리야와 엘리사는 좋은 관계를 맺음으로써 이스라엘의 위대한 선지자가 되었습니다. 모세와 여호수아도 그러했고, 예수님과 제자들도 그러했고, 바나바와 바울도 그러했습니다. 밥 빌의 말처럼 "큰 변화를 일으키려면 멘토링 관계를 통해 지도자를 양성"해야 합니다.

제가 목회 현장에서 훌륭한 장로님들이나 연세 지긋하신 분들을 만나면 항상 부탁하는 것이 있습니다. "당신을 닮은 훌륭한 사람을 남기라"는 것입니다. 선배들의 수고로 한국 교회가 세계 속에 우뚝 서게 되었고 한국 사회도 오늘날과 같이 세계가 주목할 만한 나라가 되었습니다. 젊은 시절의 열정은 타의 추종을 불허했지만 노년에 들어서자 좀 쉬고 싶다고 생각하시는 분들이 많습니다. 그런 분들에게 저는 항상 이런 말씀을 전합니다. "아직 당신의 사명이 끝난 것이 아닙니다. 마지막으로 할 일이 하나 더 있습니다. 한 사람을 멘토링하십시오. 진정한 유산을 남기는 일은 이제부터입니다." 훌륭한 인재 양성만이 작금의 한국 교회 위기를 극복할 수 있는 유일한 대안입니다. 돈으로 안 되고, 시스템으로도 안 되고, 프로그램으로도 안 되고 지식으로도 안 됩니다. 오직 하나님의 영으로 지도를 받는 지도자에 의해서만 가능합니다.

사람을 세우는 일은 다음과 같은 모토로 이루어질 것입니다. "사랑하라, 도와주라, 격려하라, 계발하라, 함께하라." 엘리야가 심판의 선지자였다면 엘리사는 치유와 회복을 전하는 은혜의 선지자였습니다. 사역의 성격은 달라졌지만 하나님은 엘리사를 통하여 엘리야의 사역을 계속 이어 가십니다. 하나님은 위대한 선물을 사람으로 포장하여 주십니다.

끝까지 따르는 엘리사

무슨 일이든 뒷마무리가 잘 되어야 합니다. 마지막이 아름다우면 모든 과정이 아름답게 느껴집니다. '유종의 미'를 거두어야 합니다. 회리바람을 타고 여호와께로 가기 전에 엘리야는 자신이 일군 선지 학교를 방문하여 마지막으로 그들을 격려하고 싶었던 모양입니다. 그는 선지학교를 차례로 순방했습니다.

■ 길갈, 벧엘, 여리고, 요단

길갈은 '시작'의 장소입니다. 이스라엘이 요단을 건넌 후 처음으로 머무른 장소였습니다(수 4:19). 벧엘은 '기도의 장소'이자 하나님의 집입니다. 어려움 가운데 있던 야곱이 하나님을 만난 장소였습니다(창 12:8). 여리고는 '전쟁의 장소'입니다. 여호수아가 가나안에 들어와 처음 멸망시킨 성읍입니다(수 6장).

그리고 요단 강으로 나아갔습니다. 여기 요단 강은 여리고 옆 현재의 베다니 지역으로 보입니다. 이 요단은 가나안으로 들어가는 시작의 장소(수 3장)이자 마무리하는 '죽음의 장소'입니다. 요단 강을 건너면 곧 하나님의 나라에 도달하게 됩니다. 한편 요단 강은 죽음을 상징합니다. 길갈, 벧엘, 여리고, 요단은 이스라엘이 걸어온 길이요, 엘리야가 걸어온 길이요, 우리가 동일하게 걸어가야 할 길입니다. 우리에게도 시작의 장소가 있고, 기도의 장소가 있고, 치열한 싸움의 장소가 있으며, 마무리해야 할 장소가 있습니다. 엘리야는 그렇게 자신의 사역을 갈무리하고 당부를 했습니다.

엘리사도 멘토인 엘리야와의 마무리를 잘했습니다. 엘리사는 하나님의 종 엘리야를 마지막까지 동행했습니다. 길갈에서 벧엘로, 벧엘에서 여리고로, 여리고에서 요단으로 동행했습니다. 선지 학교의 생도들과 엘리사는 엘리야가 승천하리라는 것을 다 알고 있었습니다. 선지자의 생도들은 엘리사를 만류했습니다. 엘리야도 엘리사에게 더 이상 따라오지 말라고 했습니다. 하지만 엘리사는 엘리야와 동행할 것을 세 번이나 맹세합니다. 프로테제와 단순한 제자의 차이가 바로 여기

에 있습니다. 참된 프로테제는 마지막까지 함께합니다. 어려울 때 돕고, 함께 있어 주고, 기도해 줍니다.

엘리야는 엘리사가 귀찮아서 떼어놓으려는 것이 아니고 그의 각오를 시험해 보려 했던 것입니다. 그 시험은 '끝까지 함께하려는 의지가 있느냐'입니다. 이에 대해서 엘리사는 세 번 모두 강력하고 엄숙하게 맹세합니다. "여호와께서 살아 계심과 당신의 영혼이 살아 있음을 두고 맹세하노니 내가 당신을 떠나지 아니하겠나이다."

엘리사의 맹세는, 자신을 떠나라는 나오미에게 행했던 룻의 맹세에 비견됩니다. "어머니께서 가시는 곳에 나도 가고 어머니께서 유숙하시는 곳에 나도 유숙하겠나이다. 어머니의 백성이 나의 백성이 되고 어머니의 하나님이 나의 하나님이 되시리니 어머니께서 죽으시는 곳에서 나도 죽어 거기 장사될 것이라"(룻 1:16, 17). 이런 충성스러움은 예수님의 사도들에게도 요구된 조건이기도 합니다. 마지막까지 따르는 자는 가장 귀한 것을 얻게 될 것입니다.

■ 갑절의 영감

엘리야가 선지 학교 순방을 마치고 여리고에서 요단으로 내려갈 때, 선지자 생도 50명도 멀찍이서 그들의 모습을 볼 수 있었습니다. 이제 엘리야는 요단 강을 건너 동편으로 가고자 합니다. 그곳은 그의 고향이면서 모세가 죽은 곳이기도 합니다. 모세가 지팡이로 홍해를 가른 것처럼, 엘리야는 자신의 겉옷을 말아 그것으로 요단 강을 침으로써 물을 가르고 건너편으로 갔습니다.

끝까지 자신을 따른 엘리사에게 엘리야는 "내가 들림 받기 전에 원하는 소원을 말하라"고 했습니다. 엘리사야말로 엘리야의 참된 프로테제임이 증명되었기 때문입니다. 이때 무엇을 말해야 할까요? 이것은 엘리사가 지금까지 엘리야를 따른 목적이기도 합니다. 하나님이 엘리야를 통하여 묻고 계시는 것입니다. 이것은 엘리사의 기도입니다. "당신의 성령이 하시는 역사가 갑절이나 내게 있게 하소서"(왕하 2:9). 엘리사가 구하는 것은 오직 이것이었습니다.

■ 엘리사의 소원

엘리사의 단 한 가지 소원은, 엘리야의 영적 능력을 계승하여 하나님의 사역을 힘있게 펼치는 것이었습니다. 이렇게 하나님의 사람, 성령에 속한 사람은 재물, 권력, 지식으로 행복해지기보다 하나님의 성령으로 충만하기를 바랍니다. 세상의 일보다는 하나님의 일을 구합니다. 하나님의 일을 이루기 위해 필요한 것을 구합니다. 이것은 솔로몬이 지혜를 구하여 하나님께 칭찬을 얻은 것과 같은 기도입니다. 이전 성경 번역으로는 "갑절의 영감"이라고 했는데, 중의적(重義的)으로 해석해야 할 듯합니다.

첫 번째, 엘리사는 자신의 부족함 때문에 갑절의 영감을 구했을 것입니다. 훌륭한 선임자인 엘리야의 뒤를 이어 사역을 감당하자니 자신이 부족하게 보였을 것입니다. 그래서 당돌하게 보일 수도 있지만 "갑절의 영감"을 말했을 것입니다. 이것은 엘리사의 겸손을 보여 줍니다. 성령의 위대함과 자신의 부족함을 동시에 고백하는 것입니다. 엘리야에게 역사하셨던 성령의 역사가 갑절이나 자신에게 있을 때에만 엘리야의 사역을 이어 갈 수 있으리라는 확신입니다. 자기의 부족함을 인식하기 때문에 위로부터 오는 하나님의 능력을 온전히 갈구합니다. 이것은 영적 갈망입니다. 이런 갈망이 이처럼 끝까지 엘리야를 따르게 만든 것입니다. 하나님의 임재와 하나님의 능력을 갈망하는 것입니다. 갈망하는 것은 반드시 얻게 됩니다.

두 번째로, 엘리야의 영적 장자 권리를 요구하는 듯이 보입니다. 이때에는 '두 배'라는 의미보다 '두 몫'을 구한 것입니다. 한 가정에서 장자는 다른 아들 몫의 두 배를 상속받습니다(신 21:17). 그렇다면 엘리사가 구한 것은 다음과 같은 뜻입니다. "당신의 선지 생도들도 많은 영감을 받았습니다. 그들에게도 그들의 몫을 주십시오. 하지만 나는 당신의 영적 장자가 되기를 원합니다. 제게 두 몫을 주십시오. 나는 당신을 잇고 싶습니다."

엘리사는 엘리야의 예언자 직분을 장자로서 계승하기 원했습니다. 엘리야를 "내 아버지여, 내 아버지여"라고 부른 것은 그런 이유입니다. 엘리사는 엘리야에게 있었던 성령의 역사가 자기에게 상속되어 엘리야의 진정한 영적 상속자(계승자)가 되기를 원했던 것입니다. 성령의 권능이 있을 때에만 이 사역을 감당할 수 있습니다.

이는 힘으로 되지 아니하며 능력으로 되지 아니하고 오직 나의 영으로 되느니라(슥 4:6)

오직 성령이 너희에게 임하시면 너희가 권능을 받고 예루살렘과 온 유대와 사마리아와 땅끝까지 이르러 내 증인이 되리라(행 1:8)

■ 성령의 갑절의 역사

어떤 의미였든 엘리사의 기도에는 성령의 능력과 지혜와 은혜를 사모하는 엘리사의 심령이 잘 나타납니다. 이 험한 세상에서 나같이 부족한 사람이 사명을 감당하기 위해서는 엘리야에게 임했던 성령의 갑절의 역사가 있어야만 합니다.

하나님은 사모하는 영혼을 만족하게 하십니다. 그리고 "입을 넓게 열라. 내가 채우리라"고 약속하십니다. 엘리야도 엘리사가 구하는 것에 놀라며 "네가 어려운 일을 구한다"(왕하 2:10)고 했습니다. 이것은 사람이 줄 수 있는 것이 아니기 때문입니다. 하지만 엘리야는 "내가 가는 것을 보면 하나님이 친히 주실 것"이라고 했습니다. 사람이 줄 수 있는 것보다 하나님만이 주실 수 있는 것을 구하는 것이 진정한 기도입니다.

하나님을 위하여 위대한 일을 계획하시고 하나님께 큰 것을 구하십시오. 윌리엄 케리는 "하나님을 위해 위대한 일을 계획하라. 그리고

하나님으로부터 위대한 일을 기대하라"고 했습니다. 하나님은 우리의
믿음의 분량을 채워 주십니다.

엘리야는 엘리사의 무형의 유산을 상속받고자 합니다. 보이는 유형
의 유산보다 보이지 않는 영감을 유산으로 받는 것이 더 좋습니다. 결
과론적인 이야기지만 엘리사는 엘리야의 영적인 아들이 되었습니다.
이것은 혈통으로나 육적으로 되는 것이 아니라 하나님의 성령의 은사
로 되는데, 실제로 열왕기하 2장 15절을 보면 "엘리야의 영광이 엘리
사 위에 머물렀다"고 증거합니다. 그 많은 엘리야의 생도 중에 엘리사
가 엘리야의 선지자직 계승자가 되었습니다. 이렇게 하나님의 나라는
힘쓰는 자 그리고 사모하는 자가 받게 되어 있습니다. 그리고 엘리사
는 엘리야가 남긴 많은 사역을 감당합니다.

엘리야의 승천

이제 엘리야가 승천할 때가 되었습니다. 엘리야와 엘리사가 길을 가며
말할 때에 불수레와 불말들이 두 사람을 갈라놓았고 이어 엘리야가
회오리바람을 타고 하늘로 올라갔습니다. 재난 영화에 나오는 장면이
아니라, 하나님의 나라로 들림받는 것입니다. 구약에서는 에녹과 엘
리야가, 신약에서는 예수님이 그러했습니다. 극소수가 체험한 이 일은
후대를 위한 본보기로 주신 것입니다. 이는 우리가 들림받을 것과 하
나님 나라의 존재를 보여 줍니다. 한때는 이세벨의 위협에 좌절하고
절망하고 탈진하여 로뎀나무 밑에서 죽기를 간청했던 엘리야가 새로
운 소명을 받고 충성스럽게 자신의 사명을 마친 후에 이제 존귀와 영
광 가운데 하나님께 나아가고 있습니다.

엘리사는 이 광경을 보고 엘리야를 향하여 "내 아버지여, 내 아버

....
「불병거에 실려 하늘로 올라가는 엘리야(Elijah Ascends to Heaven in a Chariot of Fire)」 1855, 귀스타브 도레, 판화, 『도레 성경삽화』

지여, 이스라엘의 병거와 그 마병이여"(왕하 2:12)라고 외쳤습니다. 엘리야를 '내 아버지'라고 부른 것은 영적 부모니까 당연하다고 치지만 '이스라엘의 병거와 마병'이라고 부른 것은 좀 이상하게 들리지 않습니까? 이것이 엘리사의 영적 안목입니다. 엘리사는 엘리야에서 '이스라엘의 병거와 마병'에 맞먹는 능력을 본 것입니다. 하나님의 사람 하나의 능력이 이스라엘 전 군대에 맞먹는 전력입니다.

구약의 전투에서 선지자는 하나님의 군대를 의미합니다. 모세가 손을 들어 기도할 때 하늘의 군대가 움직였습니다. 엘리사는 엘리야에서 이런 능력을 보았던 것입니다. 그리고 자신도 그러한 능력을 갖기를 소원했습니다. 사모하는 것은 반드시 얻게 됩니다. 나중에는 엘리사도 요아스 왕에 의해 그렇게 불립니다. "내 아버지여, 내 아버지여, 이스라엘의 병거와 마병이여"(왕하 13:14).

엘리야와 엘리사에게 역사하시는 하나님은 그들로 이스라엘의 전 군대와 무기를 합한 것보다 더한 능력을 나타내시는 것입니다. 엘리야와 엘리사는 한 명의 선지자를 넘어 그의 존재만으로도 엄청난 군사력에 버금갑니다. 하나님의 영이 있는 하나님의 사람은 이같이 존귀하고 위대합니다.

인간이 활용할 수 있는 자원은 보이는 것과 보이지 않는 것이 있습니다. 보이지 않는 자원이 더욱 강력하고 풍부합니다. 하나님의 사람은 이 보이지 않는 자원, 영적인 자원을 활용하고 끌어다 쓸 수 있는 사람입니다. 믿음은 보이지 않는 것을 보는 것이며, 믿음은 보이지 않는 것의 능력을 현실화시킬 수 있습니다.

믿음은 바라는 것들의 실상이요 보이지 않는 것들의 증거니(히 11:1)

선지자직의 승계

엘리야가 승천한 뒤 엘리사는 곧바로 자신이 입고 있던 옷을 찢었습니다. 이는 슬픔의 표현입니다. 비록 엘리야가 영광과 존귀 가운데 하나님의 곁으로 갔다고는 하지만 지상에서 더 이상 그를 만날 수 없고, 그의 지도를 받을 수도 없기 때문입니다. 이제 세상은 엘리야를 잃었고, 그의 떠남은 그의 은혜를 받았던 사람에게 큰 슬픔이 아닐 수가 없습니다. 그런데 엘리야가 승천하면서 엘리야가 입었던 겉옷이 떨어집니다. 바람에 날렸는지도 모르겠지만 엘리야의 옷이 떨어지는 모습은 성령님이 임하시는 것을 형상화하여 보여 줍니다. 엘리야의 겉옷은 엘리사가 부름 받을 때와 후계자가 될 때 이렇게 두 차례에 걸쳐 엘리사에게 주어집니다.

어느 월드컵 때에 프랑스 대표팀의 주장인 지단이 이탈리아의 마테라지에게 집중 수비를 당했습니다. 지단에게 공격 기회가 가지 않도록 마테라지는 맨투맨 압박 수비를 펼쳤는데 방법이 좀 치사했습니다. 경기 내내 지단의 뒤에서 셔츠를 잡아당겼습니다. 짜증이 난 지단이 그에게 한마디했습니다. "경기 끝나면 주겠다." 최고 경지에 오른 선수의 여유와 유머를 볼 수 있었습니다. 일반적으로 A급 국가 대항 경기가 끝나면 선수들은 땀에 찌든 셔츠를 교환하곤 합니다. 유명한 상대국 선수의 유니폼을 얻어 추억이 될 법하지만 과연 그것이 무슨 의미가 있겠습니까?

하지만 엘리사의 경우는 그렇지 않았습니다. 엘리야가 승천한 후 엘리사는 자기의 옷을 찢고 엘리야의 옷을 주워 듭니다. 엘리야의 겉옷은 영감이 임하는 가시적인 물증입니다. 엘리사가 처음 엘리야에게 부름을 받았을 때도 엘리야가 엘리사에게 겉옷을 던졌습니다. 그것은 하나님의 영에 사로잡히는 것을 '옷으로 덮었다'라고 표현하는 구약의 방식을 따른 것입니다. 신약에도 "새 사람을 입으라", "부활의 몸, 신령한 몸을 입으라", "그리스도로 옷 입으라"는 표현이 나옵니다(고전 15:53-54; 고후 5:2-5; 골 3:9-10; 롬 13:14; 갈 3:27). 엘리야와 마찬가지로 엘리사가 하나님의 영으로 옷 입게 된 것입니다.

엘리사는 그 겉옷을 손에 들고 요단 강을 치며 "엘리야의 하나님 여호와는 어디 계십니까?"라고 기도하였습니다(왕하 2:14). 우리는 영원무궁토록 살아 계신 하나님을 섬깁니다. 나만의 하나님이 아닌 조상들이 섬기던 하나님을 섬깁니다. 기독교는 대를 이어 하나님을 섬기는 것입니다. 아브라함의 하나님, 이삭의 하나님, 야곱의 하나님, 요셉의 하나님, 모세의 하나님, 엘리야의 하나님이 엘리사의 하나님이고, 그 하나님이 나의 하나님이십니다. 이것이 신앙의 전통입니다.

엘리사는 엘리야의 하나님을 불렀습니다. "엘리야의 하나님은 어디에 계십니까?" 이것은 곧 다음과 같은 뜻입니다. "엘리야의 하나님, 나의 하나님이 되시옵소서. 그 많은 대적 앞에 하나님을 믿는 믿음으로 용감히 홀로 섰고, 결국 기도로 불을 내렸던 갈멜 산 엘리야의 하나님, 나의 하나님이 되시옵소서. 엘리야가 기도했을 때 가물어 죽은 이 땅에 비를 내리셨던 엘리야의 하나님, 오늘 나의 하나님이 되시옵소서. 말라 가는 그릿 시냇가와 사르밧에서 양식을 공급하시고 죽은 자도 살리신 엘리야의 하나님, 나의 하나님이 되시옵소서. 호렙 산에서 세미한 음성으로 말씀하신 하나님, 나의 하나님이 되시옵소서. 엘리야가 겉옷으로 쳤을 때 이 요단 강을 갈라지게 하셨던 하나님, 오늘 나에게도 같은 기적의 역사를 주소서. 갑절이나 주시옵소서."

．．．．．．．
「불병거를 타고 승천하는 엘리야(Elijah Ascending to Heaven in the Fiery Chariot)」 1510, 헤리 멧 더 블레스, 판넬에 유화, 18×29cm.

이렇게 부르짖으며 엘리사가 엘리야의 겉옷으로 요단 강을 치자 놀랍게도 요단 강이 갈라졌습니다. 위대한 선지자 엘리야의 기적이 엘리사에게서도 나타난 것입니다. 엘리사에게 엘리야의 영감이 임했다는 것을 가시적으로 보여 주는 이적입니다. 이로써 지도력의 승계가 완성되었습니다. 엘리야의 마지막 이적이 엘리사의 첫 이적이 되었습니다. 조금 전까지는 엘리야로 하여금 영광의 길로 나아가도록 길을 열어 준 요단 강이 지금은 엘리사로 하여금 새로운 사역으로 나아갈 길을 열어 주었습니다. 이 광경을 지켜보고 있던 선지자 생도 50명은 곧바로 엘리사 앞에 엎드렸습니다(왕하 2:15). 모두가 엘리사의 선지자직 계승을 인정한 것입니다. 이제 하나님은 엘리사를 통해 당신의 일을 성취해 가실 것입니다.

엘리야의 하나님, 엘리사의 하나님

엘리야 앞에서 갈라졌던 요단 강이 엘리사 앞에서도 갈라졌습니다. 엘리야의 하나님은 엘리사의 하나님이 되셨습니다. 엘리사는 이제 위대한 멘토 엘리야의 어엿한 후임자가 되었습니다. 이제 하나님은 엘리사와 함께하시면서 수많은 기적의 역사를 일으키실 것입니다. 회복과 치유의 기적으로 엘리야가 남긴 사역을 완성하실 것입니다.

엘리야가 강력한 영적 권위로 사역을 했다면 엘리사는 부드러운 영적 권위로 사역을 합니다. 엘리사는 물 근원을 고치고, 선지자 생도 과부를 돕고, 수넴 여인의 아들을 살리고, 보리떡 20개로 100명을 먹이고, 나아만 장군의 나병을 고치고, 아람 왕을 물리치고, 왕을 세우는 등, 고치고 세우고 먹이고 회복시키는 사역을 감당합니다.

우리도 기도합시다. "하나님은 우리에게 엘리사의 갑절의 영감을 주소서. 오늘날은 그들의 시대보다 더 완악하여 성령님의 역사가 갑절이나 필요합니다. 나는 엘리사에 비해 더더욱 부족하기만 합니다. 엘리야의 하나님, 엘리사의 하나님, 이제 나의 하나님 되옵소서."

엘리사의 활동

다메섹

헬몬 산 ▲

벤하닷의 파멸을 예언하고
하사엘을 왕으로 선포함

두로

하솔

갈릴리
바다

가르나임
아스드롯

길르앗

예후에게 기름 붓기 위해 제자
를 보냄으로써 오므리 왕조에
대한 잔인한 숙청이 시작됨

수넴 여인의 죽은
아들을 살려 줌

다볼 산 ▲

로드발

에드레이

로글림

갈멜 산 ▲

기손 강

수넴

이스르엘

벳스안

길르앗 라못

지중해
(대해)

이스라엘

도단

사마리아

세겜

에발 산 ▲

그리심 산 ▲

길갈

아벨므흘라

나아만의 나병이
나음

암몬

브니엘

마하나임

숙곳

아담

여
리
고
평
지

흉년이 끝날 것을
예언함

요단강

얍복강

욥바

벧엘

독이 든 국을
깨끗하게 만듦

기브온

여부스

바알브라심

예루살렘

바후림

넵도아

드고아

헤브론

엔게디

길갈

여리고

아벨싯딤

벧 아라바

야셀

모압 평지

갈적의 영감을
구함

람바베네암몬

헤스본

벧 호글라

느보 산 ▲

샘을 깨끗하게 함

사
해

모압

디본

기량 여아림

벧세메스

아세가

아스돗

가드

아스글론

엘라 골짜기

유다

가사(가자)

시글락

그랄

브엘세바

브엘세바 광야

호르마

블레셋

브엘라헤로이

아말렉

가데스바네아

신(Zin) 광야

소알

에돔

세렉 강

길하레셋

이예아바림

48 요단 강 Jordan River

큰일을 행하라 하였더라면

열왕기하 5:1-14

엘리야의 뒤를 이은 엘리사의 사역은 기적의 연속이었습니다. 엘리야 시절에도 하나님의 역사가 컸지만 엘리사의 사역 때에는 그 빈도가 더 잦고 다양해졌습니다. 청출어람(靑出於藍)입니다. 그리고 엘리사의 이적은 선민 이스라엘에게만 유익을 끼친 것이 아니라, 국경을 넘어 이 방 사람에게도 나타났습니다. 당시 북왕국 이스라엘과 대립하고 있던 북방 아람의 군대장관까지도 치유했습니다. 이를 통해 만유를 창조하 시고 섭리하시고 구원하시는 하나님을 예표적으로 볼 수 있습니다.

큰 용사, 나아만

아람의 국방장관에 해당하는 직위를 지니고 있던 나아만은 아람 왕 의 총애를 받고 있던 사람입니다. 그는 '크고 존귀한 자'였고, 하나님 의 도움으로 아람을 구원한 '큰 용사'였습니다.

이 구원 속에는 하나님의 백성 이스라엘과 싸워 이긴 승리까지도 포함되어 있었습니다. 여호와께서는 죄를 지은 이스라엘 백성을 징벌하고자 이방의 장수 나아만에게 승리를 허락하신 것입니다. 나아만은 많은 권력과 재산, 높은 지위, 국민들의 추앙, 그리고 왕의 절대적인 신임을 받고 있었습니다. 소위 성공한 인생, 출세한 인생입니다. 우리가 애써 찾고 있는 모든 것을 이미 소유한 사람입니다. 거의 완벽해 보입니다. 그런데 그에게도 한 가지 문제가 있었습니다. "저는 큰 용사나 나병 환자더라."

미국 농구계의 슈퍼스타 매직 존슨이 돈과 명예와 인기를 다 누리고 있었으나 AIDS 감염자라는 사실을 알게 되는 충격과 같습니다. 앞서 언급된 모든 좋은 것들이 이 한마디에 모두 빛을 잃어 버립니다. 당시 나병은 불치의 병이었고 죄를 상징하기에 더욱 부정하게 여겨졌습니다. 이스라엘에서는 나병이 육체적인 병에서 끝나지 않고 하나님의 심판인 천형(天刑)으로 인식되어, 사회적으로나 종교적으로 큰 차별을 받았습니다. 사회에서 격리되었고, 부정하다 하여 사람들과 접촉할 수 없게 했습니다.

나병이 죄의 상징으로 여겨지는 것은 죄와 나병에 공통점이 있기 때문입니다. 나병은 미미하게 시작되지만 급속하게 번집니다. 나병 환자는 감각 기관이 둔해져 다른 질병에 감염되기 쉽습니다. 상처나 통증을 느끼지 못하기 때문입니다. 그리고 남에게 전염됩니다. 그래서 당시 나병 환자는 걸어 다니는 송장 취급을 받았습니다. 죄도 그러합니다. 처음에는 사소하게 시작하여 인생 전체를 죄로 채웁니다. 죄에 대해 더 무뎌집니다. 남에게 죄가 옮겨 가고, 죄에 사로잡혀 결국 '살아 있으나 죽은 인생'이 됩니다.

많은 권력과 재산과 명예를 가지고 있어 밖으로 드러난 것들을 보면 남들의 부러움을 사기에 충분하지만 나아만의 내부는 나병으로 썩어 가고 있었습니다. 미국 라스베가스에 가 본 적이 있습니다. 거기서 하루 밤을 자고 새벽에 나오면서 본 도시의 모습이 바로 그 느낌이었습니다. 화장을 지운 창녀의 모습! 오늘날 화려한 문명을 자랑하는 사회나 고상한 지식과 재물과 권력으로 잘 치장한 인생이 굉장해 보이지만 그 내면을 살펴보면 나아만과 같은 처지에 놓여 있는 경우가 다반사입니다. 나아만은 용맹스럽게 수많은 적을 무찌르고 많은 나라를 정복하는 기세 좋은 장수였으나, 진작 자신 속에 자라는 병의 세력에는 무기력하게 굴복하고 만 사람입니다. 모든 것이 완벽해 보이는 사람에게도 근심이 있고 슬픔이 있다는 것을 확인하게 됩니다. 하나님 외에는 해결하실 수 없는 문제를 안고 살아가는 경우가 많다는 것을 보게 됩니다.

나아만에게 전해진 복음

이런 처지의 나아만에게 좋은 소식이 들려왔습니다. 치료 받을 길이 있다는 말이었습니다. 이것은 복음입니다. 그런데 이 소식을 전해 준 사람은 다름 아닌 이스라엘에서 잡혀 온 계집종이었습니다. 이 소녀는 나아만이 이스라엘을 정복할 때 포로로 전리품처럼 데려다가 자기 아내의 시중을 들게 한 아이입니다.

■ 이스라엘의 계집종

아람 사회에서 이방의 소녀 종은 가장 비천한 사람입니다. 신분으로 보면 나아만 장군과는 하늘과 땅 차이입니다. 이 아이의 입장에서 보면 주인은 자기 조국을 짓밟고 자기 부모로부터 어린 자신을 강제로 잡아와 종으로 부리는 원수와 같은 사람입니다. 그런데 이 어린 아이가 나아만의 병을 고칠 수 있는 길을 가르쳐 주었습니다. 자신이 경험한 하나님, 자신이 들었던 엘리사에 대해 간증했던 것입니다. 이름도 알 수 없는 이 소녀는 어떻게 이렇게 할 수 있었을까요? 아마도 하나님에 대한 바른 신앙이 있었기 때문일 것입니다. 그렇기 때문에 원수에 대해서도 사랑을 가지고 가르쳐 주었습니다.

여기에서 우리는 극적인 대조를 봅니다. 이 소녀는 이름도 알 수 없는 무명의 소녀입니다. 하지만 미천한 종일지라도 크고 유명하고 존귀한 나아만 장군도 알지 못하는 것을 알고 있었습니다. 무명의 소녀가 유명한 사람이 모르는 것을 알고 있습니다. 약한 자를 들어 강한 자를 부끄럽게 하시는 하나님의 역사입니다.

이 아이는 자기를 잡아온 사람에게조차 사랑을 베풀 수 있는 넓은 마음의 소유자였습니다. 자기가 말해 보았자 소용 없을 것이라고 속단하지 않았습니다. 자신이 아는 것과 자신이 할 수 있는 것에 최선을 다했습니다. 하나님과 엘리사의 능력을 확신하고 믿음으로 말했습니다. 사실 엘리사가 기적의 선지자이기는 하지만 아직 나병을 고쳤다는 기사는 없습니다. 그리고 엘리사가 아람 군대장관 나아만을 만나 주리라는 확신도 없습니다. 하지만 소녀는 엘리사가 다른 기적을 행할 수 있다면 나병 치유도 가능하리라 믿었습니다. 믿음만 있으면 어떤 방법으로든 가능하다고 생각했습니다. 하나님은 이렇게 소녀를 통해 당신을 증거하셨을 뿐 아니라 듣는 자의 마음을 활짝 열어 믿게 하셨습니다. 아이의 평소 삶이 신뢰의 마음을 불러일으켰을 것입니다. 나아만의 아내는 나아만에게, 나아만은 그의 주인인 아람 왕에게 이 소식을 전하였습니다.

소녀가 한 말은 단순합니다. 사마리아에 있는 선지자에게 가면 나아만 장군의 병을 고칠 수 있다는 것입니다. '사마리아의 선지자'는 바로 엘리사입니다. 나아만은 왕이 총애하는 군대장관이고 부유하고 권세 있는 자였기에 그동안 나병을 고치기 위해 방법이라는 방법, 비법이라는 비법은 다 시도해 보았을 것입니다. 나아만의 입장에서는 나병만 나을 수만 있다면 어떤 일이라도 했을 것입니다.

나아만은 비록 어린 종의 말일지라도 병을 고치는 데 도움이 된다면 따르고자 했습니다. 물에 빠진 사람이 지푸라기라도 잡는 심정으로, 실낱 같은 희망의 빛에도 불원천리(不遠千里)하고 달려갈 마음이 있었던 것입니다. 그래서 적대국인 이스라엘에까지 문의하게 된 것입니다. 나아만의 노력이 눈물겹습니다. 병을 낫고자 하는 간절한 마음입니다. 병이 사람을 겸손하게 만듭니다. 이전에는 말 같지도 않게 여겼을 것을 이제 달갑게 듣습니다. 이스라엘에서 잡아온 소녀의 말을 그만큼 절박하게 들었습니다.

그런데 나아만은 엘리사에게 직접 나가지 않고 우회하여 돌아갑니다. 나아만은 아람 왕에게 허락을 얻으러 갔고, 나아만과 아람 왕은 세상적인 방법을 동원합니다. 아람 왕은 꼭 필요하지도 않은 친서를 이스라엘 왕에게 직접 썼습니다. 나아만은 은 10달란트(261킬로그램), 금 6,000개(47킬로그램), 의복 10벌, 오늘날로 말하면 수억 원 값어치의 예물을 준비하였습니다. 나병 치료비를 준비한 것입니다. 정말 비쌉니다. 나아만은 이 같은 예물을 지니고 말과 병거들을 거느리고 위세 좋게 이스라엘 왕을 찾아갑니다.

이것이 병을 고치러 가는 사람의 모습입니까? 아니면 이스라엘에 쳐들어가는 모습입니까? 아마도 은혜를 구하기보다는 정당한 값을 지불하고 당당하게 치료를 받겠다는 심사인 듯합니다. 돈을 많이 준비한 것은 치료자에게 열과 성을 다해서 치료할 의무를 지우기 위함이었습니다. "아람 신들의 이름으로 치료되지 않았고, 용하다는 아람의 의사들도 다 손을 들었소. 이제 당신이 이 병을 치료할 수 있다 하니 내 병을 치료해 주시오. 돈은 얼마든지 있소. 최선을 다해 나의 병을 치료해 주시오."

우리는 종종 절망적인 상황에서도 하나님께 겸손하게 나아가기보다는 우회도로로 가면서 시간과 물질을 낭비하는 경우가 많습니다. 하나님이 이스라엘 소녀를 통해 전해 주신 복음에는 아람 왕도, 이스라엘 왕도, 예물도 없고, 왕의 권세를 빌리거나 군대를 이끌고 가라는 언급도 없습니다. 사마리아에 있는 엘리사에게 가라는 말밖에 없습니다. 그런데 나아만은 이스라엘 왕을 찾아갑니다. 아람 왕의 친서로 이스라엘 왕을 압박함으로써 최고의 선지자를 대령하여 자신의 병을 고쳐 달라는 무언의 압력을 가하는 것을 같습니다. 당시 아람과 이스라엘은 전쟁 후 냉전 기간에 있었습니다. 아람이든 이스라엘이든 상대를 자극하지 않고 우호적인 관계를 유지하는 일에 예민한 때였습니다.

■ 있는 모습 그대로

하나님께 그냥 나아가면 되는데, 인간적인 수단과 방법을 동원하니 일을 꼬이고 복잡해집니다. 정작 필요한 것은 단순히 나가는 것인데 말입니다.

어떤 유명한 화가가 길을 지나다가 아주 남루한 사람을 하나 만나게 되었습니다. 그 모습을 화폭에 옮기면 아주 좋은 그림이 되겠다 싶어 그에게 모델료를 선물로 주면서 내일 자기 화실로 와 달라고 했습니다. 다음날 화실로 찾아 온 그 사람을 보고 화가는 완전히 실망하고 말았습니다. 그가 어제 받은 돈으로 말끔하게 차려입고 나타났기 때문입니다. 그것은 화가가 그리고 싶은 모습이 아닙니다.

우리 편에서 무슨 준비와 절차를 거쳐야 하나님께 나갈 수 있다고 생각하는 사람은 다 이와 같습니다. 그냥 있는 모습 그대로 나아가면 됩니다. 무슨 장식이나 추천서나 물질이나 권세가 필요 없습니다. 나아만은 자기의 배경을 과시하고, 아람 왕과 이스라엘 왕의 후광을 입고 가면 더욱 유리하리라 생각한 듯합니다. 그러나 삼척동자도 아는 사실이지만, 권력으로 하나님 나라에 들어갈 수 없습니다. 돈으로도 못 들어갑니다. 이 모든 것은 나병을 치료하는 데 아무런 도움이 되지 못하고 오히려 장애가 됩니다.

제가 군목으로 있을 때의 일입니다. 제가 사단으로 발령이 나서 교회에 가 보니 제일 앞자리에 특별한 방석 두 개가 있고, 그 앞에는 별판을 가린 막이 있었습니다. 알고 보니 사단장님이 교회를 오시는데, 사단장님 부부의 좌석을 표시해 놓은 것이었습니다. 주일 예배 때 살펴보니 사단장님이 교회에 오시면 영관급 장교 신자들이 교회 앞에 도열했다가 맞이하여 제일 앞자리 특별석으로 안내하고 착석 후에는 별판 가린 막을 제거하여 별 둘이 보이게 했습니다.

아무리 군대가 계급 사회라지만 이것은 아니다 싶었습니다. 저는 별판과 방석을 치우고 다음주부터는 도열도 하지 말라고 군종병을 통해 신자들에게 전달했습니다. 그리고 사단장님을 찾아 뵙고 말씀을 드렸습니다. "사단장님, 교회에는 모두가 하나님의 자녀로서 겸손하게 나와야 합니다. 제가 별판을 치웠고 지정 좌석도 없앴습니다. 다음주부터 도열도 하지 않을 것입니다. 편하신 자리에 앉아 예배드리십시오." 당시 중위였던 제가 소장인 사단장님께 이렇게 말씀드렸습니다.

그분은 껄껄껄 웃으며 말씀하셨습니다. "목사님, 정말 잘하셨습니다. 저도 교회에 갈 때마다 정말 부담스러웠습니다. 하나님께 예배드리는데 사단장이 어디 있고 장교가 어디 있습니까? 저도 사병과 동일하게 예배드리겠습니다." 그분이 바로 이수희 사단장님이었습니다. 이후 사단장님은 주일에는 병사들에게 주보도 나누어 주며 봉사하셨습니다. 이런 모습에 감화를 받은 장병이 많았습니다. 하나님께 나아갈 때는 계급장을 떼고 나아가야 합니다. 겸손하게 나아가야 합니다.

어떤 사람이 죽어 베드로 앞에 가게 되었습니다. 자신은 천국에 들어가리라 확신했습니다. 하지만 천국 문 앞에서 열쇠를 들고 있던 베드로는 고개를 흔들었습니다. "유감이지만 당신은 지옥행입니다." 깜짝 놀란 그 사람이 대들 듯 대꾸했습니다. "믿기 어려우시겠지만 저는 착한 사람입니다." "그래요? 지금까지 한 착한 일은 무엇이지요?" "예, 지난주에는 수해 입은 사람들을 위해 10만 원을 헌금했고, 지난해에는 아프리카 어린이들을 위해 10만 원을 헌금했습니다." "그래요? 그럼 윗분과 이야기해 보아야겠네요." 한참 후에 베드로가 돌아와 말했습니다. "여기 20만 원을 돌려주겠으니 이제 지옥으로 가세요."

하나님의 은혜는 대가를 지불할 수 있는 것이 아닙니다. 공로로 받는 것도 아닙니다. 오직 겸손한 자가 받습니다. 내가 말씀 앞에 겸손히 홀로 서기까지는 그 은혜가 임하지 않습니다.

우리는 여기서 불신앙의 사람을 또 하나 보게 됩니다. 그는 이스라엘 왕입니다. 신앙적인 문제를 정치적인 문제로 해결하려고 하니 웃지 못할 일이 벌어집니다. 이스라엘 왕은 이스라엘 소녀만 한 믿음도 없습니다. 그는 아람 왕이 이스라엘을 침범하기 위한 트집을 잡는 줄 알고 자기 옷을 찢으며 낙담했습니다. 외국에서도 엘리사를 알고 찾아오는데, 왕은 자기 나라에 있는 엘리사도 알지 못합니다.

엘리사의 등장

이스라엘 왕이 낙담하여 자기 옷을 찢었다는 소식을 들은 엘리사가 왕에게 전갈을 보냈습니다. "왕은 걱정하지 마시고 그 사람을 내게로 보내소서. 그의 병은 치유될 것이며 이를 통해 이스라엘에 참 선지자가 있음을 알게 될 것입니다." 나아만의 질병 치유는 이스라엘의 하나님이 참되신 하나님이심을 드러내기 위함이었습니다. 왕은 나아만의 일을 위기로 여겼지만, 엘리사는 기회로 여겼습니다.

나아만이 군대를 이끌고 엘리사의 집 문 앞에 섰습니다. 이스라엘 왕도 벌벌 떠는 나아만인데, 엘리사는 밖으로 나와 보지도 않습니다. 그저 사환을 보내서 말을 전할 뿐이었습니다.

너는 가서 요단 강에 몸을 일곱 번 씻으라 네 살이 회복되어 깨끗하리라

(왕하 5:10)

요단 강에 내려가서, 일곱 번 씻으라는 이 말을 전해 들은 나아만은 머리끝까지 화가 났습니다. 자존심이 상했나 봅니다. 자신의 기대와는 전혀 달랐기 때문입니다.

오늘날의 요단 강(좌)과 강에서 침례하는 모습(우)

내 생각에는 그가 내게로 나와 서서 그의 하나님 여호와의 이름을 부르고
그의 손을 그 상처 부위 위에 흔들어 나병을 고칠까 하였도다 다메섹 강
아바나와 바르발은 이스라엘 모든 강물보다 낫지 아니하냐 내가 거기서
몸을 씻으면 깨끗하게 되지 아니하랴 하고 몸을 돌려 분노하여 떠나니(왕
하 5:11-12)

■ 자기를 낮추는 심령에 임하는 하나님의 은혜

엘리사가 자신을 방문한 사람을 영접하러 직접 나오지 않은 의도는
먼저, 나아만의 교만한 마음을 낮추기 위함이었을 것입니다. 하나님
의 은혜는 자신을 낮추는 심령 가운데 임합니다. 바다가 지표상에서
제일 낮아 땅 위에 있는 모든 물이 모여들어 풍성해지듯, 은혜는 낮아
지고 겸손한 마음에만 임하기 때문입니다. 교만하고 높은 마음에는
은혜가 임할 수 없습니다.

두 번째로는 믿음의 행위를 요구하기 위해서입니다. 엘리사는 나병을 치유하는 일반적인 원칙을 말한 것이 아닙니다. 오늘날 나병이 있다고 해서 요단 강에 몸을 담가 보았자 헛수고가 될 것입니다. 요단 강에 질병을 치유하는 약효는 없습니다. 요단 강은 그냥 강일 뿐입니다. 하지만 하나님이 엘리사를 통해 이 방법을 지시하셨다는 점이 중요합니다.

하나님의 은혜를 받는 비결은 하나님의 말씀에 아멘으로 순종하는 것뿐입니다. 광야 백성이 마라에서 물이 써서 먹지 못할 때에 모세가 여호와의 지시대로 그곳의 나무 하나를 가져다가 물 근원에 던져 그 물을 고친 것과 같은 원리입니다. 엘리사는 나아만에게 믿음과 순종을 요구하고 있습니다.

세 번째는 치유의 기적이 엘리사의 능력이 아니라 하나님의 능력임을 보이기 위함입니다. 엘리사 자신은 얼굴도 보이지 않고 말씀만 전하고 쏙 빠집니다. 그렇게 하여 혹여 자신의 공로로 돌아올 것을 모두 차단함으로써 온전히 하나님이 영광 받으시도록 하기 위함입니다. 하나님과 나아만 사이에 엘리사 자신이 굳이 낄 필요 없이 직접 하나님을 대면하도록 하고 싶었을 것입니다.

하지만 나아만은 이런 엘리사의 생각은 전혀 읽지 못하고 혈기와 자기의 교만과 자기의 철학을 다 드러내고 말았습니다. 입술의 언어는 그 사람의 내면을 적나라하게 드러내는 창구입니다. 또한 사람은 자신의 내면에 쌓아놓은 대로 반응하게 되어 있습니다. 선을 쌓은 사람은 선한 것을 내고 악을 쌓은 자는 악한 것을 냅니다. 불의의 일격을 당했다고 생각한 나아만은 자존심에 상처를 입고 격분했습니다.

먼저 그는 선지자가 그에게 나아오지 않았다는 사실에 분개하였습니다. 이스라엘의 원수인 자신이 이스라엘의 유명한 선지자에게서 진심 어린 환영을 받으리라 생각하지는 않았겠지만 교언영색(巧言令色)으로라도 영접해야 마땅하다고 생각한 것입니다. 그는 한 나라의 대장군이요 마음만 먹으면 북왕국 이스라엘을 침공하여 유린할 수 있는 힘이 있는 장수이니 말입니다.

무엇보다 참을 수 없었던 것은 엘리사의 처방이었습니다. "요단 강에 가서 일곱 번 몸을 씻으라!" 이 얼마나 돼먹지 못한 소리인가! 그 동안 나병을 치유하기 위해서 별의별 짓을 다 해 보았고 용하다는 의원은 다 찾아보았고, 선지자를 찾아보기도 했지만 아무도 치유하지 못했다. 그런데 이 무거운 병을 그렇게 간단히 고치라고! 그렇다면 내가 쓸데없이 시간만 낭비했으며 쓸데없이 많은 재물을 가져온 바보란 말인가!'

만약 엘리사가 그에게 돈을 두 배로 달라고 요구했다든지 아주 힘

든 어떤 것을 요구했다면 수긍했을 것입니다. 하지만 제시된 방법은 믿기 어려울 정도로 쉬운 일이었습니다. 너무 쉽다 보니 믿기 힘들 정도입니다.

복음이 이와 같습니다. 율법의 멍에 아래 신음하고 쉼이 없던 사람들에게 주 예수 그리스도의 피와 믿음으로 말미암는 복음을 전하면 들어야 하는데 그들은 그것을 비웃고 믿으려 하지 않습니다. 그렇게 쉽게 구원을 얻을 수가 있느냐고 하면서 말입니다. 그러면 그동안 그들의 모든 노력은 헛수고가 되고 조롱거리가 될 듯하기 때문입니다. 차라리 처절한 금욕과 금식, 그리고 엄격하게 통제된 삶을 요구했다면 들었을 것입니다.

공로 사상에 매여 있는 사람은 하나님의 거저 주시는 사랑과 은혜와 구원을 미심쩍어하고 부담스러워합니다. 작은 일이라 믿기가 더 힘듭니다. 나아만이 딱 그 꼴입니다. 100년 묵은 산삼을 달여 그 물에 목욕을 하라고 했다면 흔쾌히 따랐을지도 모릅니다. 그 정도의 일은 자신같이 지체 높은 사람만이 할 수 있는 일이기 때문입니다.

■ 하나님의 방식으로

나아만의 발언은 자기중심적인 생각으로 가득 차 있습니다. 인간은 저마다 각각의 구원관을 가지고 산다는 말이 있습니다. 나아만은 "내 생각에는…" 하면서 자기의 구원관을 피력하고 있습니다. 사람이 얼마나 어리석은지요. 이제까지 자신의 수단과 방법을 다 동원해도 해결을 못해서 선지자를 찾아왔으면서도, 선지자의 처방에 대하여 마지막까지 "내 생각에는 …" 합니다. 이것은 환자가 의사에게 와서 자기가 처방을 제시하는 격입니다. 자기 손을 펴지 않으면 새로운 것을 붙잡지 못합니다. 실패한 생각의 패러다임을 바꾸지 않는 한 새로움과 변화는 요원합니다.

　나아만은 자기 생각을 내려놓고 하나님의 말씀을 들어야 합니다. 성경은 "악인은 그 길을 버리라", "불의한 자는 그 생각을 버리고"(사 55:7) 내게로 오라고 말씀하십니다. 나아만은 아마도 자기 나라 주술가들이 행했던 의식을 생각하는 것 같습니다. 엘리사가 자기에게 나와서 하나님의 이름을 부르며 상처 위에 손을 흔들고 "야마야마" 하며 나병을 고치리라 기대했는지도 모릅니다. 신의 호의를 얻어내기 위해서는 무엇인가 특별한 일을 해야 한다고 생각했습니다. 그러나 구원에서는 내 생각보다는 하나님의 뜻이 중요하고, 내 방법이 아니라 하나님의 방식이 중요합니다. 구원은 주술적인 의식이 아니라 말씀에 대한 믿음으로 주어짐을 알아야 합니다.

엘리사의 말에 격분한 나아만은 모든 것을 부정(否定)하는 단계에 접어들었습니다. 혹시나 하는 생각에 어려운 발걸음을 했는데 분노하여 발길을 돌릴 판입니다. 이스라엘, 이스라엘의 하나님, 이스라엘의 선지자, 이스라엘의 요단 강, 이 모두가 하찮게 보이기 시작합니다.

다메섹 강 아바나와 바르발은 이스라엘 모든 강물보다 낫지 아니하냐 내가 거기서 몸을 씻으면 깨끗하게 되지 아니하랴(왕하 5:12)

아람의 수도 다메섹에서 흐르는 아바나 강과 바르발 강이 이스라엘 요단 강보다 더 낫다는 생각도 깔려 있습니다. 엘리사, 이스라엘과 관련된 모든 것을 부정하고 깎아내리고 모욕을 되돌려주고 싶어서 한 말입니다. "그 하찮은 요단 강에 비하면 우리나라에 있는 강이 얼마나 아름답고 깨끗하냐! 차라리 거기서 씻으면 내가 깨끗하여지리라!"

오기와 억지입니다. 나아만이 화가 많이 나기는 한 모양입니다. 다시 한 번 말하지만 엘리사는 요단 강에 어떤 효험이 있다고 한 것이 아닙니다. 하나님의 말씀에 전적으로 순종하는지를 보고자 한 것입니다. 요단 강물이 고치는 것이 아니고 하나님이 고치십니다. 요단 강은 하나님이 쓰시는 수단입니다. 요단 강은 심판과 세례를 상징합니다. 요단 강은 그리스도의 보혈의 샘을 의미합니다. 그 샘에서 씻을 때 우리는 거듭나게 됩니다. 다른 종교, 다른 강은 안 되느냐는 질문은 소용이 없습니다. 하나님의 뜻은 오직 예수 그리스도입니다.

나아만은 군대를 돌려 고국으로 돌아가려 합니다. 엘리사는 진리를 전하였지만 미움을 샀습니다. 자고로 교회에서도 듣기 좋은 말만 해서는 하나님의 뜻을 이룰 수가 없습니다. 바울은 갈라디아서 1장

10절에서 "내가 지금까지 사람들의 기쁨을 구하였다면 그리스도의 종이 아니니라"라고 했습니다. 사람을 기쁘게 하는 자는 거짓 선지자일 가능성이 높습니다. 참된 선지자는 미움과 박해 받는 일을 각오해야 합니다.

이때 나아만을 만류하는 사람들이 나타납니다. 나아만은 충직한 종들을 두고 있었습니다. 그들이 조심스럽게 "선지자가 당신에게 큰 일을 행하라 하면 행하셨을 텐데 목욕 좀 하라는 말을 분하게 여기며 그냥 돌아가시겠습니까? 한 번 해 보시지요"라고 권했습니다. '밑져 봐야 본전'이라는 뜻입니다. 나아만같이 큰 일을 하던 사람, 성취감을 구하는 사람, 일을 통해 자신을 드러내려던 사람은 작은 일, 단순한 일, 누구나 할 수 있는 일에 흥미를 느끼지 못합니다. 그렇기 때문에 이런 사람은 작은 일, 단순한 일을 통해 자신을 낮추는 훈련을 할 필요가 있습니다.

나아만의 치유 이야기에서는 종들이 지혜로운 자로 묘사되고 있습니다. 나아만의 계집종은 치료의 길을 알려 주었고, 나아만의 종들은 그를 설득하여 복된 길로 나아가도록 이끌고 격려해 줍니다.

> 나아만이 이에 내려가서 하나님의 사람의 말대로 요단 강에 일곱 번 몸을 잠그니(왕하 5:14)

■ 하나님의 말씀대로

"내 생각에는…"이라고 했던 나아만이 "하나님의 사람의 말씀대로" 순종했습니다. 여기서 "하나님의 말씀대로"가 중요합니다. 자기 의지를 포기하고, 자기의 의를 부인하고, 자신의 교만을 꺾고 요단 강으로 내려갔습니다. 한 번, 두 번도 아닌 일곱 번을 반복하였습니다. 전적인 자기부인, 전적인 순종을 의미합니다.

내려갈 때마다 칠분의 일씩 나아졌을까요? 아니면 일곱 번째에 단 번에 고침 받았을까요? 저는 일곱 번째에 순간적으로 나았다고 생각 합니다. 나아지는 것이 보이지 않아도 끝까지 순종할 때 하나님의 은 혜가 단번에 임하는 것입니다. 일곱 번 거듭해서 물 속에 자신을 수 장하였을 때 "그의 살이 어린 아이의 살같이 회복되어 깨끗하게" 되 었습니다. 이에 가장 부합되는 찬송은 "샘물과 같은 보혈은 임마누엘 피로다. 이 샘에 죄를 씻으면 정하게 되겠네"일 것입니다. 구원은 작은 일에 대한 순종으로부터 옵니다. 하나님 말씀대로 순종할 때 죄의 병 은 고침을 받습니다.

나아만의 신앙 고백

기사는 병 고치는 이적으로 끝나지 않습니다. 나아만의 신앙 고백이 이어집니다. "내가 이제 이스라엘 외에는 온 천하에 신이 없는 줄을 아나이다." 나아만은 이제 이스라엘의 하나님이 살아 계시며 그분은 구원을 주시는 분이라는 사실을 알게 되었습니다.

은혜의 체험이 그를 믿음으로 인도하였고 믿음이 그로 하여금 올 바른 신지(神知)를 갖게 했습니다. 알고 믿는 것이 아닙니다. 믿으니 알 게 된 것입니다. 믿음은 앎(깨달음)을 가져다줍니다. 베드로도 그렇게 고백했습니다. "우리가 주는 하나님의 거룩하신 자인 줄 믿고 알았습 니다"(요 6:69).

이제 이방인 나아만이 우상을 섬기는 사람에서 하나님을 섬기는 사람으로 바뀌어 엘리사를 직접 만납니다. 조금 전까지만 해도 위세를 부리며 엘리사를 향해 노를 발하던 사람이 도리어 순한 양이 되어 엘리사 앞에 무릎을 꿇습니다. 하나님의 임재가 있는 곳, 하나님의 음성이 있는 곳이야말로 세상의 중심입니다. 그리고 그곳에서 모든 피조물은 무릎을 꿇게 되는 법입니다. 엘리사가 경제적으로나 군사적으로 나아만을 당해낼 재간이 없지만 하나님이 그와 함께하심으로 나아만도 그 앞에 무릎을 꿇었습니다.

나아만은 진심으로 엘리사에게 감사 예물을 드리려 하나 엘리사는 극구 거절합니다. 구원은 은혜로 거저 주시는 선물입니다. 나아만은 하나님의 치유하심에 놀라고, 청빈한 선지자의 말에 다시 한 번 감동을 받습니다. 살아 계시고 참되신 하나님을 만났으니 이제부터는 하나님을 예배하는 자가 되기로 결심합니다. 그리하여 나아만은 자신을 엘리사의 '종'으로 칭하면서 이곳의 흙 두 수레를 얻어 자기 고국에서 단을 쌓고 하나님께만 예배하기로 결단합니다.

이제부터는 종이 번제물과 다른 희생 제사를 여호와 외에 다른 신에게는 드리지 아니하고 다만 여호와께 드리겠나이다.

이제 이스라엘과 아람 사이에 얼마간 평화가 찾아옵니다. 결국 이스라엘에서 잡혀간 소녀의 말 한마디가 두 나라의 우호 관계를 만든 것입니다. 원수를 사랑하는 마음이 결국 평화를 이루었습니다. 이름도 알 수 없는 이 이스라엘 소녀는 외국에서 요셉이나 다니엘 같은 역할을 하고 있습니다. 이 일로 소녀의 운명도 달라졌을 것입니다. 이제는 나아만의 종이 아니라 딸처럼 되었을 것입니다.

작은 일의 처방

나아만과 같은 불치의 병으로 신음하는 이 세대에 필요한 것은 하나님의 말씀입니다. 과학과 기술, 인간의 노력으로 되지 않던 것이 하나님의 말씀으로는 됩니다. "여호와께 능치 못하심이 있겠느냐?" 그러므로 우리는 때를 얻든지 얻지 못하든지 이스라엘의 어린 소녀처럼 말씀을 전하는 자들이 되어야 합니다. 그 길만이 죽어 가는 이 세대를 살리고 하나님의 나라를 확장하는 방법입니다.

하나님의 말씀이 전해지면 내 생각, 내 고집, 내 자아를 버리고 하나님의 말씀대로 행해야 합니다. 하나님 앞에서, 하나님의 말씀 앞에서 나를 낮추는 것이야말로 최고의 지혜이기 때문입니다.

무엇보다 중요한 것은 하나님의 역사는 아주 작은 것에서 비롯된다는 점입니다. 작은 헌신, 작은 시도, 작은 말, 작은 행동 하나가 엄청난 결과를 이루어냅니다. 소녀의 작은 조언 한마디가, 종들의 작은 격려가, 나아만의 작은 순종이 위대한 일을 이루어낸 것입니다.

세상을 변화시키려고 애쓰지 마십시오. 옆에 있는 한 사람을 변화시키려 하십시오. 그가 변화되면 세상도 변화될 수 있습니다. 사람의 방법은 "큰 일을 큰 것을 통해 이룬다"이지만, 하나님의 방법은 "큰 일을 작은 것을 통해 이룬다"입니다. 엘리사의 방법은 '작은 일의 처방'이었습니다. 하나님 나라는 겨자씨, 누룩에 비견됩니다. 처음에는 있는 듯 없는 듯해도 나중에는 엄청난 것이 됩니다.

네 시작은 미약하였으나 네 나중은 심히 창대하리라 (욥 8:7)

49 사마리아 성문 The Gate of Samaria
오늘은 아름다운 소식이 있는 날

열왕기하 7:1-9

오늘 이야기를 이루는 전체 본문은 열왕기하 6장 24절부터 7장 20절까지로, 크게 세 부분으로 나누어집니다. 아람 군대가 사마리아 성을 에워싸므로 양식이 핍절하여 물가가 치솟고 자녀들을 잡아먹는 참상이 벌어진 사마리아 성 안의 모습(6:24-33), 다음날로 구원 받을 것이라는 엘리사의 예언(7:1-2), 그리고 하나님의 말씀이 이루어지는 과정입니다(7:3-20). 요약하면 사마리아 성이 포위되어 멸망 일보직전까지 갔지만 하나님의 섭리로 기적적인 구원을 얻는다는 내용입니다. 이 과정에서 사마리아 성문에 있던 네 명의 나병 환자가 복된 소식을 전달하는 역할을 맡았습니다. 아무리 비천해도 우리 모두는 복음 전달자가 될 수 있음을 가르쳐 줍니다.

. . . .
사마리아 언덕의 모습

사마리아의 기근

사마리아는 북이스라엘의 수도입니다. 오므리가 쿠데타로 왕이 된 후
은 두 달란트를 지불하고 세멜에게서 산 땅입니다. 그래서 세멜의 이
름을 따라 사마리아가 되었습니다(왕상 16:24). 오므리는 수도를 디르
사에서 사마리아로 옮겨 성읍을 건축하였습니다. 사마리아는 에발
산을 마주보고 있는 그리심 산 위의 편평한 타원형 언덕 지역입니다.
지형학적으로 전쟁에 유리한 위치에 있기 때문에 아람과의 전쟁과 앗
수르의 침략(왕하 17장)에도 잘 견뎌낼 수 있었습니다.

　오므리의 아들 아합이 사마리아에서 22년을 다스렸고, 그 후에
도 사마리아 성은 160년 동안 왕궁으로 사용되었습니다. 아합은 사

마리아에 바알의 신전과 제단을 쌓고 아세라 상을 만들었습니다(왕상 16:32-33). 그래서 성경은 사마리아의 우상 숭배를 비판합니다.

지금도 이곳에는 사마리아 사람 700여 명이 살고 있습니다. 그들은 자신을 요셉, 레위, 에브라힘, 므낫세의 후손이라고 하며, 사월에 일 주일 동안 유월절을 지키고, 하나님, 모세, 오경, 그리심 산, (심판하실) 메시야, 이 다섯 가지를 믿는다고 말합니다. 그리심 산에서 아브라함 이 이삭을 제물로 드렸다고 주장하는 제단도 있습니다. 그곳에서 비 잔틴 시대에 지은 8각 예배당도 볼 수 있습니다.

■ 아람 왕 벤하닷의 침공

아합이 죽고 아들 요람이 사마리아에서 왕으로 오른 때에 아람 왕 벤 하닷이 군대를 이끌고 와서 사마리아 성 전체를 포위하였습니다. 당 시에는 사람들이 성 안에 살면서 성 밖의 땅에 농사를 짓고 있었습니 다. 그러므로 적에 의해 성이 봉쇄당하면 성 안에 비축된 얼마 안 되 는 식량에 모두 의존할 수밖에 없습니다.

벤하닷은 장기전을 계획하고 본국에서 충분한 식량을 가지고 왔습 니다. 그는 풍족하게 먹으면서 사마리아 성을 포위하여 성 안의 식량 이 바닥나기를 기다렸습니다. 이스라엘이 어쩔 수 없이 스스로 성문 을 열고 항복하기를 기다린 것입니다. 포위 공격입니다. 사마리아 성 안에서는 식량을 아껴 먹고, 먹을 수 있는 것은 다 먹었지만, 기근으 로 모두가 아사할 지경이었습니다. 식량 품귀 현상이 일어났습니다. 평소에는 먹지도 않던 나귀 머리가 하나에 은 80세겔에, 비둘기 똥 사분의 일 갑(한 갑은 2리터)이 은 5세겔에 팔릴 정도였습니다. '나귀 머 리'는 사람들이 상상할 수 있는 가장 역겨운 음식인데 이처럼 비싼 가

격에 팔리게 된 것입니다. '비둘기 똥'은 절박한 처지에 놓인 자가 먹는 음식 혹은 소금 대용 혹은 연료로 보이기도 합니다. 하여간 비참한 상황입니다. 엄청난 인플레이션입니다. 은 한 세겔은 당시 노동자의 한 달 임금이니 말입니다.

포위된 상황에서는 왕도, 지혜 있는 학자도 무용지물입니다. "여호와께서 너를 돕지 아니하시면 내가 무엇으로 너를 도우랴. 타작마당으로 말미암아 하겠느냐. 포도주 틀로 말미암아 하겠느냐"(왕하 6:27). 국고는 텅 비고, 왕조차 백성들을 위해서 아무것도 할 수 없는 상황입니다. 아니, 지금 왕 자신도 극심한 빈곤 상황 가운데 떨어졌으니 더 말할 것이 무엇이겠습니까?

■ 기근의 참상

기근이 극심하다 보니 곳곳에서 참상이 벌어졌습니다. 이스라엘 왕이 지나갈 때, 한 여인이 다른 여인을 붙들고 벌을 주라고 호소합니다. 자초지종은 이러했습니다. 배고픔이 극심해지자 한 여인이 다른 여인에게 이 같은 제안을 했습니다. "오늘은 당신 아들을 먹고 내일은 내 아들을 먹자." 여인은 이 제안을 받아들여 먼저 자기 아들을 먹었습니다. 그런데 다음날 제안했던 여인에게 그 아들을 내놓으라고 하자 숨겼다는 것입니다. 그래서 이 어리석은 여인은 다른 여인을 사기죄로 고소한 것입니다.

참으로 천인공노할 행위입니다. 전시만 아니라면, 포위된 상황만 아니라면, 처벌받아 마땅한 만행입니다. 하지만 왕도 어찌할 수가 없습니다. 불운의 왕은 자신의 옷을 찢어 분개할 뿐이었습니다.

그래도 일말의 희망이 보이는 듯합니다. 왕의 옷 사이로 속옷이 비치는데 굵은 베옷을 입고 있습니다. 회개를 시작했다는 뜻입니다. 이스라엘의 범죄를 자인하고 하나님 앞에 겸비하고자 하는 태도를 엿볼 수 있습니다. 하지만 참상이 너무 심해지자 결국 분통을 터뜨리고 말았습니다. 애꿎게도 하나님께 대한 분노를 하나님의 사람 엘리사에게 쏟아붓고 있습니다. "사밧의 아들 엘리사의 머리가 오늘 그 몸에 붙어 있으면 하나님이 내게 벌 위에 벌을 내리실지로다"(왕하 6:31).

■ 진퇴양난의 위기

왕은 항복하고 문을 열어 주자고 하고 엘리사는 기다리라고 해서 갈등이 있었는지도 모릅니다. 그러나 아람이 침입하고 사마리아를 고립무원의 상태에 이르게 한 요인은 엘리사가 아니라 이스라엘의 죄악이라고 보아야 합니다. 아합과 그 왕조의 책임이 큽니다. 왜 이 모든 일에 대한 책임을 엘리사가 짊어져야 합니까? 하지만 때때로 사람들은 하나님의 백성이나 하나님의 사역자를 희생양으로 삼아 분풀이를 하고, 하나님의 섭리에 격렬하게 저항합니다.

과거를 탓하고 남을 탓하는 것으로는 문제를 해결할 수 없습니다. 이스라엘 왕 역시 엘리사를 죽이려는 계획을 실행하지는 못합니다. 너무 절망스럽고 낙담한 가운데 내뱉은 넋두리였을 것입니다. 앉아서 굶어 죽느냐 아니면 문을 열고 아람 군대의 칼에 죽느냐 하는 진퇴양난의 상황입니다. 죽는 방법에 대한 선택밖에 없는 처지입니다.

엘리사

이때 하나님의 사람 엘리사는 장로들과 더불어 자기 집에 있었습니다. 엘리사는 당시 사마리아에 거처를 두고 있었을 뿐 아니라 포위당

사마리아 언덕에서 북쪽을 바라본 모습(맨 위)과 남쪽을 바라본 모습(위)

한 백성과 함께 고통을 받고 있었습니다. 전개되는 상황들이 사마리아 성읍 내부에서 발생했다고 해야 이해가 됩니다.

아마도 엘리사는 이 문제를 놓고 하나님께 열심히 기도하였을 것입니다. 그래서 엘리사는 하나님으로부터 말씀을 받았습니다. 그런데 이스라엘 왕은 이 책임을 엘리사에게 전가하고 엘리사를 죽이려고 사람을 보냈습니다. 힘을 합해도 모자란 때에 문제 해결의 열쇠를 가지고 있는 사람을 죽이려는 어처구니없는 상황입니다. 진정한 리더십이 어디에 있는지 알 수 있는 대목입니다.

사실 성경에는 왕이 누구인지 관심이 없다는 듯이 이름도 나오지

지명을 읽으면 성경이 보인다 · 49 사마리아 성문

않습니다. 이스라엘을 인도하는 자는 엘리사입니다. 엘리사는 장로들에게 예언하기를, 왕이 자신을 죽이러 사자를 보낼 테니 문을 열어 주지 말라고 하고 있습니다. 왜냐하면 곧바로 이스라엘 왕이 마음을 고쳐먹고 엘리사의 집으로 직접 올 것이기 때문입니다. 이렇게 해서 엘리사와 이스라엘 왕이 대면하게 되었습니다. 이스라엘 왕은 푸념합니다. "이 재앙이 여호와께로부터 나왔으니 어찌 더 여호와를 기다리리요"(왕하 6:33). 물론 하나님은 모든 일의 궁극적인 원인자이십니다. "이제는 나 곧 내가 그인 줄 알라. 나 외에는 신이 없도다. 나는 죽이기도 하며 살리기도 하며 상하게도 하며 낫게도 하나니 내 손에서 능히 빼앗을 자가 없도다"(신 32:39).

하나님은 이스라엘의 범죄를 처벌하기 위해서 재앙도 사용하실 수 있는 분이십니다. 여기까지 인식했다는 것도 아합과 이세벨의 아들로서는 괄목할 만한 발전입니다. 하지만 그의 깨달음은 여기까지입니다. 더 이상 여호와를 기다릴 수가 없다고 말합니다. 하지만 하나님은 인간이 모든 것이 끝났다고 포기할 때 비로소 역사하십니다. 내가 아무것도 아니라고 고백할 때, 나에게 더 이상 수단이 없다고 두 손을 들 때, 비로소 간섭하십니다. 인간의 끝이 하나님의 시작입니다.

■ 내일 이맘때면

엘리사는 여호와 하나님의 이름으로 예언을 선포합니다.

> 여호와의 말씀을 들을지어다 여호와께서 이르시되 내일 이맘때에 사마리아 성문에서 고운 밀가루 한 스아를 한 세겔로 매매하고 보리 두 스아를 한 세겔로 매매하리라 하셨느니라(왕하 7:1)

하나님은 범죄한 이스라엘 백성을 처벌하시지만 아주 내버리지는 않으셨습니다. 아직도 의심하고 조바심을 내고 있지만 왕이 굵은 베옷을 입고 회개의 자세를 지니고 있는 것은 고무적인 현상입니다. 무엇보다 이스라엘을 향한 하나님의 불붙는 사랑이 이스라엘을 건져주기로 작정한 것입니다. 엘리사의 말은 복음이었습니다. 은과 금을 주고도 구할 수 없는 식량을 내일 아침에는 동전 한 냥에 한 되씩 구하게 된다는 이 말은 너무나 기쁜 소식이었습니다.

하지만 근심과 걱정으로 마음이 숯덩이처럼 타 버린 사람들에게는

복음이 복음으로 들리지 않습니다. 특히 왕을 보좌하는 장관은 더욱 반발했습니다. 왕의 총애를 받는 장관, 오늘날의 재경부나 재무부 장관쯤 되는 자가 대답하기를 "여호와께서 하늘에 창을 내신들 어찌 이런 일이 있으리요" 하고 조롱합니다. '아는 게 병'인 것처럼 이 장관은 공부를 많이 해 미시경제, 거시경제, 시장경제, 국제경제에 통달한 처지라 자신의 정확한 현실 인식에 입각하여 "하나님이 하늘에 창을 내신들" 문제는 해결될 수 없다고 장담합니다. 부정적인 전망은 겉으로 보이는 상황에만 초점을 두기 때문에 최악의 상황만을 생각합니다. 오늘날 무슨 일만 있으면 '내 손에 장을 지진다'고 소리치는 사람들을 조심해야 합니다.

우리는 하나님 앞에서 결코(never)라는 말을 쓰지 말아야 합니다. 아무런 건설적인 대안도 제시하지 못하면서 절망만 확신하고 있는 지도자는 있으나 마나입니다. 아니 자기가 그렇게 똑똑합니까? 자기가 할 도리는 하지 않고. 수수방관하면서 부정적인 말만 일삼습니다. 그왕에 그 장관입니다.

■ 믿는 대로 말하는 대로

우리는 우리 안의 부정적인 생각과 싸워야 합니다. 상황이 뜻대로 풀리지 않고 어려운 일이 생길 때는 특별히 말을 조심해야 합니다. 어떤 말을 하느냐에 따라 고통이 끝날 수도 있고 계속될 수도 있습니다. 우리가 하는 말이 곧 기도가 됩니다.

너희 말이 내 귀에 들린 대로 내가 너희에게 행하리니(민 14:28)

가나안에 들어갈 수 없다고 말한 사람들이 맞이한 결과가 그러했습니다. 하나님이 역사를 일으키시는 것이 어려운 것이 아니라, 우리의 생각을 바꾸는 것이 어렵습니다. 우리는 하나님을 믿는다고 하면서도 하나님을 자기 능력 정도로밖에 생각하지 않습니다. 당신의 하나님은 너무 작습니다. "여호와께 능치 못하심이 있겠느냐?"

사람은 자신이 말하는 대로 얻게 됩니다. "할 수 있다고 믿든 할 수 없다고 믿든 당신의 생각이 항상 옳습니다." 이 말을 깊이 새겨야 할 것입니다. 우리가 믿는 대로, 우리가 말하는 대로 이루어집니다. "사람은 입에서 나오는 열매로 말미암아 배부르게 되나니 곧 그의 입술에서 나는 것으로 말미암아 만족하게 되느니라"(잠 18:20).

엘리사는 그 장관에게 "네가 네 눈으로 보리라. 그러나 그것을 먹지는 못하리라"고 대답했습니다. 이것이 불신앙의 대가입니다. "네가 하나님의 역사를 보리라. 그러나 그 역사에 참여하지는 못하리라. 네가 하나님의 나라를 보리라. 그러나 너는 하나님 나라에 들어가지 못하리라." 우리는 무엇보다 믿음을 사수(死守)해야 합니다. 하나님을 기대해야 합니다.

복음의 전달자들

이스라엘이 앞으로는 홍해에 가로막혔고 뒤로는 애굽 정예 군사들의 맹렬한 추격을 받을 때, 하나님은 "너희들은 가만히 서서 여호와께서 오늘 너희를 위하여 행하시는 구원을 보라"고 말씀하신 적이 있습니다. 구원의 때가 되면 하나님은 누구의 도움도 없이 홀로 구원의 대역사를 이루십니다.

이제 네 명의 나환자가 등장합니다. 같은 이스라엘 사람이면서도 나병에 걸렸다는 이유로 성읍에서 쫓겨나서 죽은 목숨처럼 살고 있던 사람들입니다. 그들은 가장 비천한 자들이며, 이스라엘 공동체에서 쫓겨나 소외된 사람들입니다. 하나님은 그런 사람들을 들어 사용하십니다. 가장 어려운 시간에 가장 비참한 사람들, 가장 사소한 일을 통해 하나님의 놀라운 일을 보이십니다. "좋은 소식을 전하며 평화를 공포하며 복된 좋은 소식을 가져오며 구원을 공포하며 시온을 향하여 이르기를 네 하나님이 통치하신다 하는 자의 산을 넘는 발이 어찌 그리 아름다운가"(사 52:7). 아름다운 발을 지녔다는 복음 전달자들, 뜻밖에도 살이 문드러지는 나환자들이 그 역할을 맡게 된 것은 아이러니입니다.

하나님이 홀로 놀랍게 역사하고 계시는 그 시각에 사마리아 성문에서는 네 명의 나환자가 결의를 다지고 있었습니다. 성읍에 들어가 보았자 굶어죽는 것은 마찬가지요 성문에 머물다가 파상공세라도 펼쳐지는 날에는 제일 먼저 황천길로 가게 될 것입니다. 남은 길은 하나입니다. 아람 군에 투항하여 운명을 시험해 보는 것입니다. '그들이 살려주면 사는 것이고 죽이면 죽는다.' 이것이 그들의 비장한 결의였습니다. 그들은 앉아 죽으나 가서 죽으나 죽기는 마찬가지라는 심정으로 나아갔습니다. 에스더처럼 '죽으면 죽으리이다' 하고 나아갔습니다.

이들이 어떤 확실한 약속을 받고 믿음으로 그렇게 한 것이 아닙니다. 이들에 비하면 우리의 믿음 생활이란 얼마나 확실한 약속을 가지고 있습니까? 그런데도 이들처럼 시도하지 못합니다. 성 안에서 굶주려 죽어 가는 모습은 죄에 빠져 죽어 가는 우리의 모습입니다. 성을 포위하고 위협하는 벤하닷은 사탄의 권모술수입니다.

이처럼 구원의 희망이 보이지 않는 우리에게 하나님의 구원 소식이 들립니다. 사탄의 올무에서 나와 풍성한 삶을 얻으라는 확신의 말씀입니다. 그런데도 "하나님이 창을 내신들 가능이나 할 법하냐"고 우깁니다. 하나님까지 조롱합니다. 내게 들리는 하나님의 말씀에 따라 문을 열고 담대히 앞으로 진군해야 합니다. 엘리사의 예언을 듣고도 믿음으로 움직이지 않기에 하나님은 나환자를 동원하신 것입니다.

황혼녘에 나환자들이 아람진에 이르러 본즉 아람 군은 하나도 없고 그들의 양식이나 무기, 옷은 그대로 남아 있었습니다. 무슨 일이 있었습니다. 하나님이 홀로 그들을 무찌르는 거룩한 전쟁(Holy War)을 행하셨습니다. 하나님은 아람 군대에게 큰 군대의 말발굽 소리와

병거 소리가 들리게 하셨고, 이에 아람 군대는 이스라엘이 헷 사람의 왕들과 애굽 왕에게 용병을 얻어 연합군을 결성하여 쳐들어오는 줄 알고 목숨만이라도 유지하기 위해 모든 것을 버리고 도망했습니다.

열왕기하 6장에서는 엘리사의 사환에게 엘리사를 지키고 있는 "불 말과 불 병거가 산에 가득한 것"을 보여 주시더니(왕하 6:17), 이번에는 아람 사람들의 귀를 열어 하나님의 군대 소리를 듣게 하신 것입니다. 그래서 아람 군이 혼비백산하여 도망치고 만 것입니다. "여호와께서 나라들의 계획을 폐하시며 민족들의 사상을 무효하게 하시도다"(시 33:10). 하나님이 두렵게 하심으로써 아람 군대가 이성을 잃은 것입니다. 삼십육계 줄행랑을 놓으려면 말을 타고 가는 것이 나을 텐데 두려움에 압도되어 그것조차 계산하지 못하고 무작정 제 발로 뛰어갑니다. 자신에게 말이 있다는 사실조차 기억하지 못할 정도로 다급했습니다. 제정신이 아니었다는 반증입니다. "그가 임하시는 날을 누가 능히 당하며 그가 나타나는 때에 누가 능히 서리요"(말 3:2). 하나님은 하나님만의 방법으로, 이스라엘의 어떤 협조도 없이 구원을 성취하셨습니다. 신적 권능이 여실히 드러납니다.

죽기를 각오하고 아람 진영에 온 나환자들에게 엄청난 광경이 펼쳐졌습니다. 실컷 먹고 마시고, 값진 것들을 챙겼습니다. "이게 웬 떡이냐?" 이 장막 저 장막 헤집고 다니며 값진 것들을 취하면서 "꿈이냐 생시냐" 했을 것입니다. 한참 자기들의 욕구를 충족시킨 다음에야 정신이 들었습니다. 나병 환자들이 서로 이야기를 나눕니다.

우리가 이렇게 해서는 아니되겠도다 오늘은 아름다운 소식이 있는 날이거늘 우리가 침묵하고 있도다 만일 밝은 아침까지 기다리면 벌이 우리에

게 미칠지니 이제 떠나 왕궁에 가서 알리자(왕하 7:9)

　이제까지 나의 필요를 위해서 정신없이 뛰다가 비로소 나의 동족, 이웃의 필요를 돌아보게 된 것입니다. '내가 이렇게 호의호식하는 순간에도 내 동족은 저 성 안에서 굶어죽고 있는데…'. 내 배고픔을 해결하고 나면 가족이 보입니다. 인간은 본래 다른 사람을 돌아보기까지 얼마간 시간이 걸리는 존재입니다.

　그렇다 해도 복음은 절박합니다. 내일까지 기다리지 못할 사람도 많이 있기 때문입니다. 오늘 저녁에 먹지 못해 죽는 사람이 있습니다. 이는 분명 나환자들에게도 저주와 화가 떨어질 일입니다. 사람들의 생명이 경각에 달려 있는데 그들이 살 수 있는 길을 은폐하거나 알리지 않는다면 그 죄책을 감당해야 할 것입니다.

■ 거룩한 부담감

내게 주신 복을 남들과 나누지 않는다면 직무유기입니다. 우리는 하나님의 은혜에 대해서 '거룩한 부담감'을 가져야 합니다. 값을 지불한 적도 없이 하나님의 은혜로 거저 주어진 이 구원을 나만 알고 나만 즐기고 나를 위해서만 간직한다면 나에게 벌이 임할 것입니다.

　바울 사도도 "내가 복음을 전하지 않으면 내게 화가 있으리로다"라고 하였습니다. 엘리사의 이적 이야기는, 이적으로 혜택을 받은 사람들에게 적극적인 행동을 요구하고 있다는 특징이 있습니다. 빚진 과부가 그릇을 빌리는 행위, 수넴 여인의 배려하는 행위, 나아만 장군이 요단 강에 내려가는 행위, 나환자들의 모험적인 행위가 그러합니다. 하나님이 모든 선한 역사를 이루십니다. 하지만 인간은 그런 하나님을 향해 나아가야 합니다. 비가 아무리 많이 내려도 그릇을 뒤집어 놓으면 그 그릇에는 절대로 빗물이 고이지 않습니다. 이적을 행하는 자와 이적으로 도움을 받는 자가 서로 협력해야 됩니다.

나환자들은 아침까지 잠잠하여 기쁜 소식을 전하지 않으면 벌이임할 것이라는 절박함으로 성을 향해 달음질쳤습니다. 그래서 이 기쁜 소식이 나환자를 통하여 전달됩니다. 하나님은 약한 자를 들어 강한 자를 부끄럽게 하십니다. 이스라엘에서 잡아 온 계집종을 통하여나아만에게 기쁜 소식을 전하셨던 하나님이 오늘은 버림받은 나환자들을 통하여 구원의 아름다운 소식을 전파하십니다.

저는 우리를 위하여 행하신 하나님의 은혜 즉 값없이 주시는 하나님의 구원의 역사보다 나환자들이 결단한 사건을 더 강조하고 싶습니다. 왜냐하면 하나님의 구원의 역사에 대해서는 우리가 이미 경험자이기 때문입니다. 우리는 이미 나환자들처럼 값없이 이 은혜를 받았고, 그 맛을 보았습니다. 이제는 이웃과 동족을 돌아볼 시점입니다. 나는 이 구원의 감격 속에 살고 있는데 내 이웃은 아직도 절망 속에서 허덕이고 있지는 않습니까? 하나님은 왜 나를 이처럼 축복하셨을까요? 하나님은 왜 나를 구원하셨을까요? 하나님은 왜 내게 이런 재능들을 주셨을까요?

너희가 나를 택한 것이 아니요 내가 너희를 택하여 세웠나니 이는 너희로 가서 열매를 맺게 하고(요 15:16)

그러나 너희는 택하신 족속이요 왕 같은 제사장들이요 거룩한 나라요 그의 소유가 된 백성이니 이는 너희를 어두운 데서 불러내어 그의 기이한 빛에 들어가게 하신 이의 아름다운 덕을 선포하게 하려 하심이라(벧전 2:9)

하나님이 나를 불러 주시고 은혜를 주신 것은 나만을 위함이 아니요 다른 사람을 인도하라는 사명입니다. 성경의 "선택 사상은 특권 사상이 아닙니다. 거룩한 소명 의식"으로 보아야 합니다. 하나님은 맡기실 사명이 있어서 나를 먼저 불러 주셨다고 보아야 합니다.

구원이 사마리아 성에

나환자들은 도무지 잠잠히 있을 수 없다는 두렵고 떨리는 마음으로 달음질하여 이스라엘의 성문지기에게 이 기쁜 소식을 알렸습니다. 그 말이 왕에게까지 전달이 되었습니다. 그런데 왕은 또 의심을 합니다. 지난번 나아만이 왔을 때도 쳐들어올 구실을 삼으려 한다고 의심하더니 이번에는 아람 군대가 매복하였다가 자기들이 나가면 죽이려 한다고 의심합니다. 아예 시나리오를 쓰고 있습니다. "내가 너희에게 알게 하노니 그들이 우리가 주린 것을 알고 있으므로 그 진영을 떠나서 들에 매복하고 스스로 이르기를 그들이 성읍에서 나오거든 우리가 사로잡고 성읍에 들어가겠다 한 것이니라"(왕하 7:12).

이렇게 살 길을 꼭 죽을 길로 해석하는 사람들이 있습니다. 예수 그리스도를 믿고 영생을 얻는 길을, 꼭 집안이 망하고 바보 되는 줄 아는 사람도 있습니다. "죄로 물든 영혼은 항상 최악의 상태를 두려워하며 사람으로 하여금 의심하게 만듭니다."

물론 복병을 두었다가 적을 섬멸하는 것은 전술의 기본입니다. 이스라엘 백성이 아이 성을 취할 때에도 그러했고, 그리스가 트로이를

그리심 산 꼭대기 비잔틴 시대 예배당 흔적

공격할 때에도 사용한 전술입니다. 의심하는 왕에게 한 신하가 정탐을 보내자고 제안합니다. 그 정탐은 아람 진영을 확인하고 그들이 도망쳤을 법한 길을 따라 약 64킬로미터 떨어진 요단 강까지 추적하여 사실을 확인합니다. 이렇게 지체하는 사이에도 사람들은 굶어 죽어 갑니다. 정탐들은 이스라엘 백성들에게 사실을 알렸습니다. 이제 사마리아가 구원 받은 것입니다.

백성들은 사마리아 진영으로 내려가 마음껏 노략했습니다. 이렇게 된 것은 하나님의 섭리의 결과입니다. 일반적으로 불가피한 상황으로 철군할 경우, 가져갈 수 없는 군수품은 불사르곤 합니다. 그래야 그 군수품이 적군에게 넘어가 오히려 적군을 돕게 되지 않기 때문입니다. 하지만 하나님의 두렵게 하심으로 아람은 벗은 발로 도망쳐야 했

습니다. 누가 쫓아오지도 않는데 황급히 도망갔습니다. 그러니 군수
물자를 처리할 시간이 없었습니다.

　이렇게 해서 기아로 죽음 직전까지 몰렸던 사마리아 성읍에는 물자
가 풍성해지게 되었습니다. 하나님은 아람 군대의 군수물자를 이용
하여 사마리아인들의 기근을 해결하신 것입니다. 이것을 누가 상상이
나 했겠습니까? 하나님은 하늘 문을 열지 않고도 이렇게 해결하셨습
니다. 하나님의 생각은 사람의 생각과 다르고, 하나님의 길은 사람의
길과 달라서 우리가 능히 측량할 수 없습니다.

　왕의 신임을 받던 장관은 성문을 지키고 있었습니다. 그러다가 결
국 백성들의 발에 밟혀 죽고 말았습니다. 백성들이 의도적으로 그를
밟지는 않았을 것입니다. 백성들은 엘리사가 어떤 예언을 했는지, 그
리고 그 장관이 어떤 반응을 보였는지 알지 못했을 수도 있습니다. 어
찌 하다 보니 장관이 넘어졌고, 포위에서 풀린 백성들이 한꺼번에 몰
려나가는 혼란 통에 장관이 밟혀 죽게 된 것입니다. 압사를 당한 것
입니다. 기쁨과 허기 그리고 욕심에 이성을 잃어버린 사마리아 성읍
사람들의 발에 무참히 밟혀 죽었습니다.

> 양식이 풍성해지고 값이 떨어지는 것을 보게 되리라 하지만 네가 그것을
> 맛보지는 못하리라 (왕하 7:2)

　하나님의 사람의 말과 같이, 아니 더 정확하게는 여호와의 말씀과
같이 그렇게 된 것입니다. 자신의 입술의 열매를 먹게 된 것입니다. 모
든 사람이 기뻐하는 중에 불신했던 장관 홀로 죽음을 맞게 되었습니

다. 하나님의 선한 약속을 의심하지 말아야 할 이유입니다.

엘리사의 말은 이중으로 성취되었습니다. 하나님의 주권적 역사로 내일 이맘때에 구원받게 되리라는 것, 그리고 하나님의 선한 약속의 말씀을 거부한 장관은 선한 열매를 맛보지 못하리라는 것. 하나님의 말씀은 일점일획도 땅에 떨어지지 않습니다.

무엇보다 중요한 것은 하나님의 구원의 소식이 들리고 그것을 체험한 자가 자신만 누려서는 안 된다는 것입니다. 나병 환자들처럼 거룩한 부담감을 느껴야 합니다. 지금도 영적인 굶주림으로 죽어 가는, 그래서 한시가 급한 동포를 위해서 복음 전파에 힘써야 합니다. 하나님께 많은 은혜를 받은 이는 이렇게 결단해야 합니다. "오늘 우리의 행위가 옳지 못하다. 우리에게 아름다운 구원의 소식이 있는데, 우리가 이토록 잠잠히 있도다. 만일 더이상 지체하면 하나님이 피값을 우리에게 찾을 것이니 이제 일어나 빨리 전하러 가자." 복음 전파에 대해 절박함을 느껴야 합니다.

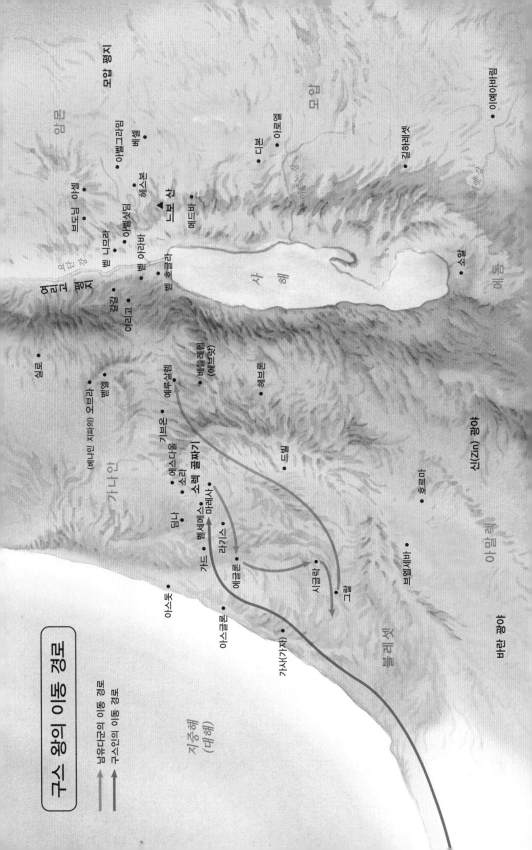

구소 왕의 이동 경로

남유다군의 이동 경로
구소인의 이동 경로

지중해
(대 해)

블레셋

아스돗
아스글론
가사(가자)

에글론
라기스
가드
립나
에스드모아·소라
기브온
에글론
벳세메스
마레사
시글락
그랄
드빌
헤브론

예루살렘
베들레헴(에브랏)

(베냐민 지파의) 오브라
벧엘

실로

가나안

호르마
부엘세바

신(Zin) 광야

이둠 광야

사해

리고
길갈
요단강 평지
여리고

벤 호글라
벤 아라바
아벨싯딤
벧 여시못
벧 니므라
길갈

느보 산
메드바
헤스본
아벨그라밈
벤셀

디본

아로엘

모압

아이이바림

길하레셋

소알

에돔

암몬

모압 평지

요단 강

세렛 강

아르논 강

50 스바다 골짜기
The Valley of Zephathah
여호와를 찾으라

역대하 14:1–15(열왕기상 15:9–24)

역대기의 주제는 이 말씀입니다.

> 내 이름으로 일컫는 내 백성이 그들의 악한 길에서 떠나 스스로 낮추고
> 기도하여 내 얼굴을 찾으면 내가 하늘에서 듣고 그들의 죄를 사하고 그들
> 의 땅을 고칠지라(대하 7:14)

부흥의 길을 가르쳐 주는 이 말씀은, 첫째, "악한 길에서 돌이키라"
(회개) 둘째, "스스로 겸비하라"(겸손), 셋째, "기도하라"(기도), 넷째, "내
얼굴을 구하라"(믿음)는 네 가지 요소로 요약할 수 있습니다. 역대기
기자는 이 기준에 근거하여 이스라엘 모든 왕의 기사와 당시 이스라
엘 정세가 이 말씀과 어떻게 상관 관계를 이루고 있는가를 보여 주고
있습니다. 다시 말해 역대하 7장 14절의 말씀대로 행할 때에는 하나

님이 보시기에 정직히 행한 왕이요, 국가와 믿음이 부흥하는 시대였으나, 그렇지 못할 때에는 하나님 보시기에 악을 행한 왕이요, 국가적으로 재난과 영적 침체를 경험했던 것을 실제 역사를 들어 설명하고 있습니다.

역대기 기자가 보기에 인생의 운명을 좌우하는 요인은 오직 이것입니다. 이스라엘을 다스렸던 수많은 왕들 가운데 오로지 남왕국 유다의 르호보암, 여호사밧, 히스기야, 요시야 왕이 이런 기준에 합당하여 이스라엘 민족에게 영적 부흥을 가져왔습니다. 아사 왕은 왕권 초기에는 이렇게 행하여 형통하다가 만년에는 이 기준에서 이탈하여 실패하는 것을 볼 수 있습니다. 유종의 미를 거두지 못한 아쉬운 왕입니다.

아사 왕의 종교 개혁

아사는 르호보암과 아비야를 이어 주전 911년에서 870년까지 41년간 남쪽 이스라엘(유다)을 통치한 사람입니다. 아사는 왕이 되자 가장 먼저 신앙 개혁을 단행하였습니다.

> 아사가 그의 하나님 여호와 보시기에 선과 정의를 행하여 이방 제단과 산당을 없애고 주상을 깨뜨리며 아세라 상을 찍고 유다 사람에게 명하여 그 조상들의 하나님 여호와를 찾게 하며 그의 율법과 명령을 행하게 하고 또 유다 모든 성읍에서 산당과 태양상을 없애매 나라가 그 앞에서 평안함을 누리니라 여호와께서 아사에게 평안을 주셨으므로 그 땅이 평안하여 여러 해 싸움이 없은지라 그가 견고한 성읍들을 유다에 건축하니라(대하 14:2-6)

....
「아사 왕(Die Lunette mit Asa, Josaphat, Joram)」 1508-1512, 미켈란젤로, 프레스코화, 시스티나 성당, 바티칸시티.

아사는 즉위하자마자 부왕인 아비야의 모든 종교 정책을 뒤집기 시작했습니다. 선왕의 정책을 계승하는 것보다 훨씬 어려운 '개혁의 길'로 나서고 있습니다. 아마도 왕자 시절에 아버지에 의해서 진행되는 정책을 보면서 의로운 분노를 느꼈음에 틀림없습니다. 아버지 아비야의 불순종과 우상 숭배를 보면서 그는 거룩한 반항심을 품고 있었던 것 같습니다. '내가 왕이 되면 이 모든 우상 숭배를 일소하고 조상 대대로 내려오던 순수한 여호와 숭배를 확립하리라.' 선한 마음을 품고 있던 왕자에게 드디어 왕권이 주어졌고 이제 그는 마음에 품고 있던 포부를 시행할 수 있게 되었습니다.

병행 본문인 열왕기상 15장을 보면 아사는 즉위하자마자 남색(男色)

하는 자들부터 제거한 것으로 나타납니다. 남색은 사전적으로 '남성 동성애자'를 가리키지만 성경이 의미하는 것은 이것이 아닙니다. 아사가 사회적인 음란과 음풍을 제거했다는 것이 아니라 '성전에서 일하는' 남색을 제거했다는 의미입니다. 자연종교에서는 성전에 전문적이고 의식적으로 음란한 행위를 하는 사람들이 있었는데 남성을 남색, 여성을 성전 창기라고 불렀습니다. 아사가 통칭으로 남색을 추방했다는 것은 그들 모두 곧 음란한 종교 의식의 수행자를 추방한 것입니다.

거친 세상에서 풍요를 갈구하는 것은 인지상정입니다. 문제는 그 풍요를 기원하고 보장받기 위해서 하는 행위입니다. 자연종교에서는 사람의 풍요, 짐승과 땅의 풍성한 소산을 위해서 성전에서 음란한 행위를 행했습니다. 그렇게 할 때 신들도 감응을 받아 음란한 행위를 하고 모든 것에서 풍성한 산출을 낼 수 있다고 믿었기 때문입니다. 이것이 자연종교의 기본적 관점입니다. 자연 현상에서 관찰한 것을 신의 영역으로까지 확장하여 적용한 것입니다.

참된 종교는 이 세상을 관찰해서 얻은 결론을 신에게 적용하는 것이 아닙니다. 오직 참되고 유일하신 하나님이 계시로 알려 주신 것을 기초로 성립되어야 합니다. 인간적인, 너무도 인간적인 종교가 바로 자연종교입니다. 하지만 하나님을 떠나 이렇게 음란한 행위를 한다고 해서 산출이 늘지 않았습니다. 오히려 그런 행위 때문에 풍요는 막히고 기근과 흉작이 계속되었습니다. 아사 왕은 자연종교를 따르는 사람들의 생각에 역행하여 과감하게 이러한 악행을 철폐했습니다.

두 번째로, 아사 왕은 우상을 척결했습니다. 사실 다윗 때까지도 많은 우상들을 제거했을 것입니다. 그렇다면 도대체 이 많은 우상들은 언제 지어진 것일까요? 대부분의 학자들은 솔로몬 통치 말기에 그러했으리라 짐작하고 있습니다. 국제평화를 유지하려는 솔로몬 정부는 외교 선린 정책의 일환으로 정략 결혼을 택했습니다. 그래서 외국의 공주를 많이 데려다가 예루살렘에 거하게 했고, 그들이 고국의 신상과 더불어 종교 의식을 수입했을 것은 뻔한 사실입니다. 결국 솔로몬 말기부터 우상 제작이 광범위하게 진행되었습니다.

사람들은 가능한 한 많은 우상을 만들면 더욱 안전하다고 생각했습니다. 사람들이 보험을 많이 드는 이유도 마찬가지입니다. 보장 영역을 더함으로써 불안의 요소를 줄이고자 합니다. '많은 신을 섬기면 우리가 어려움에 빠졌을 때 이 신 혹은 저 신이 돕겠지'라고 말입니다. 다다익선(多多益善)이라고 생각했을 것입니다.

하지만 착각입니다. 유일하고 참되신 한 분만을 섬겨야 하고 나머지는 없애야 합니다. 아사는 예루살렘 안에 있던 이방 제단들과 산당을 없앴습니다. 주상을 깨뜨리고 아세라 목상을 없앴습니다. 우상을 찍어 예루살렘 성 아래로 흐르는 기드론 골짜기 시냇가에서 불살랐습니다. 예루살렘을 넘어 그가 통치하는 온 유다 지역에서 산당과 태양상을 제거했습니다.

여기서 눈여겨보아야 할 점이 하나 있습니다. 아사 왕의 어머니 마아가에 대한 기사입니다. 성경에는 아세라의 가증한 우상을 만들었기 때문에 마아가를 태후의 위에서 폐했다는 내용이 나옵니다. 왕실 내부, 아사 왕의 가문에까지 우상 숭배의 관행이 깊이 들어와 있었다는 것입니다. 왕의 어머니 마아가가 아세라 상을 세웠습니다. 열왕기상 15장 2절에 따르면 마아가는 아사 왕의 어머니가 아니라 할머니

「우상을 파괴하는 유대 아사 왕(King Asa of Juda Destroying the Idols)」 프랑수아 드 노메, 캔버스에 유화, 82.5×126cm, 피츠윌리엄 박물관, 케임브리지.

지명을 읽으면 성경이 보인다 · 50 스바다 골짜기

입니다. 할머니를 어머니라고 표현한 이유는 그가 어릴 적에 어머니를 잃고 할머니 손에 자랐기 때문인 듯합니다. 그렇게 할머니가 어머니의 자리를 메우면서 애지중지 키웠습니다. 하지만 할머니 마아가가 바알의 배우자 아세라를 숭배하고자 목상을 세웠습니다. 아마도 여호와의 성전 내에 그 나무상이 세워졌을 것입니다. 왕실도 우상 숭배로 깊이 오염되어 있었습니다. 자신의 가문부터 정화하지 않는다면 어떻게 백성들에게 종교 정화를 요구하겠습니까? 수신제가 치국평천하(修身齊家 治國平天下)입니다. 먼저 자신의 몸을 닦고, 가정을 다스리고, 한 나라를 통치해야, 천하를 평정할 수 있다는 의미입니다.

아사 왕과 할머니 마아가의 다툼이 그려집니다. 마아가가 세운 목상을 왕의 직권으로 제거하자 마아가가 반발하여 다시 세웁니다. 아사 왕이 다시 제거합니다. 이 같은 일이 거듭되자 결국 아사는 어머니 같은 할머니를 폐위시키고 말았습니다. 유교 문화권에서 보면 아사 왕의 행위는 패륜적입니다. 하지만 하나님을 경외하는 것이 더 중요합니다. 아사 왕은 마아가의 목상인 아세라를 제거하고 태후를 폐위시킴으로써 우상 척결에 대한 단호함과 왕명의 지엄함을 보여 주었습니다. 엄격한 잣대를 먼저 자신과 자신의 가족에게 들이대는데 어떻게 백성들이 따르지 않겠습니까?

아사 왕은 죄의 근원이 될 수 있는 모든 음풍과 우상을 척결하는 과감한 개혁을 단행했습니다. 백성들이 미혹되고 하나님으로부터 멀어지는 요소들을 발본색원한 셈입니다. 아사는 우상을 척결하고, 혼합주의를 제거했습니다. 죄를 회개하고 우상들을 제거할 때 우리 역시 이와 같이 철저해야 합니다. 개혁 운동과 부흥 운동은 냉철한 이성과 뜨거운 가슴을 필요로 합니다.

여호와 하나님을 구할 때

연후에 아사는 여호와 하나님을 구하였습니다. 자신뿐 아니라 유다 온 백성으로 하여금 여호와 하나님만을 찾도록 하였습니다. 성경에는 아사 왕과 관련하여 "여호와를 찾는다"는 표현이 아홉 번이나 기록되어 있습니다. 이는 언약 갱신을 수행하는 장면이라고 볼 수 있습니다. 최초의 언약은 시내 산에서 하나님과 광야 백성 사이에 체결되었지만 이 언약은 모든 사람과 하나님 사이에 체결되고 갱신되어야 합니다. 뿐만 아니라 매년 언약을 갱신하기도 했습니다. 하나님께 나아가는 자는 매순간 결단하고 맹세해야 합니다.

여호와를 찾는다는 말은 어떤 의미를 지니고 있을까요? 아래 다섯 가지 의미가 있을 것입니다.

· 자발적이고 전심으로 하나님께 도움을 구하는 것
· 그분을 섬기고자 하는 헌신적인 태도를 갖는 것
· 모든 죄악으로부터 돌이키려는 참된 회개
· 그분의 뜻을 성취하려는 결단
· 그분께 나아가는 열렬한 기도

여호와를 찾게 되면 하나님을 만나게 됩니다. 하나님을 찾게 될 때 다음과 같은 결과를 누리게 됩니다.

우리가 우리 하나님 여호와를 찾았으므로 이 땅이 아직 우리 앞에 있나니 우리가 이 성읍들을 건축하고 그 주위에 성곽과 망대와 문과 빗장을 만들자 우리가 주를 찾았으므로 주께서 우리 사방에 평안을 주셨느니라 하고 이에 그들이 성읍을 형통하게 건축하였더라(대하 14:7)

평안을 누리는 유일한 길, 형통할 수 있는 유일한 길은 여호와 하나님을 부지런히 찾는 것입니다. 아사 왕의 표현처럼 당시 이스라엘이 강대국 틈바구니에서 생존하고 번영할 수 있었던 것은 그들이 하나님을 찾았기 때문입니다. 자신의 힘과 지혜로 살아남은 것이 아니라는 겸손한 고백입니다. 아우구스티누스는 긴 세월 동안 영적인 방황을 했지만 어디에서도 영적인 만족과 쉼을 찾지 못했습니다. 그러다 암브로시우스 감독을 만나 지도를 받고 하나님을 만나게 되었을 때 비로소 쉼을 얻게 되었습니다.

> 너희가 여호와와 함께하면 여호와께서 너희와 함께하실지라 너희가 만일
> 그를 찾으면 그가 너희와 만나게 되시려니와 너희가 만일 그를 버리면 그
> 도 너희를 버리시리라(대하 15:2)

하나님은 당신을 찾는 자들에게 자신을 계시하십니다. "나를 찾고
찾으면 나를 만나리라" 말씀하십니다. 불신자들에게는 영원히 발견될
수 없는 '숨어 계신 하나님'(Deos Absconditus)이시지만, 사랑과 믿음으
로 자신을 찾는 자들에게는 자신을 계시해 보이시는 '계시의 하나님'
(Deos Revelatus)이시기 때문입니다.

하나님을 찾고 만나게 되면 그 어떤 역경과 환난도 능히 이겨내게
됩니다. 하나님은 그분을 찾는 자들에게 방패요 영광이요 머리를 드
시는 분이기 때문입니다(시 3:3). 나중에 보겠지만 하나님을 의지하는
아사 왕의 유다는 구스 100만 대군의 공격을 이겨냅니다.

한 장의 카드만을 지닌 사람

아사는 다른 무엇보다 하나님을 구하는 데 자신의 정치적인 역량을
걸었습니다. 그동안 솔로몬과 르호보암, 아비야 시대의 정책에 따르던
많은 사람들을 적으로 돌려세우는 무리수까지 두면서도 개혁을 취한
것은 하나님을 구하는 일이 더 중요하다고 보았기 때문입니다. 하나님
을 구하는 일에 최고의 가치를 둔 것입니다.

이와 같이 하나님은 '한 장의 카드'를 가진 사람을 쓰십니다. 여러
길이 아니라 하나님의 길만을 걷는 '외길 인생'을 기뻐하십니다. 우리

는 한 길 가는 순례자입니다. 문제가 생기면 기도하고, 벽에 부딪히면 하나님을 찾는 사람, "주밖에 도와줄 이가 없나이다"(대하 14:11)라고 울부짖는 사람을 하나님은 오늘도 찾으십니다.

사실 이런 태도를 지닌 사람을 만나면 무척 부담스럽습니다. "당신밖에 도와줄 이가 없습니다." 하지만 하나님은 그분을 향한 이런 태도를 원하십니다. 하나님께 전적으로 부담을 드리십시오. 하나님은 여러 가지 카드를 가지고 있는 사람을 사용하지 않으십니다. 하나님 외에는 대안이 없는 사람, 대체 카드가 없는 사람을 기뻐하십니다. 하나님 외에는 대체 불가! 대안 없음! '주도 바라봅니다'가 아니라 '주만 바라봅니다'여야 합니다. 우리도 초기의 아사처럼 하나님을 삶의 절대 변수로 삼아야 합니다. 그런 점에서 잔재주가 없는 것이 진정한 영적인 능력입니다.

아사의 신앙적인 결단은 민족의 신앙 부흥뿐 아니라 국가적인 번영을 가져오게 되었습니다. 아사 왕의 삶이 평안하고, 온 유다에 전쟁이 없는 그야말로 평화로운 세월을 보내게 되었습니다(대하 14:5, 6, 7).

무당이었다가 예수님을 믿게 된 이의 간증을 들은 적이 있습니다. 그분이 무당일 때는 여러 귀신을 섬겼는데, 마음이 편한 날이 하루도 없었답니다. 이 귀신에게 잘하면 다른 귀신이 시샘하고, 그렇다 보니 온통 뒤죽박죽이 되었습니다. 그런데 예수님 한 분을 중심에 모시니 세상 근심은 간 데 없고 참 평안을 누리게 되었다는 간증이었습니다.

우상을 척결하고 마음을 다해 하나님을 찾으니 늘 분쟁과 전쟁과 재난이 연속되던 유다에 참된 평안이 임하게 된 것입니다. 참 평안을 구하려 한다면, 그것을 찾기 위해 이것저것 구할 필요가 없습니다. 하나님만을 찾고 그분을 모실 때 세상이 줄 수 없는 평안을 맛보게 될 것입니다. 하나님 제일주의로 살면 모든 것이 형통합니다.

구스의 침입

평안한 가운데 약간의 시험이 옵니다. 그러나 이것은 결과적으로 믿음을 더욱 굳세게 해줍니다. 에티오피아(구스) 왕 세라가 군사 100만과 병거 300승을 이끌고 쳐들어왔습니다. 지금으로 보면 멀리 아프리카에서 이집트 북부를 지나 지중해를 끼고 블레셋 지역을 거쳐 유다를 공격하는 것입니다.

에티오피아는 아시아와 유럽을 향해 파죽지세로 세력을 확장해 오는 강대국입니다. 거기에 비하면 유다는 보잘것없어 보입니다. 아사는 군사 58만을 이끌고, 병거도 없이 활과 창과 방패로 무장하고 마레사의 스바다 골짜기에 진을 치고 대항하게 됩니다. 숫자만 보아도 완연한 열세입니다. 더욱이 유다는 평화 시기라 군대를 훈련하지 않았고, 에티오피아에 비하면 재래식 무기들뿐입니다.

현명한 군주라면 앉아서 전력을 비교하고 일찌감치 항복을 했을 것입니다. 하지만 아사는 현명한 왕이 아니라 경건한 왕이었습니다. 그는 하나님께 기도하였습니다. 여기 부르짖는 기도가 나오고, 그 기도의 위력이 나타납니다. 이 기도에는 아사의 신앙 고백이 들어 있습니다.

여호와여, 힘이 강한 자와 약한 자 사이에는 주밖에 도와줄 이가 없사오니 우리 하나님 여호와여 우리를 도우소서 우리가 주를 의지하오며 주의 이름을 의탁하옵고 이 많은 무리를 치러 왔나이다 여호와여, 주는 우리 하나님이시오니 원하건대 사람이 주를 이기지 못하게 하옵소서 (대하 14:11)

■ 에티오피아 대(對) 하나님

아사는 전적으로 주 여호와를 찾고 하나님만을 의지함으로써 '에티오피아 대(對) 유다'의 싸움을 '에티오피아 대(對) 하나님'의 싸움으로 바꾸어 놓았습니다. 이것이 승리의 비결입니다. 우리가 힘이 강하여 대적을 이기거나 환경을 극복하거나 어려움과 시험에서 벗어나는 것이 아닙니다. 나와 그 강한 것과의 싸움을 그것과 하나님의 싸움으로 바꾸어 놓아야 이깁니다. 우리의 눈에 보이는 것은 결코 두려움이 될 수 없습니다. 우리의 눈은 보이지 않는 하나님, 만유보다 크신 하나님을 보기 때문입니다. "하나님이 나의 구원이시니 내가 무엇을 두려워하리요!"

아사와 유다는 부지런히 주님을 찾고(14:7) 주를 전적으로 의지하여(14:11) 승리하고 돌아옵니다. 전쟁은 여호와께 속한 것입니다. 객관적인 전력으로 도저히 비교할 수 없는 두 군대 사이에서 하나님이 역사하여 주셨기 때문입니다. "여호와께서 구스 사람을 치시매", 이스라엘이 승기를 잡고 추격했습니다. 54만의 군대가 100만 대군을 추격하여 마레사의 스바다 골짜기부터 그랄 사면까지 이르게 되었습니다. 그랄은 블레셋 영토였는데, 하나님은 그곳 백성들까지도 '두려움'에 빠지게 하여 이스라엘을 대적하지 못하게 하셨을 뿐만 아니라 오히려 유다가 그 모든 성읍을 치고 많은 물건을 노략할 수 있게 하셨습니다.

신앙의 부흥

아사가 예루살렘으로 개선한 이후, 유다에는 신앙적인 부흥이 가열차게 진행되었습니다. 역대하 15장에서는 하나님의 영에 감동된 선지자

아사랴가 하나님의 말씀을 선포합니다. 이 말씀을 들음으로 신앙 부흥의 역사가 시작됩니다. 모든 참된 부흥은 하나님의 말씀을 들음으로 일어납니다.

너희가 여호와와 함께하면 여호와께서 너희와 함께하실지라 너희가 만일 그를 찾으면 그가 너희와 만나게 되시려니와 너희가 만일 그를 버리면 그도 너희를 버리시리라 이스라엘에는 참 신이 없고 가르치는 제사장도 없고 율법도 없은 지가 오래 되었으나 그들이 그 환난 때에 이스라엘 하나님 여호와께로 돌아가서 찾으매 그가 그들과 만나게 되셨나니… 그런즉 너희는 강하게 하라 너희 손이 약하지 않게 하라 너희 행위에는 상급이

있음이라 하니라(대하 15:2-7)

이 말씀을 듣고 백성들은 다시 마음을 강하게 하고 모든 우상을
제거하고 하나님의 전의 무너진 단을 재건하고, "마음을 다하고 목
숨을 다하여 조상들의 하나님 여호와를 찾기로 언약"(15:12)하였습니
다. 하나님이 아사와 함께하심을 보고 다른 지파에서도 아사에게 돌
아오는 자가 많아졌습니다(15:9). 백성 가운데 하나님을 찾지 않는 자
는 죽이는 것이 가하다고 여길 지경이었습니다(15:13). 지난날 하나님
을 등지고 살았던 모든 행위에서 회개하고 방향을 돌이키겠다는 결단
입니다. 이제는 하나님만을 의지하고, 하나님만을 섬기며, 하나님의 뜻
을 이루기 위하여 하나님과 동행하겠다는 결단입니다.

온 유다가 마음을 다하고 뜻을 다하여 하나님을 찾자 하나님은 그
들을 만나 주시고 그들의 사방에 참된 평안을 주셨습니다(대하 15:15).
하나님을 가까이하게 되면 하나님이 가까이하십니다(약 4:8).

너희는 여호와를 만날 만한 때에 찾으라 가까이 계실 때에 그를 부르라
악인은 그의 길을, 불의한 자는 그의 생각을 버리고 여호와께로 돌아오라
그리하면 그가 긍휼히 여기시리라 우리 하나님께로 돌아오라 그가 너그
럽게 용서하시리라(사 55:6-7)

하나님을 구하는 백성에게 그분은 평안을 더욱 풍성하게 주셨습니
다. 아사 왕 초기 10년(대하 14:1)만이 아니라 재위 35년까지도 평안을
주셨습니다. 전쟁 없이 평안과 형통의 삶을 살았습니다. 하나님이 아
사와 남유다에 함께하심을 보고 북이스라엘에서 유다로 귀순하는 사

람들이 많았습니다. 그러므로 이 신앙 부흥은 남유다뿐 아니라 북이스라엘까지도 하나님께 돌아오게 하였습니다. 하나님을 의지하면 승리하게 됩니다. "나의 힘이 되신 여호와여, 내가 주를 바라나이다!"

추억 속의 신앙 생활

이렇게 이야기가 끝맺었다면 '해피 엔딩'(Happy Ending)이 되었을 것입니다. 하지만 역대하 16장에서 아사의 모습은 너무나 달라져 비극적인 결말을 보이고 있습니다.

시작도 중요하지만 끝맺음을 잘해야 합니다. 신앙 생활에서도 유종의 미가 중요합니다. 성경은 한 인간 아사의 성공과 실패를 그대로 보여 줍니다. 아사 왕이 이제 36년씩이나 유다를 다스려 관록이 붙고, 나이도 좀 들었습니다. 그런데 그가 처음 왕이 되었을 때 행했던 그 복 있는 길, 하나님을 찾고 의지하던 길에서 곁길로 벗어납니다. 말하자면 '신앙의 노망'(건망증)이 든 것입니다.

아사의 신앙은 그가 아무리 이전에 훌륭했다 하더라도 용두사미(龍頭蛇尾)식 삶입니다. 영으로 시작했다가 육으로 마치는 삶입니다. 초지일관하지 못했습니다. 우리 가운데에도 추억 속에서 신앙 생활을 하는 사람들이 자주 있습니다. 옛날에는 하나님을 위해서 기도도 많이 했고, 성경도 많이 읽었고, 헌신도 많이 했고, 사역도 많이 했다고 하는데, 지금은 그렇지 못합니다. 지금의 신앙 열심은 없고 과거나 우려먹고 삽니다. 이것을 저는 추억 속의 신앙 생활이라고 부릅니다.

아사가 35년만 다스렸다면 자신에게나 유다에 얼마나 좋았겠습니까? 마지막 5년이 이전의 영광을 모두 무너뜨렸습니다. 오래 통치하

남 유다

#	왕	비고
1	르호보암 41세 : 17년	북 여로보암과 분열 (왕상 12:1=대하 12:1)
2	아비얌 ?세 : 3년	북 여로보암 18년에 즉위 (왕상 15:1=대하 13:1)
3	아사 ?세 : 41년	북 여로보암 20년에 즉위 (왕상 15:9=대하 14:1)
4	여호사밧 35세 : 25년	북 아합 4년에 즉위 (왕상 22:41=대하 17:1)
5	여호람 32세 : 8년	북 요람 5년에 즉위 (왕하 8:16=대하 21:1)
6	아하시야 22세 : 1년	북 요람 12년에 즉위 (왕하 8:25=대하 22:1)
7	아달랴 6년 치리	북 예후 왕 1년에 즉위 (왕하 11:1=대하 22:10)
8	요아스 7세 : 40년	북 예후 7년에 즉위 (왕하 12:1=대하 24:1)
9	아마샤 25세 : 29년	북 요아스 2년에 즉위 (왕하 14:1=대하 25:1)
10	웃시야 16세 : 52년	북 여로보암 2세 27년에 즉위 (왕하 15:1=대하 26:1)
11	요담 25세 : 16년	북 베가 2년에 즉위 (왕하 15:32=대하 27:1)
12	아하스 20세 : 16년	북 베가 17년에 즉위 (왕하 16:1=대하 28:1)
13	히스기야 25세 : 29년	북 호세아 3년에 즉위 (왕하 18:1=대하 29:1)
14	므낫세 12세 : 55년	(왕하 21:1=대하 33:1)
15	아몬 12세 : 2년	(왕하 21:19=대하 33:21)
16	요시야 8세 : 31년	(왕하 22:1=대하 34:1)
17	여호아하스 23세 : 3개월	요시야 둘째 아들 (왕하 23:31=대하 36:1)
18	여호야김 25세 : 11년	요시야 큰아들 (왕하 23:34=대하 36:5)
19	여호야긴 18세 : 3달 10일	여호야김의 아들 (왕하 24:6=대하 36:9)
20	시드기야 21세 : 11년	요시야의 셋째 아들 (왕하 24:17=대하 36:11)

북 이스라엘

왕조	#	왕	비고
제1왕조	1	여로보암 (22년 치리)	르호보암과 분열 (왕상 12:20 이하)
	2	나답 (2년 치리)	남 아사 2년에 즉위 (왕상 15:25)
제2왕조	3	바아사 (24년 치리)	남 아사 3년에 즉위 (왕상 15:33)
	4	엘라 (2년 치리)	남 아사 26년에 즉위 (왕상 16:8)
제3왕조	5	시므리 (7일 치리)	남 아사 27년에 즉위 (왕상 16:10)
제4왕조	6	오므리 (12년 치리)	남 아사 27년에 모반 (왕상 16:15-20)
	7	아합 (22년 치리)	남 아사 38년에 즉위 (왕상 16:29)
	8	아하시야 (2년 치리)	남 여호사밧 17년에 즉위 (왕상 22:51)
	9	요람(여호람) (12년 치리)	남 여호사밧 18년에 즉위 (왕하 3:1, 남 여호람 2년)
제5왕조	10	예후 (28년 치리)	남 여호람 5년에 즉위 (왕하 10:36)
	11	여호아하스 (17년 치리)	남 요아스 23년에 즉위 (왕하 13:1)
	12	요아스 (16년 치리)	남 요아스 37년에 즉위 (왕하 13:10)
	13	여로보암 2세 (41년 치리)	남 아마샤 15년에 즉위 (왕하 14:23)
	14	스가랴 (6개월 치리)	남 웃시야 38년에 즉위 (왕하 15:8)
제6왕조	15	살룸 (1개월 치리)	남 웃시야 39년에 즉위 (왕하 15:13)
제7왕조	16	므나헴 (10년 치리)	남 웃시야 39년에 즉위 (왕하 15:17)
	17	브가히야 (2년 치리)	남 웃시야 50년에 즉위 (왕하 15:23)
제8왕조	18	베가 (20년 치리)	남 웃시야 52년에 즉위 (왕하 15:27)
제9왕조	19	호세아 (9년 치리)	남 아하스 12년에 즉위 (왕하 17:1)

왕들의 통치 기간 | 아사 왕은 북왕국 여로보암 2세와 더불어 세 번째로 긴 기간을 통치하였다.

는 것이 능사가 아닙니다. 바르게 해야 합니다. 하나님은 어제의 하나님, 과거의 하나님이 아닙니다. 오늘 나의 모습을 보시는 하나님입니다. 그러기에 바울은 뒤에 있는 일은 잊어버리고 지금 앞에 있는 일을 향하여 경주자의 자세로 계속 나아간다고 말하지 않았습니까? 과거에 실패한 것도 잊어야 하지만 과거에 성공한 것도 잊어야 합니다. 새로운 일을 하는 데 발목을 잡는 것은 과거의 성공입니다. '과거에 내가 무엇을 했는가?'보다 더 중요한 것은 지금 내가 무엇을 하고 있느냐입니다.

아사 왕이 실족하게 된 계기는 북왕국 이스라엘에서 새로운 왕이 된 바아사의 침략 정책이었습니다. 바아사는 북왕국의 첫 번째 왕조인 여로보암 왕조를 칼로 무너뜨리고 왕좌에 오른 혁명가였습니다. 그가 남쪽에 있는 아사를 향해 칼을 빼어 든 것입니다. 바아사는 남북왕국 사이의 국경을 확고하게 하고 백성들이 남쪽에 왕래하지 못하게 함으로써 통치 체제를 굳건히 하려 했습니다. 그 목적으로 라마 건설 계획을 세운 것입니다. 적국의 수도 코앞에 있는 라마를 요새로 건설하기 위해서 많은 나무와 돌을 운반하고 많은 백성과 노동력을 동원하는 것은 대담한 도발 행위였습니다. 아사 왕은 큰 두려움에 휩싸이게 되었습니다.

아사 왕이 선택할 수 있었던 것은 무엇이었을까요? 하나님을 의지하여 기도하고 그분의 힘을 의지하여 군사를 이끌고 나가서 싸울 수도 있었을 것입니다. 하지만 정면 승부에는 승산이 없다고 생각했던지 아사 왕은 다른 방법을 사용했습니다. 이스라엘 북방에 있던 다메섹 아람(시리아)을 움직여 그들로 하여금 북이스라엘을 공격하게 한 것입니다. 아사는 세상의 지혜를 이용합니다. 아람의 벤하닷과 조약을 맺고 그들을 불러들여 동족인 북이스라엘을 침범하게 합니다. 그 일을 위해서 아사 왕은 왕궁 곳간의 은금뿐만 아니라, 성전 곳간의 은금까지 다 사용해야 했습니다. 그 보화는 다름 아닌 지난번 신앙 부흥 때 성도들이 하나님의 전에 바친 은금이었습니다. 그것을 성전에서 꺼내어 동족을 공격해 달라는 뇌물로 아람에 바쳤습니다. 그야말로 '톡톡' 긁어다가 아람 왕에게 바쳤습니다.

손해 볼 것이 없다고 판단한 벤하닷은 즉각 북왕국 이스라엘을 공격했습니다. 이욘, 단과 아벨마임, 납달리 국고성을 치며 갈릴리 지역까지 휩쓸었습니다. 갈릴리 지역까지 이르렀다는 것은 수도 사마리아 근처까지 접근했다는 의미입니다. 바아사가 라마를 건축하기 위해서 방비를 소홀히 하고 대규모 병력과 백성들을 동원했다는 반증이기도 합니다. 대규모 토목 공사요 국가의 운명을 건 공사였다는 것을 암시합니다.

아사 왕의 전략은 적중했습니다. 아람 왕의 공격을 받은 바아사 왕은 회군할 수밖에 없었습니다. 라마 건축이 중단되고 모든 자재는 방치되었습니다. 아사 왕은 이 기회를 놓치지 않고 군대를 이끌고 나아가 라마를 건축하던 돌과 재목을 가져다가 자신의 성읍 게바와 미스바를 건축하는 자재로 사용했습니다.

일견 현명하고 지혜로운 방법인 듯합니다. 승리의 개가를 불러야 할 듯도 합니다. 당시에 신문이 있었다면, "아사 왕의 완승"이라는 호외를 발행했을 것입니다. 인간적인 면에서 보면 우쭐하기 쉽습니다. '전쟁 예방, 적의 기도 차단, 건축 자재 확보, 성읍 건설.' 왕실의 지혜와 탁월한 전략에 대해서 입에 침이 마르도록 찬양했을 것입니다. 하지만 하나님은 이런 접근법을 기뻐하지 않으셨습니다.

세상적인 관점에서는 남유다가 북이스라엘을 이겨서 형통하는 듯 보입니다. 하지만 하나님의 뜻은 동족인 이스라엘을 어렵게 하는 것이 아니라 유다가 아람을 차지하는 것입니다. 그런데 유다는 오히려 이런 일로 동족에게 어려움을 주고 아람에게 조공을 바치는 관계로 전락하고 말았습니다.

하나니의 책망

하나님은 아사의 이전 일을 생각해서 선지자 하나니를 보내 회개를 촉구하십니다. 선지자는 "왕이 아람 왕을 의지하고 왕의 하나님 여호와를 의지하지 아니하였으므로 아람 왕의 군대가 왕의 손에서 벗어났나이다"(대하 16:7)라고 담대하게 죄를 지적합니다. 아사는 자신의 능력을 과소 평가했을지 모르지만 하나님은 유다로 하여금 아람까지도 차지하게 하실 계획이셨다는 것입니다.

하나니는 20여 년 전 에티오피아가 막강한 군대로 쳐들어왔을 때 아사 왕이 여호와 하나님을 의지함으로 승리하지 않았느냐고 상기시켜 주었습니다. 우리는 좁은 생각으로 하나님의 뜻을 제한하고 스스로 몰락하는 어리석은 경우가 많습니다. 늘 경험을 하면서도 믿지 못하는 우리들을 위해 하나님은 신앙의 역사들을 거듭 우리에게 들려 주시는데 그래도 못 믿는 자가 많이 있습니다.

여호와의 눈은 온 땅을 두루 감찰하사 전심으로 자기에게 향하는 자들을 위하여 능력을 베푸시나니 이 일은 왕이 망령되이 행하였은즉 이후부터는 왕에게 전쟁이 있으리이다(대하 16:9)

아사 왕은 선지자의 말에 회개하기는커녕 오히려 분노하여 그를 옥에 가두고 의로운 말을 하는 백성들을 학대하였습니다. 나단의 말을 듣고 회개하여 긍휼하심을 입은 다윗과 정반대되는 모습입니다. 여호와 앞에 정직하고 선한 왕이라는 평가를 받던 아사 왕이 어쩌다가 이런 지경에 처하게 된 것일까요? 완전히 신앙의 노망입니다. 하나님을 향해 부드러운 마음, 확고한 마음이 완고한 마음으로 바뀌었다는 것을 확인하는 순간입니다.

아사 왕의 불순종은 여기에서 그치지 않습니다. 아사 왕 39년에 발에 병이 들었습니다. 사실 왕들은 좋은 음식을 먹고 운동은 제대로 하지 않았기 때문에 손과 발에 통풍이 잘 걸렸습니다. 이것이 통풍이 '왕들의 질환'이라고 불린 이유입니다. 열왕기 기자는 아사의 발병을 육신적 측면으로 제시하려 하지만, 역대기 기자는 그것을 영적인 것으로 해석하려 합니다. 그가 하나님께 불순종했기 때문에 생겨난 일로 말입니다. 아사 왕은 발에 병이 들었을 때 "여호와께 구하지 아니하고 의원들에게 구하였습니다"(16:12). 이는 병들었을 때 의원에게 가는 것이 불신앙이란 말이 아니라 하나님께 먼저 구하지 않았다는 말입니다. 당시 의원들은 오늘날과 달리 주술적인 치료를 했던 것을 생각하면 왜 하나님의 미움을 받는가를 쉽게 알 수 있습니다.

이러한 아사의 영적 퇴락은, 하나님 대신 다른 나라(아람 왕 벤하닷을 의지함) 군대를 의지하고, 하나님의 말씀을 전하는 선지자(하나니)를 오히려 투옥하고, 병들었을 때 하나님께 구하는 대신 의원(인간적인 방법)을 의지함으로 말미암은 것입니다.

아사가 하나님을 찾고 의지했을 때는 그가 약했지만 하나님으로 말미암아 강해졌고, 하나님을 구하지 않고 사람의 방법을 구했을 때는 실패하였습니다. 그의 최대 실수는 하나님께 구하지 않은 것, 즉 만년에 하나님을 찾지 않은 것입니다.

하나님의 말씀에 귀를 막고 자기중심적이고 인간적인 방법을 쓰면 반드시 패하게 됩니다. 살아 계신 하나님보다 자기의 지혜와 권력과 물질을 의지하는 것은 결국 망하는 길입니다.

어떤 길은 사람이 보기에 바르나 필경은 사망의 길이니라(잠 14:12)

아사 왕은 발에 병들어 죽기에 이릅니다. 비록 작은 것 같아도 끝부분이 잘못되어 그에게 치명적인 죽음을 가져왔습니다. 성령으로 시작하였다가 육체로 마친 사람입니다. 한 사람이 하나님을 찾을 때와 그렇지 않을 때의 확실한 차이를 보여 줍니다. 이처럼 아사의 삶은 두 개의 인생을 보여 줍니다. 하나님을 찾는 삶은 평안과 생명입니다. 하나님을 찾지 않는 삶은 전쟁과 죽음입니다. 우리는 계속적인 신앙 부흥을 위하여 하나님을 전심으로 찾고 의지하되 지금부터 영원토록 한결같아야 합니다.

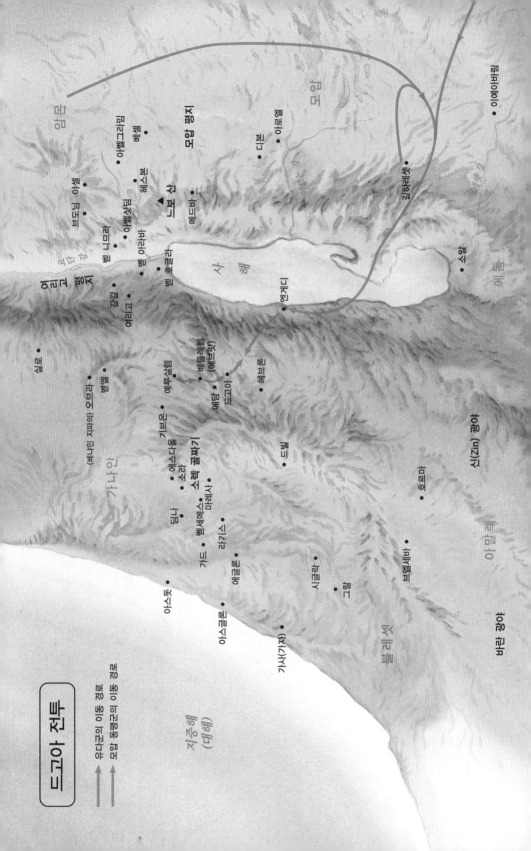

51 드고아 들 The Desert of Tekoa

오직 주만 바라보나이다

역대하 20:1-23

사무엘서는 선지자적 관점에서, 열왕기는 남북 왕국 왕들의 기록을 신명기적 관점으로, 역대기는 성전 중심 제사장적인 관점에서 기록되었습니다. 역대기는 사무엘하에서 열왕기하까지 묘사된 이스라엘 역사를 동일하게 다루고 있지만, 열왕기와는 다른 관점에서 역사를 성찰하고 있습니다. 열왕기가 바벨론 포로의 입장에서 이스라엘의 역사를 말하고 있다면, 역대기는 포로 생활을 마치고 약속의 땅으로 돌아온 사람들의 관점에서 지난 왕들의 역사를 이야기하고 있습니다.

역대기는 70년의 바벨론 포로기를 보내고 예루살렘을 재건하기 위해 돌아온 남은 자들을 대상으로 합니다. 역대기 기자와 동시대, 같은 신학적 견해를 지닌 사람으로는 에스라, 느헤미야가 있습니다. 포로기를 보내고 돌아왔지만 여전히 대제국 페르시아의 영향 아래 있고, 자주 독립 국가는 세울 수 없고, 게다가 유대인의 정체성마저 흔들리는 상황에서 과격하고 국수적인 태도로 그들의 역사를 고찰하게 된 것입니다.

이스라엘이 의지할 수 있는 것은 다윗 왕국도, 다윗의 왕통도 아니었습니다. 오직 예루살렘 성전과 하나님께 드리는 예배였습니다. 그렇기에 역대기는 성전 중심의 역사 해석입니다. 하나님과 백성을 중재해 주는 것은 성전입니다.

역대기 기자의 삶의 자리

역대기는 이스라엘이 어떻게 하나님의 심판을 받았으며 언제 회복되는가를 보여 줍니다. 역대기 기자는 과거 이스라엘 역사가 하나님과 그분께 드리는 제사의 태도에 따라 어떻게 달라졌는가를 밝히고 있습니다. 하나님과 그분의 말씀에 대한 순종과 불순종이 형통과 재앙의 원인이 된다는 신명기 역사서들의 서술과 일맥상통하면서도, 역대기는 여호와의 성전과 예배와 의식에 방점을 찍고 있습니다. "하나님을 의지하면 복을 받지만 하나님을 버리면 하나님에 의해 버림받을 것이다"라는 '응보의 신학'에 기초하여 바벨론 포로에서 귀환한 새 공동체에 믿음을 촉구합니다. 다윗이 솔로몬에게 말한 대로 "네가 저를 찾으면 만날 것이요 버리면 저가 너를 영원히 버리실 것이다"(대상 28:9)라고 말입니다.

솔로몬 아들 르호보암 때에 이스라엘은 남북으로 나누어졌고, 각각 많은 왕들이 일어나 북이스라엘과 남유다를 통치하게 됩니다. 북이스라엘에는 19명의 왕이 일어났지만 단 한 사람도 선한 왕이 없었습니다. 남유다는 20명의 왕 가운데 12명이 부정적인 평가를 받고 8명이

긍정적인 평가를 받았습니다. 이들의 행적이 열왕기, 역대기에 소개되어 있습니다.

왕들의 역사를 살펴볼 때 한 개인의 흥망성쇠와 한 국가의 흥망성쇠는 그가 얼마나 가졌느냐, 배웠느냐, 능력이 많으냐에 좌우되지 않고 하나님을 향한 믿음의 태도가 결정적이라는 사실을 배울 수 있습니다. 아무리 부족한 자라도 하나님을 전심으로 찾고 의지하면 하나님이 강하게 역사하시고, 아무리 개인적으로 뛰어나고 환경적으로 유리해도 하나님을 저버리면 하나님도 저를 버리셔서 비참한 최후를 맞이하게 된다는 것입니다. 그러므로 하나님을 의지하는 신앙이 왕들의 역사의 열쇠입니다. 역대기가 왕들의 역사를 통해 우리에게 가르쳐주는 것은 무엇입니까?

하나님 앞에서

믿거나 말거나, 알거나 모르거나, 우리는 하나님의 면전에서 살고 있습니다. 이것을 꼭 기억해야 합니다. 하나님 임재 의식입니다. 코람데오(coram deo)입니다. 악한 왕들의 행적을 기록할 때 성경은 "여호와 보시기에 악을 행하여"(왕상 16:9-25, 13:2, 15:9-므가랴, 18-므나힘, 24-브가히야, 28-베가, 16:2-아하스, 17:2-호세아, 17, 21:2-므낫세, 6, 16, 20-아몬, 23:32-여호아하스, 37- 여호야김, 24:9-여호야긴)라고 기록했고, 선한 왕들의 경우도 "여호와 보시기에 정직히 행하여"(왕하 10:30-예후, 12:2-요아스, 14:3, 아마샤, 15:3-아사랴, 34-요담, 22:2-요시야)라고 기록합니다. 선하든 악하든 모두 하나님 앞에서 그러했다는 것입니다. 인간의 눈이 아닌 하나님의 눈으로 보았을 때 그러했다는 것입니다.

요셉은 유혹을 받았을 때 "어찌하여 내가 여호와의 목전에 악을 행하여"라고 말하며 옷자락을 잡아당기는 여인의 손길을 뿌리쳤습니다. 하나님 앞에 살고 있다는 의식입니다. 그것이 요셉을 참된 하나님의 사람으로 만들었습니다. 다윗이 우리아의 아내를 은밀하게 범했어도 이는 하나님 앞에서 행한 죄로 드러납니다. "내가 주께만 범죄하여 주의 목전에 악을 행하였사오니"(시 51:4).

모든 형태의 범죄는 사실상 입법자이신 하나님을 향해 저질러진 것입니다. 그리고 모든 범죄는 하나님 앞에 드러나게 됩니다. 사람의 눈은 속일 수 있어도 하나님은 속일 수 없습니다. 하나님을 피할 수 있는 곳은 우주 어디에도 없습니다. 결국 죄에 대하여서는 세상의 심판을 받든지 하나님의 심판을 받게 될 것입니다.

은밀한 중에 행한 악한 일들이라도 실상 하나님 목전에서 행한 일입니다. 우리는 아무도 모르게 어두움 가운데 행한다고 생각하지만 하나님은 어두움이 조금도 없으시니 그 앞에 모든 것이 드러납니다. 은밀한 중에 행한 선한 일도 마찬가지입니다. 그것 역시 하나님 앞에 행한 것이 되어 하나님이 갚아 주십니다. "사람이 내게 보이지 아니하려고 누가 자기를 은밀한 곳에 숨길 수 있겠느냐. 나 여호와가 말하노라. 나는 천지에 충만하지 아니하냐"(렘 23:24). 하나님은 온 천지에 충만하십니다. 내가 비행기를 타고 저 하늘을 날면서도 경험할 수 있는 하나님입니다. 저 달에서도 경험할 수 있는 하나님입니다. 요나가 그러했듯이 저 배 밑창과 바다의 물고기 뱃속에서도 만날 수 있는 하나님입니다. 우리는 하나님께 숨길 수 없습니다.

내가 주의 영을 떠나 어디로 가며 주의 앞에서 어디로 피하리이까? 내가 하늘에 올라갈지라도 거기 계시며 스올에 내 자리를 펼지라도 거기 계시니이다 내가 새벽 날개를 치며 바다 끝에 가서 거주할지라도 저기서도 주의 손이 나를 인도하시며 주의 오른손이 나를 붙드시리이다(시 139:7-10)

그래서 본회퍼는 "하나님 없이 하나님 앞에"라는 유명한 말을 했습니다. 하나님이 안 보이는 것 같지만 하나님 앞에 사는 것처럼 행해야 한다는 의미입니다. 하나님이 없다고 생각하며 살아가는 사람들이 죄인입니다. 저들은 어두움 가운데 행하면서 "누가 보랴?" 하지만 하나님은 모든 것을 다 보고 계십니다. "주에게서는 흑암이 숨기지 못하며 밤이 낮과 같이 비추이나니 주에게는 흑암과 빛이 같음이니이다"(시 139:12). 우리는 빛을 통해 보지만 하나님은 빛 자체이시기 때문에 어디서나 보십니다.

믿음은 하나님이 계신 것과 하나님이 상 주시는 분이심을 믿는 것입니다. 나의 모든 말과 행동 그리고 생각까지 하나님 면전에 그대로 드러나 있다고 믿는다면 나의 모습이 이래도 되겠습니까? 하나님 보시기에 정직하게 행하고 있습니까? 아니면 하나님 보시기에 악을 행하고 있습니까?

두 갈래 길

성경은 열왕의 행적을 기록하면서 "전심으로 하나님을 따르며 정직한 일을 행했던"(왕상 14:8) 다윗의 길과 "여호와 보시기에 악을 행하여 이스라엘 백성으로 범죄하게 한"(왕상 15:34) 여로보암의 길을 보여 줍니다. 선한 왕이었던 르호보암, 여호사밧, 히스기야, 요시야 등은 다윗의 길을 행하였고, 악한 왕이었던 바아사, 오므리, 아합 등은 여로보암의 길을 걸었습니다. 다윗의 길은 좁은 길이었고, 여로보암의 길은 넓은 길이었습니다.

스캇 펙이 쓴 『아직도 가야 할 길』은 프로스트의 시 "가지 않은 길"에서 제목을 얻었지만, 지나 버린 과거를 회상하는 것이 아니라 가야 할 길에 대한 선택이 우리 앞에 놓여 있다는 것을 말하고 있습니다. 과거에 두 갈래 길에서 하나를 선택하였던 사람들의 신후사(身後事)를 통해 자신은 어떤 길을 갈 것인지 지혜를 얻으라는 도전입니다. 우리 앞에도 두 길이 놓여 있습니다. 다윗의 정직한 길, 여로보암의 죄악의 길. 과연 어떤 길을 선택해야 할까요? 로빈슨은 "신에게 솔직히!"(Honest to God!)라는 말로 좁은 길을 선택하라고 권합니다. 좁고 협착하여 찾는 사람이 적다고 해도 생명길인 그 길을 선택하고 나아가라고 말입니다. 시편 1편은 두 길을 대조하여 각 길의 종착점이 어떠한지 보여 줌으로써 우리가 어떤 길을 선택해야 할지를 알려 줍니다.

대개 의인의 길은 여호와께서 인정하시나 악인의 길은 망하리로다(시 1:6)

'여호와께서 다스리신다'라는 이름 뜻을 가진 여호사밧에 대하여 역대기는 열왕기보다 더욱 자세하게 기록하고 있습니다(대하 17-20장).

여호와께서 여호사밧과 함께하셨으니 이는 그가 그의 조상 다윗의 처음 길로 행하여 바알들에게 구하지 아니하고 오직 그의 아버지의 하나님께 구하며 그의 계명을 행하고 이스라엘의 행위를 따르지 아니하였음이라 그러므로 여호와께서 나라를 그의 손에서 견고하게 하시매 유다 무리가 여호사밧에게 예물을 드렸으므로 그가 부귀와 영광을 크게 떨쳤더라 그가 전심으로 여호와의 길을 걸어 산당들과 아세라 목상들도 유다에서 제거하였더라(대하 17:3-6)

여호사밧이 형통하였던 것은 다윗의 길 그것도 다윗의 처음 길로 행하였기 때문입니다. 그는 백성들에게 여호와의 율법을 부지런히 가르쳤습니다(대하 17:9). 하나님이 여호사밧과 함께하시므로 주변 나라들이 두려워하여 감히 여호사밧을 대적하지 못하고 조공을 바치기도 했습니다(대하 17:10-12).

당시 여호사밧은 북이스라엘의 아합에 필적할 만한 세력을 얻게 되었습니다. 그러나 백중세인 두 왕국의 두 왕은 극과 극이었습니다. 아합은 여로보암의 길을 걸었고 여호사밧은 다윗의 길을 걸었습니다.

역대하 18장을 보면 여호사밧은 행동하기 전에 하나님의 말씀을 구했지만 아합은 그렇지 않았습니다. 여호사밧은 하나님이 원하시는 것을 중요하게 여겼고 아합은 자신이 원하는 것을 더 중시했습니다. 여호사밧은 하나님의 말씀에 귀기울였고, 아합은 자신이 듣고 싶은 것만 들었습니다. 그래서 복 있는 길과 복 없는 길이 갈리게 됩니다. 그 결과 여호사밧은 전쟁터에서도 평안히 돌아왔고 아합은 시체로 돌아왔습니다.

찾는 만큼 힘을 주시는 하나님

은혜에도 믿음의 분량에도 정도 차이가 있습니다. 에스겔이 성전 문지방에서 나오는 물의 환상에서 본 것처럼, 발까지 차는 은혜가 있고, 무릎에 이르는 것, 허리에 차는 물, 헤엄칠 수 있는 물이 있습니다(겔 47:1-12). 하나님을 믿는 데 있어서도 자의적인 믿음이 많이 있습니다. 하나님을 의지한다고 하면서도 전적으로 믿지 못하고 여전히 내 의지대로 행하는 경우가 있습니다. 은혜가 아직 발목밖에 미치지 못했기 때문입니다. 전적인 믿음은 은혜가 헤엄칠 만한 물에 이른 것입니다. 이때에는 내 의지보다는 하나님의 의지에 나를 맡기게 됩니다. 하나님은 전심으로 주를 찾고, 전적으로 주님만을 의지하는 자를 들어 쓰셨습니다. 전심이란 '나누어지지 않은' 마음입니다.

의지하는 만큼 힘이 생깁니다. 믿는 만큼 역사가 일어납니다. 팔굽혀펴기를 한다고 생각해 보십시오. 한 손가락으로 몸을 지탱한다면 아주 힘이 듭니다. 그러나 두 손과 두 발로 땅을 짚는다면 견고해집니다. 기댄 만큼 힘을 얻습니다.

내가 조금 안다는 것이 하나님을 아는 데 해가 될 때가 있습니다.

내가 조금 할 수 있는 것이 하나님의 역사를 방해할 때가 있습니다. 내가 조금 가지고 있다는 것이 하나님의 은혜를 거부할 때도 있습니다. 나의 지식, 명예, 물질이 하나님을 아는 데 도움이 되지 못하고 오히려 해가 된다면 그런 지식, 명예, 물질은 없는 편이 낫습니다. 왜 하나님의 기적적인 역사가 오늘날에는 일어나지 않을까요? 하나님의 능력이 없어져서일까요? 아닙니다. 내가 하나님을 전심으로 의지하지 않기 때문입니다.

칭찬을 받는 왕이라도 하나님을 의지하는 정도에 따라 은혜 받는 강도가 달라집니다. 같은 왕의 생애라도 하나님을 의지하는 정도에 따라 평가가 달라집니다. 르호보암과 아사에 대해서는 긍정적인 평가와 부정적인 평가가 함께 나옵니다. 하나님을 의지하는 정도에 따라 달라지는 것입니다.

르호보암이나 아사는 일찍이 하나님을 의지하여 인정을 받았습니다. 그러나 말년에는 달라졌습니다. "르호보암이 악을 행하였으니 이는 그가 여호와를 구하는 마음을 굳게 하지 아니함이었더라"(대하 12:14). 르호보암이 변한 것입니다.

아사도 마찬가지입니다. 역대하 14장과 15장에서 아사는 마음과 뜻을 다하여 여호와를 찾음으로써 어려움 중에서 구원을 받고 평안을 얻게 되어 35년 치세 동안 전쟁이 없었습니다. 그런데 16장에 들어가면 이런 아사에게 '신앙의 망령'이 들었습니다. 북이스라엘 바아사 왕의 침입을 받게 되자 아람 왕 벤하닷에게 은금을 주며 자신을 구원해 달라 청하는 어리석음을 보였습니다. 이전에 구스 사람 세라가 쳐들어왔을 때 하나님만 전적으로 의지함으로써 얻었던 위대한

....
「르호보암(Rehoboam)」 1530, 한스 홀바인, 프레스코화, 28×41.5cm, 바젤 미술관, 바젤.

승리의 기억을 망각했습니다.

현실 정치와 과학적 논리를 따져 하나님보다는 자신을, 하나님보다는 이웃 나라 군대의 힘을 더 믿었던 것이 하나님 보시기에 악했습니다. 논리적으로 합당한 것이 신앙적이지 못할 때가 있습니다. 살아 계신 하나님 대신 나의 철학이나 방법 그리고 다른 나라를 의지하는 것은 치명적이었습니다. "어떤 길은 사람이 보기에 바르나 필경은 사망의 길이니라"(잠 14:12). 하나님의 인정을 받았던 아사 왕이라도 사람을 의지하면서부터 영적으로 쇠퇴하게 됩니다. 그것은 하나님 앞에 망령된 것입니다(대하 15:17).

질투하시는 하나님

하나님은 질투하시는 하나님입니다. 누구와도 우리의 사랑을 나누려

하지 않으십니다. 왕이 선한 정치를 베풀었다고 할지라도 바알을 섬기고, 아세라를 섬기고, 산당을 파괴하지 않고, 백성들의 우상 숭배를 허용하면 즉시 징계를 받았습니다. 하나님의 저울에 함량 미달로 기록되었습니다. 오로지 마음을 다하고, 뜻을 다하고, 심령을 다하여 하나님만을 섬겨야 합니다. "여호와의 열심"(왕하 19:31)이 이것을 요구하십니다.

> 여호와의 눈은 온 땅을 두루 감찰하사 전심으로 자기에게 향하는 자들을 위하여 능력을 베푸시나니(대하 16:9)

그런 점에서 여호사밧은 전심으로 여호와를 찾은 왕이었습니다. 신앙 개혁을 단행하고 백성들에게 진실과 성심을 다하여 여호와를 경외하도록 하였습니다. "그가 전심으로 여호와의 길을 걸어 산당들과 아세라 목상들도 유다에서 제거하였더라"(대하 17:6). 하나님만을 전심으로 섬겼습니다. 그때 모압, 암몬, 마온의 연합군이 유다를 침략해 왔습니다. 연합군 큰 무리가 아람에서부터 사해 바다 건너 하사손다말 곧 엔게디까지 쳐들어왔다는 전갈을 받았습니다(대하 20:1-2). 이에 여호사밧은 군대를 동원하기에 앞서 하나님을 찾고 금식하며 하나님의 도우심을 간구했습니다. "여호와께로 낯을 향하여 간구하고 온 유다 백성에게 금식하라 공포하매 유다 사람이 여호와께 도우심을 구하려 하여 유다 모든 성읍에서 모여 와서 여호와께 간구하더라"(대하 20:3).

여호사밧은 성전에서 백성들 가운데 서서 기도합니다.

우리 조상들의 하나님 여호와여 주는 하늘에서 하나님이 아니시니이까 이방 사람들의 모든 나라를 다스리지 아니하시나이까 주의 손에 권세와 능력이 있사오니 능히 주와 맞설 사람이 없나이다(하나님의 능력)

우리 하나님이시여 전에 이 땅 주민을 주의 백성 이스라엘 앞에서 쫓아내시고 그 땅을 주께서 사랑하시는 아브라함의 자손에게 영원히 주지 아니하셨나이까(하나님의 약속).

그들이 이 땅에 살면서 주의 이름을 위하여 한 성소를 주를 위해 건축하고 이르기를 만일 재앙이나 난리나 견책이나 전염병이나 기근이 우리에게 임하면 주의 이름이 이 성전에 있으니 우리가 이 성전 앞과 주 앞에 서서 이 환난 가운데에서 주께 부르짖은즉 들으시고 구원하시리라 하였나이다 (성전 기도에 대한 약속)

우리를 치러 오는 이 큰 무리를 우리가 대적할 능력이 없고 어떻게 할 줄도 알지 못하옵고 오직 주만 바라보나이다 하고 유다 모든 사람들이 그들의 아내와 자녀와 어린이와 더불어 여호와 앞에 섰더라(대하 20:6-13)

기도는 악으로 점철된 이야기를 취하여 선을 위해 사용해 달라고, 비극을 취하여 아름다운 이야기를 써 달라고 하나님께 올려드리는 탄원입니다. 인생은 홀로 쓰는 이야기가 아닙니다. 주위의 사람들과 환경, 사건, 특별히 하나님과 함께 쓰는 이야기입니다. 하나님은 시련을 통해 우리를 좀더 강하고 온전하게 만드십니다. 그런 변화가 일어나려면 먼저 하나님과 씨름해야만 합니다.

하나님의 응답이 야하시엘을 통해 들립니다.

온 유다와 예루살렘 주민과 여호사밧 왕이여 들을지어다 여호와께서 이
같이 너희에게 말씀하시기를 너희는 이 큰 무리로 말미암아 두려워하거
나 놀라지 말라 이 전쟁은 너희에게 속한 것이 아니요 하나님께 속한 것이
니라(대하 20:15)

이 전쟁에는 너희가 싸울 것이 없나니 대열을 이루고 서서 너희와 함께한
여호와가 구원하는 것을 보라(대하 20:17)

전심으로 하나님을 찾는 여호사밧을 위해서 그분은 큰 결단을 내

....
「유다 왕 여호사밧(Jehoshaphat, King of Judah)」 16세기, Frans Boels, 프랑드르.

리셨습니다. 이번 전쟁을 여호와의 전쟁으로, 즉 여호와께서 직접 당사자가 되어 싸우는 전쟁으로 삼으시겠다는 것입니다. 이스라엘 백성은 이제 여호와께서 싸우시는 것을 지켜보기만 하면 됩니다. 하나님을 전적으로 의지했더니 하나님이 전적으로 책임져 주시는 것입니다.

그동안 저들 연합군은 엔게디에서 드고아까지 나아오고 있습니다. 하나님의 명령에 따라 드고아로 출전하면서 여호사밧 왕은 백성들을 독려합니다. "하나님을 의지하라. 그리하면 견고히 서리라. 선지자를 신뢰하라. 그리하면 형통하리라."

이상한 싸움이 시작됩니다. 군대가 아니라 찬양대가, 갑옷 대신 예복을 입고 선두에 서서 하나님을 찬양합니다. 여호와의 싸움이 시작됩니다. "여호와께 감사하세. 그의 인자하심이 영원하도다" 하는 찬양

브라가 골짜기

이 시작될 때 여호와의 복병이 암몬, 모압, 세일 산 주민을 치니 적군들은 서로 싸우다가 패하게 됩니다. 자중지란이 일어나서 공멸하게 되었습니다. 영적인 싸움이 되었습니다. 이 복병은 하나님이 파송하신 천군일 수도 있고, 적군이 스스로 심어 놓은 복병일 수도 있습니다. 만약 적군 스스로 심어 둔 복병이라면 전쟁터의 혼란 속에서 적과 나를 구별하지 못하고 저들끼리 혈전을 벌였다는 말입니다. 영적인 눈이 어두워졌기 때문일 것입니다.

하나님은 전적으로 자신을 의지하는 여호사밧을 위해 이이제이(以夷制夷) 전략을 사용하신 것입니다. 이스라엘이 적군의 진영에 이르렀을 때 살아 있는 사람은 한 명도 없고 모두 시체로 누워 있었습니다. 약탈당할 위기에 처했던 자들이 오히려 약탈하기 시작했습니다. 어찌나 약탈물이 많았던지 한번에 가져올 수도 없을 지경이었습니다. 그들은 그곳을 브라가 골짜기로 불러 영원히 기념했습니다. 브라가는 히브리어로 '축복', '은총'이라는 말입니다. 절망과 죽음의 골짜기가 축복과 기쁨의 골짜기로 바뀌었습니다. 그야말로 '브라보!'입니다.

오늘날 누가 하나님만을 의지하고 있습니까? 다른 많은 것들을 의지하지 않고 오직 하나님만을 바라보고 있습니까? 우리는 이제까지 하나님을 전심으로 섬겼는지 살펴보아야 합니다. 나는 자의적인 헌신(자기 의를 드러내기 위한)을 하지는 않았는가? 나 중심적인 봉사를 하지 않았는가? 남의 인정을 바라고 행하지는 않았는가? 부분적인 헌신을 하지 않았는가? 하나님을 세상과 겸하여 섬기지는 않았는가? 우리는 하나님 앞에서 전심으로 주님을 믿으며, 전심으로 주님만을 섬기기로 결단해야 합니다. 여호수아처럼 "오직 나와 내 집은 여호와를 섬기겠노라"(수 24:15)고 선언해야 합니다.

하나님 앞에 겸비하라

"사람의 마음의 교만은 멸망의 선봉이요 겸손은 존귀의 앞잡이니라"(잠 18:12). 앤드류 머리는 이렇게 말합니다. "마귀적인 교만이 우리 삶 곳곳에 숨어 들어와 있습니다. 나만은 정직하고 당당하다는 생각이 얼마나 자주 무정한 심성, 이웃의 필요와 감정과 약점에 대한 무관심, 이웃을 향한 성급한 판단과 상처를 주는 언사를 정당화하는지. 분노와 짜증과 반감과 반목의 표출은 교만의 열매에 불과합니다. 교만한 자에게는 배려를 찾아볼 수 없습니다."

하나님 앞에 겸손한 자는 은혜를 받습니다. 역대기는 왕들이 하나님 앞에 겸손했을 때는 형통하고 용서를 받지만 교만할 때는 응징을 받은 것으로 묘사하고 있습니다. 역대기에는 솔로몬이 이상적인 왕으로 나옵니다. 솔로몬이 은혜를 받았던 것은 겸손할 때입니다.

르호보암의 나라가 견고해지자 하나님의 율법을 버리니 온 이스라엘이 범죄하게 됩니다. 애굽 왕 시삭이 예루살렘을 치러 올라옵니다. 유다의 견고한 성을 빼앗고 예루살렘에 이릅니다. 이때 선지자 스마야가 르호보암에게 "너희가 나를 버렸으므로 나도 너희를 버려 시삭의 손에 넘겼노라"라고 책망했습니다. 이 말씀을 전해 들은 이스라엘 방백들과 왕은 스스로 겸비하여 "여호와는 의로우시다" 하고 자신을 낮추었습니다. 하나님은 그들의 겸비함을 보셨습니다. 그리고 다시 스마야를 통하여 "그들이 스스로 겸비하였느니 내가 멸하지 아니하고" 저희를 구원하겠다고 하십니다. 여기에 '겸비'라는 단어가 세 번 반복됩니다(대하 12:6, 7, 12).

아사는 초기에는 겸손했지만 나중에 교만하여 유종의 미를 거두지 못한 왕입니다. 통치 35년 동안 지켜 온 평화가 깨어지자 인본적인 수단을 취했고 그로 인해 선견자 하나니의 책망을 받았습니다. 하나님의 말씀을 전하는 사자에게 순종하기는커녕 오히려 불 같은 역정을 내며 그를 옥에 가두었습니다. 결국 신앙의 노망으로 발에 병이 나고 그 병으로 인해서 사망에 이르게 됩니다.

칭찬 받는 왕이기는 해도 여호사밧에게도 책망할 것이 있습니다. 바알과 아세라를 섬기고 여호와 경배를 탄압하는 북왕국 오므리 왕조와 인척 관계를 맺은 것입니다. 여호사밧이 아합과 그의 아들 아하

....
「암몬과 모압의 대패(The Destruction of the Armies of the Ammonites and Moabites)」 1855, 귀스
타브 도레, 판화, 『도레 성경삽화』.

시야와 교제하자 선지자 예후가 책망하였습니다. "왕이 악한 자를 돕고 여호와를 미워하는 자들을 사랑하는 것이 옳으니이까"(대하 19:2). 성경은 이에 대하여 아무 말이 없지만, 여호사밧이 더욱 가열차게 종교 개혁에 매진했다고 기록하고 있는 것으로 보아 마음을 겸비하여 회개했을 것입니다.

웃시야도 하나님을 찾을 동안에는 형통하였습니다(대하 26:5). 그러나 강성하여지매 마음이 교만하여 악을 행하여 제사장의 일을 대신하고, 만류하는 제사장에게 화를 내다가 이마에 나병이 생겨 고생하다 말년을 쓸쓸히 보냈습니다(대하 26:16-21). 웃시야는 자기가 왕이니 무엇이든지 마음대로 할 수 있다고 생각했습니다. 제사장들의 경고에도 불구하고 성소에 들어가 분향하기로 결정하였습니다. 그 결과 하나님이 개입하셔서 그를 낮추셨습니다.

히스기야가 겸비하여 기도할 때는 앗수르에게서 구원을 받고, 죽을 병에서도 고침을 받았지만 "히스기야가 마음이 교만하여 그 받은 은혜를 보답하지 아니하므로 진노가 그와 유다와 예루살렘에 내리게 되었더니 히스기야가 마음의 교만함을 뉘우치고 예루살렘 주민들도 그와 같이 하였으므로 여호와의 진노가 히스기야의 생전에는 그들에게 내리지 아니하니라"(대하 32:25-26)고 했습니다.

므낫세도 교만할 때는 앗수르 왕이 쳐들어와 그를 사로잡고 쇠사슬로 결박하여 바벨론으로 끌고갔습니다. 므낫세가 "환난을 당하여 그의 하나님 여호와께 간구하고 그의 조상들의 하나님 앞에 크게 겸손하여 기도하였으므로 하나님이 그의 기도를 받으시며 그의 간구를 들으시사 그가 예루살렘으로 돌아와서 다시 왕위에 앉게 하시매 므낫세가 그제서야 여호와께서 하나님이신 줄을 알았더라"(대하 33:12, 19)고 합니다.

요시야도 하나님의 말씀을 발견하고 겸비하였습니다. 선임자인 므낫세와 아몬 왕의 통치 아래에서 유다는 영적으로 만신창이가 되어 파멸이 곧 닥친다고 해도 이상할 것이 없는 상황이었습니다. 하지만 요시야가 성전에서 율법책을 발견하여 그것을 읽고, 모든 재앙이 하나님의 말씀에 순종하지 못해서 생긴 일이라는 것을 깨닫고 통회하였습니다. 하나님은 요시야의 통회함과 낮춤을 보시고 유다 멸망을 늦추셨습니다. 하나님이 겸허한 요시야에게 주신 말씀은 다음과 같습니다. "내가 이곳과 그 주민을 가리켜 말한 것을 네가 듣고 마음이 겸손하여 옷을 찢고 통곡하였으므로 나도 네 말을 들었노라"(대하 34:27). 요시야 당대에는 비극적인 일이 벌어지지 않으리라고 약속해 주셨습니다. 겸손은 임박한 멸망도 연기시킵니다.

유다의 멸망은 비운의 왕 시드기야의 교만에 있었습니다. "그는 하나님 여호와 보시기에 악을 행하고 선지자 예레미야가 여호와의 말씀으로 일러도 그 앞에서 겸손하지 아니하였으며 … 목을 곧게 하며 마음을 완악하게 하여 이스라엘 하나님 여호와께로 돌아오지 아니하였고"(대하 36:12-13). 불순종한 이스라엘은 그렇게 겸손하지 못한 왕에 의해서 대미를 장식하게 된 것입니다(주전 586년).

겸손한 자에게 은혜를

이스라엘의 역사 안에서 일정한 법칙을 찾을 수 있습니다. 하나님은 교만한 자를 대적하시고 겸손한 자에게 은혜를 베푸십니다. 피터 와 그녀의 책에는 다음과 같은 예화가 있습니다. 어떤 사람이 친구들에게 자랑을 하고 있었습니다. "여보게들, 내가 책 한 권을 막 끝냈네. 이 책을 쓰느라 얼마나 힘이 들었는지 몰라. 이런 책은 아무나 쓰지 못할 거야." 친구들이 부러운 듯이 물었습니다. "책 제목이 무엇인가?" "응. '나는 어떻게 겸손한 사람이 되었는가?'라는 책이야." 하나님 앞에서의 수직적인 겸손은 사람들 앞에서의 수평적인 겸손으로 나타나야 합니다.

포로 귀환 경로

→ 1차 귀환로(세스바살과 스룹바벨) : 주전 537~515년
→ 2, 3차 귀환로(에스라와 느헤미야) : 주전 457~428년
━━ 남쪽 국경선

지중 해
(대해)

예루살렘
두로
비블로스
하맛
다메섹
두마
하솟
알렙포
딥사
다드몰
리블라
하란
갈그미스
앗수르
니느웨
다소

바벨론
십발
님루드
수사
엑바타나(악메다)
우르
우라

페르시아
만

아시리아만

티그리스 강

유프라테스 강

포로된 유대인들이
님루드 주위에 모여듦

에스라가 위험을 무릅
쓰고 빠른 길을 선택함

52 아하와 강가 The Ahava Canal
하나님의 선하신 손의 도움
에스라 7:7-10; 8:21-23

에스라는 제게 특별히 친숙하고 정이 가는 사람입니다. 우선은 그가 율법학자 겸 제사장(스 7:11-12)이었기 때문입니다. 요즘으로 말하면 신학자 겸 목회자라고 볼 수 있습니다. 서울신학대학교에서 교편을 잡다가 중앙교회에 부름 받아 목회하고 있는 저와 비슷하다는 느낌이 듭니다. 그리고 2007년에 예배당을 리모델링할 때 "에스라"와 "느헤미야"를 새롭게 읽으라는 음성을 듣고 꼼꼼하게 읽었기 때문입니다. 무너진 예루살렘 성전과 믿음을 재건해야 할 처지에 있었던 그들과 오늘의 우리가 무관하지 않기 때문입니다.

포로 귀환의 배경
먼저 역사적인 배경을 간략하게 살펴보면, 남왕국 유다가 멸망(주전 586년)한 후 백성들은 바벨론에 포로로 끌려갔습니다. 하지만 하나님

「에스라」 1860, 율리우스 슈노르폰 카롤스펠트, 목판화, 『Die Bibel in Bildern』 수록 삽화.

은 이스라엘을 버리거나 포기하지 않으셨습니다. 하나님은 은혜로 그 백성을 재건하려 하셨습니다. 제2의 출애굽을 준비하고 계셨습니다. 신흥 대국인 페르시아가 바벨론을 멸망시켰습니다. 페르시아의 초대 왕 고레스(Cyrus II, 주전 559~530)는 주전 538년에 칙령을 내려, 바벨론 에 포로로 잡혀와 있는 사람들 가운데 원하는 사람은 본국으로 돌아 갈 수 있도록 허용했습니다.

개략적이고 상징적인 숫자이지만 '70년' 만에 고국으로 돌아오는 유 다인들이 새로운 역사를 이루어 가는 과정이 "에스라"와 "느헤미야"의 배경입니다. 이 두 책은 원래 한 권이었던 것으로 보입니다. "에스라"는 성전 재건과 말씀 재건 등 유다 사회의 내적 재건을 다루고, "느헤미야'는 예루살렘 성벽과 공동체라는 외적 틀을 세우는 것을 다룹니다.

에스라는 1–6장까지 1차 귀환, 7–10장까지는 2차 귀환을 다루고 있습니다. 1차 귀환은 주전 537–536년에 스룹바벨의 지도 아래 이루어졌으며, 4만 9,897명이 이동했습니다. 이들은 예루살렘에 돌아와 먼저 제단을 쌓고 절기를 지키고 성전 재건 운동을 일으켰습니다. 많은 반대와 방해가 있었지만 하나님의 도우심으로 사명을 완수했습니다. 주전 520년에는 좌절과 고난으로 중단된 성전 재건 공사를 독려하는 학개와 스가랴의 예언 활동이 있었습니다. 이것이 에스라 6장까지 기록된 사건입니다.

2차 귀환은 에스라를 중심으로 주전 457년에 이루어졌고, 1,754명이 돌아옵니다. 1차 귀환 이후 대략 80년 정도 이후입니다. 참고로 느헤미야 주도의 3차 귀환은 12년 뒤인 주전 445년에 이루어졌습니다. 에스라의 2차 귀환은 비록 적은 수효였지만 영적으로 혼탁해진 이스라엘에 새로운 바람을 불어넣는 전기가 됩니다. 그것이 7장부터 마지막 10장까지의 내용입니다. 학자 에스라는 성전 재건을 원하시는 하나님의 뜻에 따라 말씀 개혁 운동을 일으켰습니다.

포로 귀환의 교훈

이렇게 상당한 시차를 두고 귀환자들이 돌아온 것은 우리에게 어떤 영적인 교훈을 줄까요? 1차 귀환만으로 끝날 수도 있는데 말입니다.

그들은 어려운 길을 헤치고 돌아와 여호와의 성전을 재건했습니다. 하지만 그것만으로는 충분하지 않았습니다. 공간으로서, 건물로서 성전을 건축하는 것은 궁극적인 목적이 될 수 없다는 것입니다.

1차 귀환자들 중에는, 성전을 재건한 뒤에 이런 생각을 하는 사람도 있었을 것입니다. '우리가 돌아가서 여호와 하나님의 성전을 건설하기만 하면 모든 일이 형통하고 이전에 이사야 선지자 같은 이들이 예언한 모든 영광이 이스라엘에 임할 거야. 여호와께서 예루살렘에 임하심으로 어둠 속에 있던 만국이 몰려올 거야. 나라들이 이 빛으로 나아오고 왕들도 예루살렘으로 오겠지. 온갖 무리가 흩어진 이스라엘의 아들과 딸들을 데리고 올 거야. 바다의 부와 이방의 재물이 다 예루살렘으로 몰려드는 황금의 시기가 도래할 거야'(사 60:1-5 참고).

하지만 그들이 기대하던 일들은 도래하지 않았습니다. 기대가 실망으로 바뀌자 그들은 침체에 빠질 수밖에 없었습니다. 성전 재건은 새로운 시작에 불과할 뿐임을 그들은 몰랐습니다. 더 중요하고 본질적인 것은 성전의 본질을 회복하는 일이었습니다. 여호와 하나님께 정결하고 의로운 제사가 드려지고, 하나님의 말씀이 선포되는 것입니다. 아니 그것보다 더 중요한 것은 성전 안에 살아 계신 하나님의 임재를 경험하는 것입니다. 하나님의 임재를 느끼지 못하면 성전도, 그 안에서 드리는 제사도 아무 의미가 없습니다. 그래서 2차 귀환자들이 돌아와야 했고 그 중에 제사장 겸 학자 에스라가 있었던 것입니다.

에스라

이스라엘을 영적으로 혹은 내적으로 부흥시킬 에스라는 뜻밖에도 페르시아가 정복한 유다 지역의 총독으로 임명되어 왔습니다. 에스라는 경건한 인물이었을 뿐만 아니라 페르시아 왕에 의해서 권력을 지닌 이이기도 했습니다.

이런 상황을 이해하기 위해서는 큰 그림을 볼 필요가 있습니다. 페

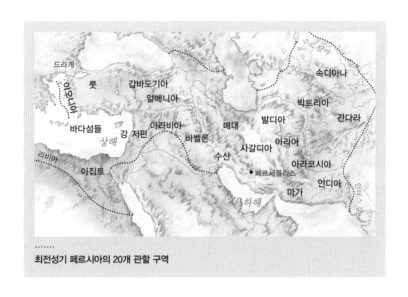

최전성기 페르시아의 20개 관할 구역

르시아라는 제국은 현재의 페르시아 만에 연해 있는 페르세폴리스 등을 중심으로 발흥하고 부흥하여 성립된 제국입니다. 페르시아는 신바벨론 제국을 무너뜨리고 동방 최대 제국을 건설했습니다. 후에 마케도니아 알렉산더 대왕의 공격으로 멸망했지만 동방에서 일어난 제국 중 가장 큰 영토를 차지한 나라입니다. 2대 왕인 캄비세스 때는 애굽을 정복했으며, 최고 전성기 때는 인더스 강〔東〕에서 나일 강〔西〕까지 지배했습니다. 전성기 때는 전국을 127개 도로 나누어 각 도에 총독을 세웠고 127명의 총독 위로 3명의 총리를 두기도 했습니다. 바벨론이 멸망한 이유가 그들의 잘못된 종교 정책이라고 본 것인지, 페르시아는 종교적으로 관용적인 정책을 시행하고 후원했습니다. 단지 모든 종교에 페르시아 왕과 왕국을 위해 기도할 의무를 지웠습니다.

아무리 광대한 제국이라고 해도 그에 필적하는 대적이 항상 있는 법입니다. 주전 461년에 그리스의 후원을 받은 애굽이 페르시아에 반역을 일으켰습니다. 이에 대해 페르시아는 팔레스타인의 해변과 평지 지대(쉐펠라)에 병참 기지와 수비대를 건설했습니다. 이제 유다 지역은 페르시아 제국의 변방에 해당하게 되었습니다. 애굽이 반란을 일으키기 전에는 팔레스타인이 '유브라데 강 건너편'이라고 불리는 페르시아 제5 관할 구역의 한 도(道)였지만, 애굽의 반란 이후에는 남쪽 국경이 되었습니다. 따라서 유다 땅의 안정과 질서가 페르시아에 꼭 필요한 상황이었습니다.

에스라와 느헤미야의 사역은 페르시아 제국의 남쪽 경계에 대한 관심과 맞물려 있었습니다. 에스라는 행정 권력자라기보다 '종교 업무를 담당하는 책임자'로 임명된 듯한데, 이 같은 국제 정세는 에스라가 왜 갑자기 총독으로 임명되었는지를 알 수 있는 단서가 됩니다. 에스라는 애굽이 반란을 일으킨 3년 뒤에 국경 안정화 정책의 일환으로 종교 총독의 임무를 띠고 귀환했을 것입니다.

3차 귀환자를 이끌고 돌아온 느헤미야는 예루살렘이 '변경'으로 황폐화, 공동화되는 것에 안타까움을 느끼고 있었습니다. 잦은 전투와 살육으로 예루살렘을 비롯한 팔레스타인은 누구도 살기 꺼리는 곳이 되었습니다. 이에 거룩한 분노를 느낀 느헤미야는 왕에게 요청하여 행정직 총독으로 부임하였고, 예루살렘 성벽을 쌓고 주민을 그곳에 둠으로써 안정화시켰습니다. 비록 페르시아의 이해 관계와 맞아떨어졌지만 하나님은 이와 같은 국제 정세를 사용하여 환경을 조성하시고, 헌신되고 준비된 그릇들을 사용하여 정결한 하나님의 백성과 종교를 이루려 하신 것입니다.

에스라의 이름은 '아사랴'의 축약형으로서 '여호와께서 도우신다'는 의미입니다. 그는 대제사장 아론의 16대손으로 아론, 엘르아살, 비느하스 등 사독 계열의 정통 제사장입니다. 뼈대 있는 가문 출신입니다. 하나님은 세상에서 약하고 미련하고 천하고 멸시받는 이들을 택하여 당신의 사역을 위해서 사용하실 뿐만 아니라, 귀족 출신도 사용하실 수 있습니다. 하나님이 사용하심에는 결코 제한이 없습니다.

그는 바벨론 포로 기간에 '사로잡혀간 백성'으로 하나님을 향한 뜨거운 마음을 품고 살았을 것입니다. 비록 나라는 잃었지만 유대교만은 확고히 하고자 했기 때문입니다. 유대인들이 에스라를 제2의 모세라고 하며 모세와 동격으로 간주할 만큼 유대교에서 없어서는 안 될 인물입니다. 전승에 따르면 에스라는 모세의 율법과 선지서와 역사서와 시가서를 모아 편집하여 히브리어 정경을 만들었다고 합니다. 진위야 알 수 없지만 그만큼 에스라에게 하나님의 율법에 대한 특심이 있었음을 반증하는 것입니다.

국제 역학상으로 팔레스타인을 안정시킬 사람이 필요한 때에, 에스라는 페르시아 정부에서 아닥사스다 왕의 법률 자문으로 있었던 것이 아닌가 추측하는 사람들이 많습니다. 에스라는 페르시아 왕이 보기에도 적임자였습니다. 하나님도 그를 적임자로 보셨습니다. 아니 하나님이 그를 준비하셨다고 해야 할 것입니다. 하나님은 그분의 나라를 건설하기 위해서 인재를 준비하시되, 애굽에서는 모세를, 바벨론에서는 에스라를 준비하고 계셨던 것입니다.

총독으로 결정되었을 때 에스라는 속으로 무척 기뻤을 것입니다. 평안한 제국의 수도를 떠나 전란으로 황폐화되고 불안정한 예루살렘으로 간다는 것은 무모해 보이는 일입니다. 하지만 에스라는 하나님께 자신을 온전히 드린 자였고, 진리의 원칙 즉 모세의 율법에 따라 정치, 경제, 사회, 문화가 작동하는 신정 국가를 구성해 보고 싶다는 열망을 실현할 천재일우의 기회를 맞게 되었습니다. 열정을 실현할 기회가 주어졌으니 어찌 기쁘지 않겠습니까? 아닥사스다 왕은 조서를 내려 에스라에게 권한과 의무를 부여했습니다. 아닥사스다 왕의 조서에 적힌 내용은 대략 다음과 같았습니다(스 7:11-26 참고).

누구든지 자원하는 자는 함께 예루살렘으로 돌아가도 좋다.
예루살렘에 도착하면 왕과 모사들이 드린 예물을 하나님께 바치라.
왕이 드리는 그릇도 예루살렘에 계신 여호와께 드리라.
부족한 것이 있거든 궁중 창고에서 가져다 사용하라.
유브라데 강 서쪽의 창고지기에게 필요한 것을 요구하라.
귀환자들에게 각종 부담을 면제하라.
'예후다' 영토 내에서 법관과 재판관을 세워라.
만약 명령을 듣지 않으면 다양한 수단으로 징계하라.
최선을 다해 하늘의 하나님 여호와를 섬기라.

에스라가 요구하고 요청해야 할 내용을 아닥사스다 왕이 이미 조서의 형식으로 명령하고 이에 합당한 권한을 에스라에게 부여하고 있습니다. 남왕국과 북왕국이 멸망할 때 누가 이런 날이 오리라 예상이나 했겠습니까? 무너진 예루살렘과 성전과 신앙 재건을 위해서 이방 왕이 이렇게 나설 줄 누가 알았겠습니까? 하나님은 놀라운 섭리로 자신의 일을 성취해 가고 계십니다. 하나님은 일꾼이 없어 일을 못하시지 않습니다. 만약 어른들이 하나님을 찬양하지 않는다면 젖먹이의 입으로 찬양하게 하실 것입니다. 만약 인간이 하나님의 일을 찬양하지 않는다면 돌들이 부르짖을 것입니다. 그러므로 우리는 하나님의 사역 맡은 것을 감사하며, 그 일을 성취하기 위해서 항상 애써야 할 것입니다.

에스라는 이 조서를 받고 곧 하나님의 개입과 섭리를 느끼며 마음 깊은 곳에서 감사를 드렸을 것입니다. 하나님이 아닥사스다 왕의 마음을 움직이셔서 하나님의 일을 성취해 가시고, 자신이 그 귀한 일에 사용되도록 부름 받았다는 사실에 가슴이 벅찼을 것입니다. 아닥사스다 왕은 신임하는 신하 에스라를 파송하면서 호위 군대를 지원하겠다고 제안했습니다. 하지만 에스라는 하나님의 보호하심을 믿고 거절했습니다. 그 이유는 전에 왕께 이런 말을 했기 때문입니다. "우리 하나님의 손은 자기를 찾는 모든 자에게 선을 베푸시고 자기를 배반하는 모든 자에게는 권능과 진노를 내리십니다"(스 8:21). 하나님의 존재와 권능을 믿고 선포하고 자랑했던 그가 왕에게 보병과 마병 등 호위 병력을 요청하는 것은 이율배반이요 또한 하나님에 대한 신앙이 거짓이거나 피상적임을 증명하는 것이기 때문입니다. 이제 에스라는 오직 하나님의 보호하심에 의지하여 길을 떠납니다.

귀환 여정

주전 458년 정월 초하루가 밝자 귀환 여정이 시작되었습니다. 에스라는 귀환할 사람들을 바벨론에 집결시켜 명단을 조사하고, 왕이 준 보물들과 이스라엘 백성들이 여호와의 성전에 바치라고 준 물품을 계수하고 운송 책임을 배당해 주었습니다. 귀환하는 사람들은 1,754명으로, 이스라엘 백성들, 제사장들, 레위 사람들, 노래하는 자들, 느디님 사람들로 구성되었습니다. 그들이야말로 참으로 신앙을 재건할 사람들입니다. 페르시아에 그대로 머무른다면 안일한 삶은 보장받지만 삶의 보람은 없습니다. 귀환길에 오르면 고생이지만 영혼의 유익은 큽니다. 이 1,754명은 여호와께 자신을 온전히 드린 사람이라고 볼 수 있습니다.

바벨론을 출발한 에스라 일행에게는 하나님의 선하신 도움이 절실했습니다. 당시 페르시아의 남쪽 국경은 비옥한 초승달 지역의 남방 한계선이었기 때문입니다. 그들의 귀로는 국경에서 가까워 사막 부족이나 도적떼의 표적이 되기 십상이었습니다. 더욱이 많은 보물과 재화를 가지고 호위 군사도 없이 장거리를 이동하는 상황이었기 때문입니다. 아하와 강에 도착한 에스라 일행은 곧 금식을 선포하고 평탄하고 안전한 길을 구하는 기도를 했습니다.

하나님의 도우심이 없다면 그 어떤 일도 이룰 수가 없기 때문입니다. 어린이와 부녀자가 포함된 무리를 이끌고 1,400킬로미터가 넘는 긴 여정을 가야 하기 때문입니다. 사흘 동안의 금식 기도 기간에 에스라는 사력을 다해 하나님의 선하신 손길을 간구했습니다. 우리 역시 하나님의 뜻과 호의 아래 있다고 하여도 항상 하나님의 도움을 구하며 기도해야 합니다. 1월 12일에 다시 길을 떠난 에스라 일행은 기도에 응답하신 하나님의 도움으로 5월 1일에 예루살렘에 도착합니다. 3개월 반에 이르는 장도가 순탄하고 평안하게 끝이 났습니다. 그 길은 기도의 길이요 하나님의 선한 손에 의지하여 걸어온 길이었습니다.

에스라의 개혁 운동

■ 종교 개혁 운동

예루살렘에 도착한 에스라는 어떤 식으로 이스라엘을 재건했을까요?
종교 개혁 운동을 일으켰습니다. 이는 올바른 제사를 드리고, 말씀과
회개 운동을 일으키는 것이었습니다. 5월 1일에 예루살렘에 도착한
그들이 제일 먼저 한 일은 여호와 하나님의 성전 제단에 제사를 드리
는 일이었습니다. 이스라엘 지파의 수효를 따라 열두 마리의 수송아
지로 번제를 드렸습니다. 이것이 상징하는 것은 '이방에서 돌아온 자
들, '사로잡혔던 자의 자손'이야말로 여호와 하나님의 남은 백성, 참

백성, 순수한 백성이라는 의미입니다. 그들이야말로 12지파로 구성된 하나님 백성의 대표자라는 자부심이 있었던 것입니다. 본토에 남은 백성은 혈통적으로나 신앙적으로나 혼합되어 하나님의 백성으로 인정할 수가 없었던 것입니다. 그들에게서 순수한 신앙을 기대한다는 것은 무리였습니다. 하나님을 위한 새로운 백성이 되어야 했기 때문입니다.

■ 말씀 운동

이어서 에스라는 말씀 운동을 일으킵니다. 그 운동의 기초는 "에스라가 여호와의 율법을 연구하여 준행하며 율례와 규례를 이스라엘에게 가르치기를 결심하였더라"(스 7:10)에 나타납니다. 에스라는 말씀을 통한 개혁을 결단하였습니다. 우리가 새 사람이 되고, 새 역사를 일으키고, 새 바람을 일으키는 데는 말씀 운동밖에 없습니다.

여기에 말씀의 3대 사역이 나옵니다. ① '연구하기'(to seek)입니다. 이것은 자신을 위한 것으로 공부하고 실력을 쌓는 것입니다. 자신이 먼저 배우지 않는다면 남을 가르칠 수도, 선한 영향력을 끼칠 수도 없습니다. 비록 에스라가 유능한 학자였지만 겸손히 하나님의 말씀 즉 모세 율법을 연구하여, 더 많이, 더 정확하게, 더 온전하게 알려 했던 것입니다. 바른 앎은 바른 실천의 전제 조건입니다. ② '준행하기'(to do)입니다. 연구하는 것만으로는 온전한 경건이라고 보기 힘듭니다. 아는 것은 반드시 몸으로, 삶 속에서 실천되어야 합니다. 그럴 때 앎도 깊어지고 외식에서 떠날 수가 있습니다. 그리고 남을 진정으로 가르치고자 하는 자는 먼저 스스로 실천해야 합니다. 몸으로 말씀을 살아 내야 합니다. ③ '가르치기'(to teach)입니다. 이는 다른 사람을 위한 것으로, 우리의 모든 경건과 은사는 하나님 나라의 유익을 위해서 사용되어야 합니다.

느헤미야 8장 1절부터 9절에는 에스라가 수문 앞 광장에서 말씀을 설교하는 모습이 잘 묘사되어 있습니다. 첫째, 새벽부터 정오까지 하나님의 말씀을 읽습니다. 오늘날의 예배 정황에서는 성경 본문이 조금만 길어지면 짜증을 내곤 하는데, 에스라는 그렇지 않았습니다. 하나님의 말씀 그 자체를 충분히 깊이 많이 읽는 것도 좋습니다. 둘째, 책을 펼 때 백성이 일어섰습니다. 이는 성경이 하나님의 권위 있는 말씀, 존귀한 말씀임을 인정하는 것입니다. 성경의 권위에 대한 태도는 곧 자신의 신앙과 인생의 운명을 좌우합니다. 셋째, 말씀이 들려질 때 백성들이 여호와를 송축하며 아멘으로 응답하고 경배했습니다. 참된 예배와 말씀 선포에 백성들이 뜨겁게 반응합니다. 최선을 다해 말씀을 경청하고 마음에 새기는 적극적인 자세가 필요합니다. 넷째, 말씀을 읽고 해석하고 깨닫게 하니, 백성들이 울었습니다. 감동과 회개가 있었다는 것입니다. 하나님의 말씀은 오늘도 살아 역사하는 말씀입니다. 죽은 말씀이 아닙니다. 하나님의 백성에게 강력하게 영향을 미칩니다.

■ 회개 운동

세 번째로 에스라는 회개 운동을 일으켰습니다. 에스라가 총독으로 부임한 지 얼마 후에 방백들이 나아와서 이스라엘의 영적 실상을 고발했습니다. 돌아온 유대인들이 그 땅의 백성에게서 떠나지 않고 통혼을 하여 딸을 그들에게 주고, 그들의 딸을 며느리로 삼았다는 것입니다. 이 소식을 듣자 에스라는 대경실색했습니다. 자신의 속옷과 겉옷을 찢고 머리털과 수염을 뜯고, 눈물을 흘리며 회개했습니다.

그 땅 백성들과의 통혼은 충분히 이해할 만합니다. 아무런 기반도 없이 예루살렘으로 이주한 이들로서는 터를 잡고 있는 그들과 선한 관계를 유지하는 것이 여러 모로 유익할 것입니다. 그러나 그 유착 관계가 인척 관계로 이어진다면 심각한 문제에 도달할 수 있습니다. 그들의 종교가 유입되어 결국 이스라엘을 망하게 했던 우상 숭배의 죄악으로 돌아갈 가능성이 있기 때문입니다. 정결한 하나님 나라를 재건하겠다고 이주한 사람들이 어떻게 이렇게 쉽게 현실적 필요에 굴복할 수 있는지, 하나님을 향해 얼굴을 들지 못할 상황입니다.

지도자인 에스라가 이렇게 눈물을 흘리며 회개하자 사람들도 사태의 심각성을 깨닫기 시작했습니다.

> 에스라가 하나님의 성전 앞에 엎드려 울며 기도하여 죄를 자복할 때에 많은 백성이 크게 통곡하매 이스라엘 중에서 백성의 남녀와 어린아이의 큰 무리가 그 앞에 모인지라(스 10:1)

그동안 대수롭지 않은 행위라고 여겼는데 에스라가 통곡하는 것을 보고는 자신의 행실이 심각한 죄악이라는 것을 깨달아 함께 회개의 눈물을 흘리게 된 것입니다. 어린이를 포함하여 모두 울음바다가 되었을 것입니다.

영적 지도자의 중요성은 아무리 강조해도 지나치지 않습니다. 지도자가 먼저 회개해야 합니다. 지도자로부터 도덕성 회복 운동이 일어났습니다. 에스라가 무엇이 죄악인지를 설명하자 백성들이 수긍했고 방백들은 대안을 제시했습니다. 이방 여인을 나가게 하고 소생이 있다면 그들도 떠나가게 하자는 것이었습니다. 에스라는 방백들의 의견을 받아들이고 총독의 권한을 사용해서 회개 운동을 전개하였습니다. 이방 여인과 결혼한 사람의 명단이 나왔는데 110여 명이나 되었습니다. 물론 전체에 비하면 소수에 해당하지만 적은 누룩이 온 덩어리에 퍼지게 되는 법입니다.

후에 느헤미야와 함께한 회개 운동으로는 안식일 준수, 성전 헌물 등이 있습니다. 이를 통해 붕괴되었던 이스라엘은 하나님의 백성으로 회복되었고 참된 메시아인 예수님을 잉태할 모판이 되어 갔습니다.

여호와의 손

에스라와 느헤미야의 활동으로 본격적인 의미에서 신앙이 회복되고 이스라엘은 하나님의 선민이라는 정체성을 지니게 되었습니다. 하지만 이 모든 일은 하나님이 하신 일입니다. 망했던 나라를 되돌려 다시 새롭게 시작하기란 아무리 뛰어난 인물이라고 해도 불가능한 일입니다. 그런 점에서 "에스라"와 "느헤미야"에 자주 등장하는 '여호와의 손'의 도움을 받았다는 표현(스 7:6, 9, 28; 8:18, 22, 31; 느 1:10; 2:8, 18)은 능히 이해가 되는 부분입니다.

결정적이고 중요한 문제에 직면할 때면 언제나 하나님의 손이 나타납니다. 보이는 모든 현상은 보이지 않는 하나님의 손길을 드러내고 있습니다. 하나님의 손이 개입할 때 안 되던 일이 되고, 막힌 일이 뚫리게 됩니다. 하나님의 손은 전능한 손입니다. 타이거 우즈의 손에 들린 골프채는 우리의 손에 들린 것과 다른 점수를 내고, 이승엽 선수의 야구 방망이는 우리의 손에 들린 것과 다릅니다. 하나님의 손에 들린 모세의 지팡이는 뱀이 되고, 홍해를 가르고, 반석에서 물을 내는 이치와 같습니다. 하나님의 손에 들리면 차원이 달라집니다.

하나님의 손이란 표현에는 다양한 뉘앙스가 담겨 있습니다. 인도, 보호, 능력, 위로, 채움 등등. "여호와의 손은 우리를 인도하신다. 우리는 그 이끄심을 따른다. 그분의 손이 우리를 보호하신다. 그 누구도 그분의 손에서 우리를 빼앗지 못할 것이다. 그분의 손은 우리에게 필요한 도움을 베푸신다. 그분의 손은 우리를 강하게 하여 일할 수 있게 하신다. 여호와의 손은 우리가 그분의 지도를 받을 때 우리가 실패하지 않으리라는 확신을 준다"(어네스트 베이커, 『성경의 신앙 부흥 운동들』, p. 114).

그러한 하나님의 손이 에스라 위에 있었다는 것은 하나님이 그를 당신의 목적에 따라 빚어 가셨다는 사실을 보여 줍니다. 에스라가 왕에게 필요한 것들을 다 받았지만(스 7:6) 그것은 하나님의 손이 그를 도우셨기 때문이라는 것입니다. 더욱이 하나님의 목적을 이루기 위해 에스라를 인도하신다는 것입니다. 귀환할 때, 귈이 난 레위 사람을 부르러 보내자 그들이 놀랍게 응답하며 소환에 응한 것도 하나님의 손의 도움이라고 합니다. 바벨론에서 예루살렘까지 네 달 이상의 험난한 여정에서 도적떼에게 습격당하지 않고 무사히 도착한 것도 하나님의 손이 인도하셨기 때문입니다.

하나님의 손이 에스라와 느헤미야를 인도하여 위업을 이루었다면 그들에게는 자랑할 것이 하나도 없습니다. "주의 종이 마땅히 하여야 할 일을 한 것뿐이라." 한편 하나님의 손이 우리 인생을 인도하신다는 사실을 깨닫는 것은 우리에게 위로와 용기를 주기에 충분합니다.

우리는 에스라와 느헤미야를 보면서 어떤 경우라도 담대할 수 있는 근거를 발견하게 됩니다. 하나님이 우리를 사랑하시고 그분의 손이 우리 위에 계시기 때문입니다. 하나님은 결코 우리를 놓치지 않으십니다.

서커스의 공중 곡예 연기자에 관해 언급하면서, 나우웬은 그들이 서커스에서 위험한 묘기를 펼칠 때 공중 그네의 손잡이를 놓으면서 건너편에서 동료가 자신의 손을 잡아 줄 것을 확신한다고 말합니다. 공중제비를 도는 사람은 그네의 탄력에 의지하여 자신을 공중에 던지면서 손을 펴고 상대에게 자신을 맡기는 것입니다. 나우웬은 이런 곡예 연기자들의 공연에서, 하나님과 신자의 관계가 어떠한 것인지를 발견합니다. 우리의 구원은, 우리가 하나님의 손을 잡는 데서 일어나는 사건이 아니라, 우리가 자신의 유익을 위하여 놓지 못하고 있던 그네 손잡이를 과감히 놓고, 하나님이 우리의 손을 잡아 주시리라는 사실을 온전히 확신할 때 일어납니다. 그네 손잡이를 놓고 하나님을 의지하여 공중에 몸을 던질 때, 하나님이 우리의 손을 잡아 주십니다.

하나님은 '영원히 우리를 붙드시는 분'(eternal catcher)이십니다. 하나님은 결코 우리의 손을 놓지 않으시기 때문에, 설령 우리가 그분의 손목을 놓칠지라도 우리는 떨어지지 않습니다. 하나님은 영원히 붙드시는 분입니다. 루터는 밤이 되면 이렇게 기도하곤 했다고 합니다. "하나님, 이게 제 세상입니까? 당신 세상입니까?, 제 교회입니까? 당신 교회입니까? 당신 세상이고, 당신 교회라면 제발 당신이 돌보십시오. 저는 피곤해서 자야겠습니다. 하나님, 안녕히 계십시오. 내일 아침에 다시 뵙겠습니다!" 루터와 같이 우리의 모든 것을 하나님의 손에 맡

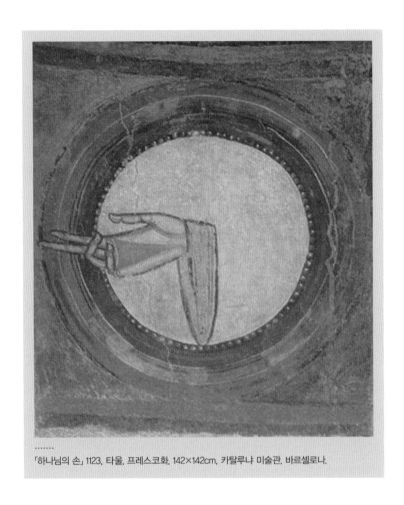

「하나님의 손」 1123, 타울, 프레스코화, 142×142cm, 카탈루냐 미술관, 바르셀로나.

기는 자가 되어야 합니다. 하나님의 손에 우리의 문제를 올려 드립시다. 기도로 올려 드릴 수 있습니다.

하나님의 손

하나님의 손을 주제로 명화를 그린 작가들이 있습니다. 이 그림들을 통해 하나님의 손을 생각해 보았으면 합니다.

우상 숭배가 아닌 예술이라고 할지라도 '하나님의 형상'을 표현하는 것은 율법상 정죄를 받습니다. 모세의 십계명 중 제2계명이 이를 강제하고 있고, 영화되기 전에 죄성에 물든 인간이 하나님의 형상을 직접 보게 되면 죽게 되기 때문입니다. 따라서 예술가들은 하나님의 형상을 직접적으로 드러내지 않으면서도 하나님을 시각적으로 표현할 방법을 찾았는데 '빛' 혹은 '손'입니다.

타울의 "하나님의 손"에서 다섯 겹의 후광 안에서 내민 오른손은 하나님의 손입니다. 이것은 하나님의 일부가 아니라 하나님 전체를 나타냅니다. 이 손은 심판이 아닌, 축복과 위로와 보호를 주시려는 손처럼 보입니다. 영원에 계신 하나님은 시공간에 갇힌 이 세상에 '돕는 손'으로 나타나기를 기뻐하신다는 메시지를 담고 있는 듯합니다.

탕자의 귀향

렘브란트는 "아직 거리가 먼데 아버지가 그를 보고 측은히 여겨 달려가 목을 안고 입을 맞추니"(눅 15:20)라는 성경 구절을 배경으로 "탕자의 귀향"을 그렸습니다. 렘브란트는 빛의 화가이기 때문에 그림을 감상할 때는 빛을 따라 읽어야 합니다. 빛의 화가답게 빛과 어둠을 통해 메시지를 던지고 있습니다. 탕자를 용서하고 받아들이는 장면은 밝은 빛으로 표현된 반면 그 주변은 어둠에 휩싸여 있습니다. 이 세상은 어둠의 지배를 받고 있는 듯이 보입니다. 그 어두운 세상 가운데 하나님의 용서와 사랑의 빛만이 밝게 빛나고 있습니다.

그림의 중심은 아버지의 손입니다. 돌아온 아들의 등을 어루만지는 손입니다. 아버지의 얼굴로부터 그 손에 모든 빛이 쏟아지고 있으며 그 위에 구경꾼들의 눈이 모여 있습니다. 그 손에는 자비가 빛나

고, 용서와 화해와 치유가 어우러져 있습니다. 그 손에는 지친 아들뿐 아니라 오랜 기다림에 지친 아버지의 쉼도 있습니다. 하나님의 손은 모든 사람을 품고 받아들이는 긴 기다림이며, 온갖 아픔을 녹여 주는 따뜻한 마음입니다.

하나님의 손은 셈할 줄 모르는 어리석은 베풂으로 생명을 키우는 능력입니다. 그 손은 내가 태어날 때 나를 받아 주었고, 나를 먹여 주었고, 길러 주었고, 붙들어 주었고, 인도해 주었고, 보호해 주었고, 눈물을 닦아 주었고, 환영해 주었습니다. 때로는 어머니로, 아버지로, 선생님으로, 목사님으로, 친구로, 아내로, 아이들로 나타났지만 모두 하나님의 손이었습니다. 내가 알 때도 있었고 모를 때도 있었습니다.

아버지의 두 손은 대조적입니다. 아들을 자기 쪽으로 끌어당기는 왼손은 강하고 힘이 있어 보입니다. 손을 넓게 펴서 어깨와 등을 크게 덮고 있습니다. 부성이 느껴지는 손입니다. 오른손은 부드럽고 매우 다정해 보이는 손입니다. 어루만지고 쓰다듬고 위로와 평안을 주는 손입니다. 모성이 느껴지는 손입니다. 그는 아들을 힘 있는 손과 자비로운 손으로 함께 어루만지고 있습니다. 한 손은 붙잡아 주고, 한 손은 어루만져 줍니다. 한 손은 확신을 주고, 다른 손은 위로를 주고 있습니다. 아버지와 어머니, 부성과 모성을 소유하신 하나님이십니다.

이 그림은 양면성을 지니고 이 세상을 살아가는 우리의 모습을 투영합니다. 우리는 빛이 되기도 하고 어둠이 되기도 합니다. 탕자로서 어두운 세상으로 나갔다가 돌아와 용서받고 빛으로 들어갑니다. 우리는 탕자일 수도 있고, 탕자의 형일 수도 있습니다. 구경꾼들 중 오른편 키 큰 사람이 형입니다. 그는 상봉한 부자와 상당한 거리를 유지하고 있습니다. 손을 움켜쥔 채로 어두운 그림자가 드리워져 있습

·········
「돕는 손(The Helping Hand)」 1881, 에밀 라누, 캔버스에 유화, 60×89inch, 코코란 갤러리, 워싱턴.

니다. 자신만을 감싸는 손, 닫힌 손입니다. 그 손에는 자기 의, 동생에 대한 배척, 아버지에 대한 원망과 불평, 용서하는 아버지를 이해하지 않으려 하는 옹졸함이 들어 있습니다. 당신은 빛 안에 있습니까? 어둠에 있습니까? 당신은 돌아온 탕자입니까? 탕자를 받아들이지 못하는 형입니까?

돕는 손

잔잔한 호숫가에 배가 한 척 떠 있고, 배 안에는 어부와 그의 딸인지

지명을 읽으면 성경이 보인다 • 52 아하와 강가

손녀인지 알 수 없는 나이 어린 소녀가 있습니다. 어부는 큰 노를 젓고 있습니다. 그때 갑자기 어린 소녀가 고사리 같은 손을 올려 굵은 노를 만지고 있습니다. 소녀가 노를 젓는 것이 아닙니다. 그냥 손을 얹어 놓았을 뿐입니다. 어부를 도우려는 의도는 있었을 것입니다. 하지만 실상 어린 소녀가 한 일은 별로 없습니다. 주된 동력은 어린 소녀가 아니라 어부에게서 나오기 때문입니다. 소녀의 행동은 어부에게 거치적거렸지 도움이 되지는 않습니다. 하지만 어부는 지긋한 미소로 소녀를 쳐다보고 있습니다. 어부는 소녀의 행동으로 인해 기쁨을 얻었습니다. 그래서 제목이 "돕는 손"입니다.

역사의 주관자는 하나님이시고 모든 일은 하나님의 손으로 이루어집니다. 인간은 더할 수도 없고 덜 수도 없습니다. 하지만 하나님은 우리 인간이 수수방관하고 무관심하기를 원치 않으십니다. 비록 하나님이 모든 일을 이루실 것이지만 우리가 협력하기를 원하십니다. 하나님이 일에 헌신하고 동역하기를 기뻐하십니다. 우리는 상징적이나마 하나님께 "돕는 손"이 되는 것입니다.

포로 귀환 경로

1차 귀환로(세스바살과 스룹바벨) : 주전 537~515년
2, 3차 귀환로(에스라와 느헤미야) : 주전 457~428년
남북 국경선

수사

엘람

우르

느보르

바벨론

십발

엘람

에바타나(악메다)

니느웨

앗수르

하란

레셈

둘마

갈그미스

딥사

엘렘포

하맛

다메섹

비블로스

두로

두마

예루살렘

자중 해
(대 해)

다소

포로된 유배인들이
느보르 주위에 모여듦

에스라가 위험을 무릅
쓰고 빠른 길을 선택함

티그리스 강

유프라테스 강

아하와 강

페
르
시
아

53 수산 Susa

거룩한 슬픔

느헤미야 1:1-11

남왕국 유다가 바벨론에 의해 멸망당하고 지도층을 위시하여 많은 유대인들이 바벨론에 포로로 끌려갔습니다. 망국의 한을 품고 벗은 발과 벗은 몸으로 끌려가던 사람들은 "과연 우리가 살아서 이 땅을 다시 밟아 볼 수 있을까?"라고 한탄했을 것입니다. 그렇게 유대인들은 절망 속에서 하나님이 그들에게 주신 땅에서 뿌리째 뽑혀 낯설고 먼 땅으로 끌려갔습니다.

대략 두 세대가 흐른 뒤, 페르시아가 바벨론을 제압하고 고레스 칙령으로 포로 귀환령을 내려졌습니다. 포로로 잡혀갔던 유대인들이 전부 귀향할 것 같습니다. 그러나 결과는 뜻밖이었습니다. 전체 디아스포라 유대인의 숫자에 비해 소수의 인원만 고국으로 돌아왔습니다.

디아스포라 유대인들은 포로지에서 정착하여 나름대로 일가(一家)를 이루고 있었으며 이제 그곳을 제2의 고향처럼 친근하게 느꼈습니다. 사실 정치와 경제와 문화의 중심지에 살다가 변두리에 해당하는 유다 땅으로 돌아간다는 것은 쉬운 결정이 아닙니다. 또한 유대인 포로들은 이곳에 살면서 인식의 지평이 넓어졌습니다. 세계를 제패한 강대국의 정치, 사회, 문화의 위력에 압도되었을 것입니다. 이런 환경 속에서 과거의 삶이 우물 안 개구리와 같은 생활이었다고 생각하게 되었을지도 모릅니다. 한번 넓어진 인식의 지평은 이전으로 돌아가는 것이 불가능합니다. 그 마음이 세계적인 문화와 철학과 가치관으로 채워져 있었기 때문입니다. 하지만 문제는 그들이 이런 강대국의 문화에 접하여 동화됨으로써 자신의 정체성을 상실하고 대국에 흡수되고 있음을 자각하지 못했다는 것입니다.

포로 귀환

이런 점에서 고향에 돌아온 소수의 사람들은 하나님께 헌신된 사람들이라고 평해도 될 것입니다. 유일무이한 하나님, 아브라함과 이삭과 야곱의 하나님 여호와 안에서 자신의 정체성을 찾고 참 하나님께 예배하는 공동체를 건설해 보려는 투철한 목적 의식을 지닌 사람들이라고 해도 무방할 것입니다.

이들의 귀환은 총 3차에 걸쳐 이루어졌습니다. 1차는 페르시아의 고레스 칙령 직후 바벨론에서 나온 사람들로서 스룹바벨이 인도했습니다(주전 548년). 2차는 모세의 율법에 능통한 학자 겸 제사장인 에스라가 인도한 그룹입니다(주전 458년). 3차는 유다 지역 총독으로 공식적으로 임명을 받고 돌아온 느헤미야 그룹입니다(주전 444년).

에스라와 느헤미야는 페르시아 제국의 변방 안정화 정책이라는 틀 내에서 유다의 책임자들로 임명받아 온 사람이라는 점이 같습니다.

하지만 직책은 약간 달라 보입니다. 정치적인 의미에서 총독의 직분을 받아 온 사람은 느헤미야입니다. 에스라는 정치적인 의미의 총독이라기보다는 오히려 유다 지역의 질서 유지를 위해서 사법관을 임명하고 종교 생활을 통제하는 감독으로 파견된 것으로 보입니다.

총독 느헤미야

느헤미야는 하가랴의 아들로서, 바벨론 포로로 잡혀간 자의 자손이었습니다. 그의 이름은 '여호와께서 위로하신다'는 뜻입니다. 그는 페르시아 제국 아닥사스다 1세의 술관원이었습니다. 술관원은 고대 세계에서 위세 있는 직분이었습니다. 술을 선택하는 기술이 남달라야 했고, 독이 없는지 검사하기 위하여 술을 맛보아야 할 의무가 있었습니다. 뿐만 아니라 왕의 쾌활하고 재치 있는 동료로서, 비공식적인 대화와 상담을 통해 왕에게 상당한 영향을 주었을 것입니다.

느헤미야는 수산 궁에서 왕의 술관원으로 왕의 신임을 받고 있었습니다. 그는 자신의 동족인 하나님의 백성 즉 이스라엘 대한 특심한 애정을 갖고 있었습니다. 결국 그는 유다 지역의 총독으로 두 차례 부임하게 되었고 무너진 예루살렘 성벽을 재건하고 이스라엘의 믿음을 확고하게 하였습니다. 에스라와 더불어 느헤미야는 신앙 재건의 중요한 공로자였습니다.

이 모든 일의 시발점은 우연하게 찾아왔습니다. 하나님을 믿는 믿음 안에서 우연은 있을 수 없지만, 느헤미야에게는 정말 우연처럼 다가왔습니다.

수산 성에서 술관원으로 일하고 있는 느헤미야에게 고국 소식이 들

렸습니다. 그는 형제 하나니가 유다에서 돌아왔을 때 "사로잡힘을 면하고 남아 있는 유다와 예루살렘 사람들의 형편"을 물었습니다. 하나니가 전하는 말은, 유다 사람들이 큰 환난을 당하고 능욕을 받으며 예루살렘 성은 허물어지고 성문들은 불탔다는 것이었습니다. 참으로 안타까운 소식입니다. 느헤미야는 동족을 생각하면서 혀를 차고 동정하고 끝낼 수도 있었습니다. 하지만 그는 그 소식을 뼈를 찌르는 칼처럼 아프게 느꼈습니다. 느헤미야는 곧 하나님 앞에 기도로 나아갔습니다.

성경 "느헤미야"는 글감의 상당수가 느헤미야의 개인적인 비망록에서 나온 것 같습니다. 그의 기록은 당시에 실제로 있었던 일을 바탕으로 하고 있습니다. 그러므로 그 역사성과 사실성을 그대로 느낄 수가 있습니다.

느헤미야는 유다와 예루살렘의 처참한 소식을 듣고 앉아 울었습니다. 수일 동안 슬퍼하며 하늘의 하나님께 금식하고 기도했습니다. 그 기도의 내용은 자신을 포함한 이스라엘이 하나님께 범죄하여 오늘날과 같은 환난과 재앙을 당한다는 고백이었습니다. 이미 모세의 율법 속에 하나님께 불순종하면 하나님의 선민이라도 재앙과 고난을 당할 것이라는 경고가 있었기 때문입니다. 하지만 느헤미야는 동일한 말씀 속에서 약속과 희망을 발견합니다. 범죄한 백성이라도 하나님께 돌이키기만 하면 하나님이 백성을 모으시되 그 백성이 세상 끝에 있을지라도 다 모으시겠다는 말씀입니다. 기도의 말미에 느헤미야는 하나님이 자신의 소명을 이루어 주시기를 기원합니다. "오늘 종이 형통하여 이 사람 앞에서 은혜를 입게 하옵소서"(느 1:11). '이 사람'이란 곧 페르시아의 왕 아닥사스다를 말합니다.

왕에게 은총 입기를 원하는 기도는 곧 느헤미야가 유다 민족을 위해서 무엇인가 결행하기로 결심했음을 의미합니다. 왕에게 무엇인가를 간청할 결단이 섰다는 것입니다. 느헤미야는 자신의 소명을 발견했습니다. 고난 받는 백성에게 가서 그들을 위해서 무엇인가 해야 한다는 강력한 소명을 발견한 기도였습니다.

하지만 느헤미야는 경솔하게 나서지 않습니다. 우리는 때때로 자신의 소명을 발견하고 섣불리 덤벼들다가 낭패를 당하곤 합니다. 하지만 느헤미야는 진중했습니다. 몇 개월 동안 그 소명이 확실한지 점검

하고, 그 소명을 위하여 자신이 무슨 일을 해야 하는지 곰곰이 숙고하며 기도로 준비했습니다. 무엇보다 하나님의 때를 기다리는 인내를 보여 주었습니다. 하나님이 최선의 시간에 그에게 적합한 길을 내시리라 확신했을 것입니다.

그 시기는 곧 닥쳤습니다. "아닥사스다 왕 제 이십 년 니산월"(느 2:1)에 느헤미야가 왕에게 술을 따르고 있었습니다. 이는 그가 소명을 깨달은 지 3~4개월이 지난 때였습니다. 왕은 술을 따르는 느헤미야의 얼굴에 수색이 가득함을 깨닫고 느헤미야에게 무슨 일인지를 물었습니다. 느헤미야는 드디어 때가 온 것을 직감했습니다. 하지만 주의해야 합니다. 만약 자신의 마음에 있는 대로 예루살렘 성벽을 건설하고자 하는 뜻을 비쳤다가는 반역으로 비쳐질 수도 있습니다. 당시의 페르시아는 거대한 제국을 만들어 놓고 각지에서 계속되는 반역으로 골머리를 앓고 있었습니다. 제국의 통제력이 미치지 못하는 곳에서 끊임없이 반란의 움직임이 포착되었기 때문입니다. 변경 지역의 안정을 원하기는 하지만 그 지역이 요새화되어 반란에 가담하게 되는 것은 절대로 원치 않았기 때문입니다. 더욱이 고대 세계에서도 유대 민족의 반항심과 불굴의 의지는 정평이 나 있습니다. 그런 상황에서 예루살렘 성벽을 재건하고 싶다는 말은 자칫 불충과 반역 기도로 의심받기에 충분하기 때문입니다.

느헤미야가 주저하는 데는 충분한 이유가 있었습니다. 정말 하나님의 도우심이 필요한 시점입니다. 하나님은 만물을 지으시고 만인의 마음을 주장하십니다. 느헤미야는 자기 조상들의 묘실이 있는 성읍이 불탔다는 모호한 표현을 사용했습니다. 조상들의 무덤이 환난을 당하는 것은 고대인들의 동정을 살 만한 충분한 이유가 되기 때문입니다.

수산 궁터 발굴 현장 | 1,800헥타아르에 이르는 광대한 궁터는 건물 기초석만 남아 있지만, 과거 얼마나 화려하고 규모 있는 왕궁이었는지를 짐작하게 해준다.

아파다나 성 | 발굴자가 수산 궁터에서 발굴된 벽돌로 인근에 지은 건물(1912년 완공). 수산 궁도 이와 유사하지 않았을까?

"그러면 네가 무엇을 원하느냐?" 정말 듣고 싶었던 질문입니다. 느헤미야는 하나님께 침묵으로 기도를 드렸습니다. 아주 짧은 시간이지만 느헤미야는 간절히 하나님의 은총을 구했을 것입니다. 그리고 조상들의 묘실이 있는 성읍을 건설하게 해 달라고 청했습니다. '하나님의 손'이 그를 도왔습니다. 왕은 느헤미야의 요구를 너무나도 흔쾌하게 마치 별 일 아니라는 듯이 승낙해 준 것입니다. 하나님이 개입하시면 안 될 것 같은 일도 쉽게 해결되며, 험로가 순탄한 길이 됩니다.

쇠뿔도 단 김에 뺀다고, 느헤미야는 왕에게 더 구체적인 몇 가지를 요구했습니다. 이 과정에서 느헤미야가 3개월 동안 허송세월한 것이 아니라 기도로 철저히 준비했다는 사실이 여실히 드러납니다. 먼저 강 서쪽 총독들에게 보내는 왕의 조서를 통해 느헤미야가 유다 땅까지 무사히 통과하게 해 달라고 요청했고, 둘째는 왕의 산림 감독 아삽에게 명령하여 필요한 목재를 공급해 달라는 조서를 요청했습니다. 제국의 수도에 있는 사람이 유다 땅 삼림 감독의 이름을 어떻게 알았을까요? 여러 방법을 통해 수소문하여 알아 두었을 것입니다.

하나님의 일은 하나님께 전적으로 맡겨야 하지만 또한 자신이 할 부분에서는 최선을 다해야 한다는 것을 보여 줍니다. 후에 느헤미야는 왕으로부터 호위 군대까지도 지원받았습니다. 에스라는 하나님의 영광을 가리지 않기 위해서 왕이 주겠다는 군대를 거절했습니다. 하지만 느헤미야는 왕이 주는 호위 군대를 감사함으로 받았습니다. 느헤미야에게는 이것조차도 선한 하나님의 손길이었기 때문입니다. 전혀 안 될 것 같은 일을 흔쾌히 승낙하고, 다양한 요구 조건을 수락하며, 게다가 왕이 자신의 군대를 내준다는 것은 하나님의 개입 없이는 불가능한 일이었기 때문입니다. 느헤미야에게 이 모든 일은 하나님의 도움이었고 감사의 제목이었습니다.

예루살렘 성벽 재건

무사히 예루살렘에 도착한 느헤미야는 밤중에 짐승을 타고 조용히 예루살렘 성벽을 조사했습니다. 전해 들은 것보다 더 처참한 상황이었습니다. 날이 밝자 느헤미야는 백성들의 대표자를 모아놓고 자신이 총독으로 부임하게 된 목적을 말했습니다.

우리가 당한 곤경은 너희도 보고 있는 바라 예루살렘이 황폐하고 성문이
불탔으니 자, 예루살렘 성을 건축하여 다시 수치를 당하지 말자(느 2:17)

일말의 불안과 의구심이 있는 그들을 향해서 느헤미야는 확신을 줍니다. 이 일은 여호와 하나님과 페르시아 왕의 재가가 떨어진 일이라고 말입니다. 그러자 사람들이 모두 의기투합하여 일심으로 성벽 쌓는 일을 하게 됩니다.

흔히 느헤미야를 연구할 때 그의 강력한 리더십에 주목하는 연구자가 많습니다. 느헤미야가 적은 자원을 동원하고도 거대한 일을 신속하고도 성공적으로 수행했기 때문입니다. 느헤미야 3장을 살펴보면 많은 사람들이 참여한 성벽 재건 공사는 40개 이상의 구간으로 나뉘어, 동시다발적으로 진행되었고, 때로는 기존 성벽 라인을 따라, 때로는 완전히 새로운 라인을 개척하면서 전개되었습니다. 그렇지만 전체적으로 보면 마치 한 주체가 공사하는 것처럼 아귀가 딱 맞았습니다.

느헤미야는 공정 관리뿐만 아니라 인사 관리에도 탁월했던 모양입니다. 성벽 재건에 동원된 사람들은 어느 정도 자발적으로 참여한 것으로 보입니다. 그런 사람들이 서로 조율하고 협의하면서 하나의 공동 목표를 향해서 진력하게 했습니다. 또한 공사에는 다양한 사람들이 참여했습니다. 저마다 개인 자격으로, 지역 대표 자격으로, 신분과 지위에 따른 책임의식으로, 가족적 연대에 의해 참여했습니다. 이런 사람들을 효율적으로 조직하고 구성하며 적절한 분량의 구간을 맡겨 불평불만이 생기지 않도록 한 것은 탁월한 리더십이었습니다. 공사 구간도 각자의 직업적 연관성이나 지리적인 연고에 따라 배정함으로써 주인 의식과 애착을 갖고 작업에 임하도록 했습니다. 이런 탁월한 리더십으로 말미암아 공사는 52일 만에 끝이 났습니다.

물론 이 과정이 평탄했던 것은 아닙니다. 느헤미야는 내적·외적인

어려움을 극복해야 했습니다. 대
외적으로는 이웃 이방인들의 공격
이었습니다. 느헤미야가 총독으로
부임하자 사마리아의 총독인 산
발랏과 그의 부하인 도비야는 "유
다를 흥왕시킬 사람이 왔다"고 하
면서 우려했습니다. 느헤미야가 성
벽을 건설하기 시작하자 비아냥거
리기도 하고 위협도 했습니다. 페
르시아에 의해서 임명된 같은 총
독인데, 다른 총독의 영역에서 벌
어지는 일들에 간섭하고 도전하는
것이 선뜻 이해 되지 않을 수도 있

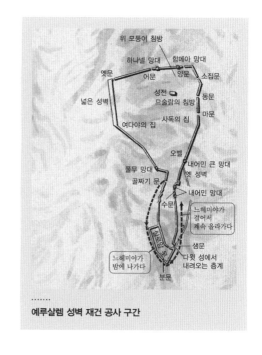

예루살렘 성벽 재건 공사 구간

습니다. 분명 느헤미야도 페르시아 왕의 명령을 받고 부임한 것이기
때문입니다.

현대는 지역간 행정 구역이 명확하게 구분되지만 고대 사회에서는
영역간 경계가 그리 명확한 것이 아니었습니다. 그래서 서로 자기 영역
의 주권을 주장하면서 견제를 했던 모양입니다. 더구나 유대와 사마리
아는 서로 적대 관계였습니다. 산발랏은 바벨론에 멸망한 이후 유대 영
토는 사마리아 속주에 편입되었다고 끊임없이 주장하면서 자신의 권
리를 주장했을 것입니다. 동쪽에 있던 암몬과 남쪽에 있던 에돔 족도
느헤미야에 의해서 예루살렘이 요새화되고 유다가 통합되는 것은 원
치 않았을 것입니다. 그들 모두 반감과 질시와 경계의 눈초리로 예루살
렘을 주시하고 있었고 유다 재건을 방해하기 위해서 호시탐탐 기회를

페르시아 시대의 팔레스타인

노리고 있었습니다.

　그래서 그들의 적대 행위는 날로 더해 갔습니다. 미미한 인원이 예루살렘 성벽을 재건한다고 했을 때 "그들이 건축하는 돌 성벽은 여우가 올라가도 곧 무너지리라"(느 4:3)고 비아냥거렸습니다. 하지만 느헤미야의 탁월한 리더십으로 성벽이 중수되어 가자 무력으로 공격할 계획을 세웠습니다.

　느헤미야는 일꾼들을 양분하여 작업하는 사람과 무기를 잡는 사람으로 나누고, 일하는 사람조차도 칼을 차고 일하게 했습니다. 자신의 곁에는 항상 나팔수를 대동해서, 어느 한 곳에서 교전이 시작되면 나팔소리를 듣고 다른 지역 사람들이 와서 힘을 합치도록 조치했습니다. 밤에도 일꾼과 그의 종자들로 하여금 예루살렘 안에서 유숙하게 하여 전투력을 유지했습니다.

　공사가 거의 마무리되어 갈 즈음에 원수들은 비열하게도 느헤미야 암살 계획을 세웠습니다. 접경 지역에 해당하는 오노 평지에서 총독끼리 만나자고 귀찮게 제의하기도 하고, 선지자를 매수하여 느헤미야로 하여금 율법을 어기고 성전 안으로 들어가 잠을 자게 함으로써 신망을 떨어뜨리려 했습니다. 하지만 느헤미야는 용기와 과단성 있게 처신하고 율법에 충실함으로써 이 모든 위협을 극복할 수 있었습니다.

52일 만에 공사가 완료되자 모든 원수들은 두려움에 휩싸이게 되었습니다.

　내적으로도 극복해야 할 문제가 있었습니다. 귀환한 백성들 중 부유층은 이방인들과 좋은 관계를 유지하고 있었고 그들과의 통혼도 마다하지 않고 있었습니다. 게다가 그들은 고리 대금으로 가난한 동족의 형편을 더욱 어렵게 만들고 있었습니다. 어려운 살림에, 게다가 흉년이 들어 곤핍한 중에 시작된 성벽 재건 공사였습니다. 가난한 백성들은 성벽 재건 공사에 투입되어 다른 수입이 없자 부자들에게 고리로 빚을 내어 살고 있었습니다. 하지만 결국 이자를 감당할 수 없어 자녀들까지도 노예로 파는 비참한 일이 벌어지게 된 것입니다. 율법을 보면, 이스라엘 사람은 동료 이스라엘 사람에게 이자를 요구할 수 없습니다. 또한 이스라엘 사람은 동료 이스라엘 사람을 종으로 삼을 수 없습니다. 그런데 외부의 적과 싸우는 힘겨운 전투 중에 내부에서는 이런 일이 벌어지고 있었던 것입니다.

　이 사실을 알게 된 느헤미야는 격노하여 대회를 열고 민장들과 부자들을 꾸짖는 설교를 했습니다. 양심의 가책을 받은 자들은 모든 것을 되돌려주겠노라 약조했습니다. 느헤미야가 이렇게 부자를 설득하고 율법의 정신으로 돌아오게 만들 수 있었던 것은 자신이 솔선수범하고 모범을 보인 까닭입니다. 느헤미야는 유다의 총독으로 있으면서 전임자와 달리 물품을 강탈하지 않았고 탐욕을 부리지도 않았습니다. 오히려 자신과 자신의 종자들도 성벽 건축 사업에 참여하였고, 자비로 유다 사람들과 민장들과 이방인들을 대접했습니다. 이와 같이 솔선하는 리더십이 사람들을 감동시키고 입을 막아 느헤미야의 정책대로 추진하게 했던 것입니다.

성벽의 완공은 그들이 내적 좌절과 외적 훼방을 이겨냈다는 것을 의미할 뿐만 아니라 유다 민족의 자존심을 회복하는 것이었습니다. 이 예루살렘 성벽 건설로 모든 유대인의 정화 작업이 시작될 수 있는 물리적인 공간이 확보된 것입니다. 이후에 느헤미야는 에스라를 불러 대회를 가졌고 이때 율법의 말씀을 읽고 지키게 되었습니다. 이렇게 느헤미야와 에스라를 통해 유대인들은 말씀을 신앙과 삶의 기본으로 형성하게 된 것입니다. 느헤미야의 예루살렘 성벽 공사 완료는 곧 이스라엘의 신앙 건설을 위한 새로운 시작점이었습니다.

거룩한 슬픔, 거룩한 부담감

이스라엘에서는 현대적 의미의 여호와 신앙의 건립자로 에스라와 느헤미야를 꼽습니다. 느헤미야는 하나님 신앙이 이방인과 이방 종교로부터 구별될 수 있는 물리적인 공간을 확보했고, 에스라는 백성들의 마음과 영혼을 참된 하나님의 말씀과 법으로 채웠습니다. 이렇게 해서 예수 그리스도께서 오실 수 있는 정결한 모판이 형성된 셈입니다.

이 모든 일은 바랄 수 없는 중에 이루어진 것입니다. 나라가 온존할 때도 힘든 일이었는데 대제국의 지배를 받는 상황에서 이룬 것입니다. 인간의 공로가 아니라 모두 하나님의 선한 손길 때문이었습니다. 비록 유대인의 나라는 무너졌지만 하나님이 아브라함에게 하신 약속은 여전히 유효했던 것입니다.

에스라가 어떻게 하나님의 부름을 받았는지 알 길이 없습니다. 하지만 느헤미야의 경우는 그 부름의 과정이 자세히 기록되어 있습니다. 그러므로 느헤미야가 하나님의 부르심에 어떻게 반응했는지 살펴보는 것은 대단히 유익할 것입니다.

하나님의 부르심, 소명

느헤미야는 페르시아 왕궁에서 부귀와 명예와 권력을 소유하고 당대의 문명을 즐기며 편안한 삶을 살고 있었습니다. 왕들의 겨울 피서지인 수산 궁에서 왕에게 술을 드리는 일을 하고 있었습니다. 하지만 느헤미야의 몸은 수산 궁에 있을지라도 마음은 예루살렘에 있었습니다. 항상 동족을 생각하고 하나님의 땅인 팔레스타인을 중심에 품고 있던 사람입니다. 따라서 몸은 편안하지만 마음은 평안하지 않았습니다.

그때 우연처럼 고국의 소식이 들려왔습니다. 그곳에 남은 사람들이 환난과 능욕을 당하고 있고, 그들을 보호해 줄 방어막인 성벽과 성문이 불에 타서 무방비 상태가 되었다는 것입니다. 동족들이 겪을 고생과 눈물은 불문가지였습니다. 이 소식은 느헤미야에게 큰 아픔을 주었습니다. 독자를 잃은 부모가 애통해하듯 그렇게 앉아서 울며 금식하며 기도했습니다. 당신에게 아픔이 있습니까? 무엇 때문에 아프십니까? 지금 느헤미야가 애통해하는 것은 무엇 때문입니까? 진로에 장애가 생겨서입니까? 정적들의 위협 때문입니까? 가정에 어려움이 생겨서입니까? 사업상의 손해 때문입니까? 친척들에게 문제가 있어서입니까? 느헤미야의 경제적, 사회적, 가정적, 영적 생활은 문제가 없습니다. 지금의 예루살렘의 상황이 자신에게 직접적인 영향을 미치는 것도 아닙니다. 하지만 느헤미야는 바로 고난 받는 민족 때문에 아파하고 있습니다.

하나님의 도성이 방치되어 있습니다. 유일무이하신 하나님의 영광이 예루살렘의 환난과 더불어 가려졌습니다. 당신은 언제 무엇 때문에 금식하며 기도했습니까? 민족의 문제가 자신의 문제가 되는 사람이 민족의 지도자입니다. 교회의 문제가 자신의 문제가 되는 사람이 교회의 지도자입니다. 느헤미야는 부름받기 전부터 민족의 지도자였습니다.

느헤미야는 슬픔에 안주하지 않았습니다. 그 슬픔은 느헤미야로 하여금 하나님의 음성을 듣게 하고 그의 소명이 무엇인지를 깨닫게 해주었습니다. 당신의 눈에 눈물이 고이게 하는 것이 있습니까? 그것이 소명입니다. 다른 사람에게는 보이지 않는데, 당신의 눈에 보이는 것이 있습니까? 그것이 소명입니다. 당신의 마음이 심히 안타깝습니까? 그것이 당신의 소명입니다. 당신이 남달리 가진 무엇인가가 있습니까? 그것이 당신의 소명입니다. 하나님의 백성의 고난이 눈에 밟히고 머리에서 떠나지 않습니까? 그것이 소명입니다.

느헤미야의 아픔은 결코 일순간의 아픔이 아니었습니다. 느헤미야는 4개월 동안 슬퍼하며 기도했습니다. 민족과 함께 애통해하고 회개했습니다. 그는 이제 자신의 슬픔이 바로 하나님의 부르심이라는 것을 깨닫고 그 음성에 순종하기로 결단합니다. 하지만 우리는 대부분 회피하려고 합니다. 무엇인가 희생해야 된다면 변명을 하고 거절하거나 피합니다. 크게 힘 들이지 않고 도울 수 있는 범위에서만 일합니다. 그래서일까요? 우리는 아파하는 마음조차도 갖지 않습니다. 다른 사람이나 일에 연루되고 싶어 하지 않습니다. 아픔을 나누지 않습니다. 혹시 이 아픔이 소명으로 연결될까 두려워합니다.

느헤미야라고 왜 편안한 삶을 싫어했겠습니까? 술관원은 왕의 신망이 큰 자리였고 위세 있는 자리였습니다. 왕국의 시민으로 살고 싶은 유혹이 왜 없었겠습니까? 게다가 바벨론 사람들이 예루살렘을 유린한 지 150년이나 되어 더 이상 이스라엘 사람이 아니라고 해도 아무 문제가 없습니다. 성문이 불타고 성벽도 무너졌는데, 앞서 간 사람들도 못했는데, 혼자서 무엇을 어떻게 하겠다는 것입니까? 하지만 느헤미야는 그 아픔이 하나님이 주시는 아픔이며 소명의 전조라는 것을 알아차렸습니다. 그가 제국의 심장에서 높은 직위를 차지한 것은 바로 이 일을 위해서라는 것입니다. "네가 아닥사스다 왕의 술관원이 된 것이 이 날을 위함인 줄 누가 알겠느냐?"라고 할 만합니다.

하나님이 아파하는 마음을 갖게 하십니다. 성령 충만할수록, 신앙이 성장할수록 타인에 대한 긍휼, 민족에 대한 동정과 아픔이 커집니다. 신앙의 연조는 오래되었는데 마른 고목처럼 감정이 메마르고 타인에 대한 공감력도 떨어지고 완악해진다면 잘못된 신앙이라고 할 수 있습니다. 제대로 된 신앙은 마음이 부드러워지고 눈물이 많아지고 더 많이 긍휼히 여기게 합니다. 이렇게 하나님은 아파하는 마음을 주시고 그 마음으로 삶과 세상을 변화시킬 능력을 부여하십니다.

개인이 아파하는 마음을 갖기 시작할 때 하나님의 역사가 일어납니다. 그것은 다름 아닌 하나님의 마음입니다. 거룩한 부담감은 바로 이런 아파하는 마음을 타고 옵니다. 그들을 그냥 둘 수 없다는 거룩한 부담감. 바로 이것이 소명이요 또한 사명입니다. 당신은 무엇에 마음이 아픕니까? 어떤 것 때문에 부담스럽습니까? 이혼, 낙태, 자살, 꿈이 없이 방황하는 십대 청소년, 복음을 듣지 못해 구원받지 못한 사람들, 가난하여 진료를 받지 못하는 사람들…. 윤동주의 "서시"는 거룩한 아픔과 부담감에 대한 한 단면을 보여 줍니다.

서시

죽는 날까지 하늘을 우러러
한 점 부끄럼이 없기를
잎새에 이는 바람에도
나는 괴로워했다.
별을 노래하는 마음으로
모든 죽어 가는 것들을 사랑해야지.
그리고 나한테 주어진 길을
걸어가야겠다.
오늘 밤에도 별이 바람에 스치운다.

윤동주의 마음을 아프게 했던 것은 무엇입니까? '잎새에 이는 작은 바람에도 괴로워하며', '모든 죽어 가는 존재를 사랑하려는' 몸부림은 그의 신앙이며 어두움 속에서 진실을 유지하려는 거룩한 슬픔이었습니다. 윤동주가 쓴 "팔복"이란 시가 있습니다.

팔복

슬퍼하는 자는 복이 있나니
슬퍼하는 자는 복이 있나니
슬퍼하는 자는 복이 있나니
슬퍼하는 자는 복이 있나니
슬퍼하는 자는 복이 있나니

슬퍼하는 자는 복이 있나니

슬퍼하는 자는 복이 있나니

슬퍼하는 자는 복이 있나니

저희가 영원히 슬플 것이요

윤동주에게는 팔복이 전부 거룩한 슬픔이었습니다. 진정으로 슬퍼하는 자들을 통해 하나님은 회복과 부흥의 역사를 일으키십니다. 성경 속에서도 하나님의 마음을 품고 죽어 가는 것들을 슬퍼하며 애통한 많은 사람들을 발견할 수 있습니다. 예레미야는 눈물의 선지자입니다. 자기 백성에게 징벌과 파멸을 선포하는 일을 맡았으면서도 자기 민족을 포기할 수 없어 끊임없이 눈물을 흘립니다. "어찌하면 내 머리는 물이 되고 내 눈은 눈물 근원이 될꼬. 죽임을 당한 딸 내 백성을 위하여 주야로 울리로다"(렘 9:1).

자신들이 고대하던 왕이 오셨음에도 불구하고 알아보지 못할 뿐만 아니라 배척하고 장차 죽일 유대인들을 보면서 예수님도 많이 우셨습니다. 그들에게 남은 것은 무서운 파멸과 멸망이었기 때문입니다. 구원받지 못한 자녀와 상실된 교회의 영광과 자신의 죄악을 슬퍼하지 않는다면 정말 슬픈 일입니다. 나라를 보고 거룩한 슬픔이 일어야 합니다. 청소년들을 보고 거룩한 슬픔이 일어야 합니다. 믿지 않는 가족이나 이웃을 보고 거룩한 슬픔이 일어야 합니다. 이방 민족들을 향한 거룩한 슬픔이 있어야 합니다. 그래야 새 역사가 일어납니다. 부흥이 일어납니다. 그리고 그 아픔과 슬픔이 거룩한 부담감으로 다가올 때 주저하지 않고 담대히 순종해야 합니다.

짐 엘리어트라는 미국 청년이 있었습니다. 미국 휘튼 대학을 수석

졸업한 수재였습니다. 전도 양양한 이 청년이 세간의 기대를 깨고 남미 에콰도르 아마존 유역 선교사로 지원하게 되었습니다. 많은 사람들이 그의 결정을 이해하지 못했습니다. 여러 가지 훈련을 받은 뒤 짐 엘리어트는 네 명의 동료와 함께 아우카 부족 선교에 나서게 되었습니다. 그러나 제대로 선교도 못해 보고 창에 찔려 순교하고 말았습니다. 방년 28세였습니다. 이 사건은 미국 내에서 큰 반향을 일으켰습니다. "라이프" 지는 짐 엘리어트를 향해 "이 얼마나 불필요한 낭비인가!"(What an unnecessary waste)라고 혹평했습니다.

하지만 그의 부인 엘리자베스의 생각은 달랐습니다. "말씀을 삼가 주세요. 낭비라니요? 내 남편의 죽음은 낭비가 아닙니다. 그는 온 생애를 이것을 위해 준비했던 사람입니다. 바로 이 시간을 위해 살아 온 사람입니다. 그는 하나님이 주신 자기의 책임을 수행하고 생의 목표를 달성하고 죽은 행복한 사람입니다." 엘리어트의 아내 엘리자베스는 남편이 죽은 후 간호사 훈련을 받고 1년 후에 아우카 부족에게 들어갔습니다. 그리고 5년 동안 그들을 섬기며 지냈습니다. 5년 뒤 떠나려는 엘리자베스에게 파티를 열어 주며 추장을 물었습니다. "당신은 도대체 누구입니까?" "저는 당신들이 5년 전에 죽였던 그 남자의 아내입니다. 남편이 가지고 있었던 당신들을 향한 사랑 때문에 나는 이곳에 찾아온 것입니다." "……."

이렇게 해서 그 마을에는 수백 개의 교회가 생겨나게 되었고 엘리어트가 죽은 다음 태어난 아들이 그 교회의 목사가 되었습니다. 엘리어트가 대학 시절에 쓴 일기장을 보면 그가 얼마나 하나님의 부르심을 갈망하고 있었는지를 알게 됩니다.

하나님께 기도합니다. 이 쓸모없는 나무개비에 불을 붙여 주소서. 그리고 주를 위해 타게 하소서. 내 삶을 소멸하소서. 나의 하나님이여, 이것은 주의 것이니이다. 나는 오래 살기를 원치 않습니다. 오직 풍성한 삶을 살게 하소서. 당신과 같이… 주 예수님이여! 결코 잃어버릴 수 없는 것을 얻기 위해 지킬 수 없는 것을 버리는 자는 결코 어리석은 자가 아닙니다.

왕궁의 안락함을 포기하고 자기 백성과 함께 고난 받기로 결정한 느헤미야와 같은 길을 걸어간 것입니다. 하나님이 그들에게 주신 거룩한 슬픔을 품고.

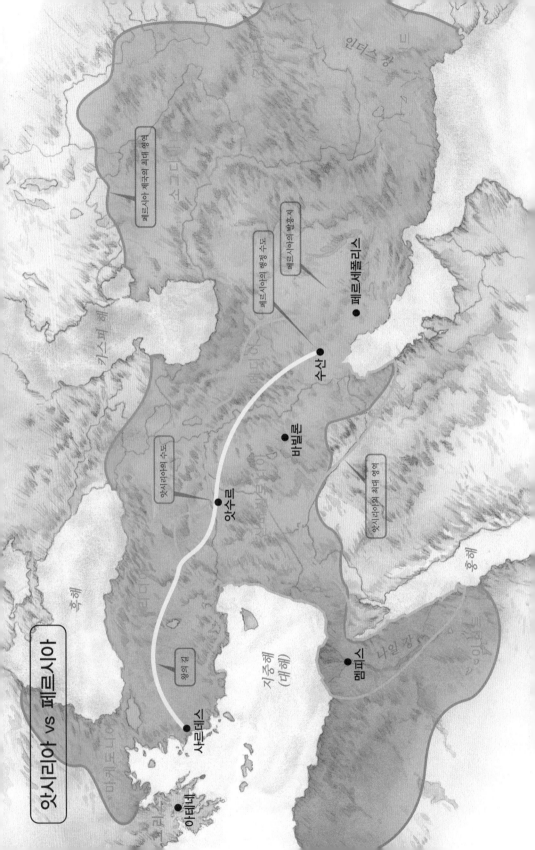

앗시리아 vs 페르시아

- 인더스 강
- 소그디아
- 페르시아 제국의 최대 영역
- 페르시아의 발흥지
- 페르시아의 행정 수도
- 페르세폴리스
- 카스피 해
- 메디아
- 수산
- 바빌론
- 앗시리아의 수도
- 앗수르
- 앗시리아의 최대 영역
- 유프라테스 강
- 티그리스 강
- 흑해
- 홍해
- 왕의 길
- 지중해 (대해)
- 나일 강
- 멤피스
- 사르데스
- 이오니아
- 마케도니아
- 그리스
- 아테네

54 수산 왕궁 The Palace of Susa

이때를 위함이라

에스더 4:13-17; 7:3

한국 개신교의 역사는 서양에 비하면 일천하지만 한국 사회에 끼친 영향력은 지대했습니다. 서구의 개방된 문화와 문물을 도입하면서 오랜 봉건 제도 아래 있던 구한말의 조선에 겨레가 지향해야 할 새로운 방향을 제시했고, 민족이 위기에 처해 있을 때 앞장서서 구국 운동과 계몽 운동을 펼치기도 했습니다. 기독교는 현실 한가운데 있으면서 더 나은 미래를 향해서 움직이도록 선도하고 주도한 종교였습니다. 일제 강점기에 한국 기독교인들은 "출애굽기"와 "에스더"를 즐겨 읽으면서 한국판 출애굽의 역사와 에스더와 같은 구국의 삶을 원했습니다.

1919년에 일어난 3·1운동의 주체는 기독교인들이라고 단언할 수 있습니다. 민족 대표 33인 중 16명이 기독교인이었고 교회를 중심으로 3·1운동의 정신은 지속되었습니다. 당시 2,000만 국민 중 기독교인은 1.2퍼센트인 25만 명에 불과했지만 사실상 민족의 정신을 이끄는 사람들이었습니다. 통계상 지금은 25퍼센트의 국민이 기독교인이라고 하지만 민족의 소금과 빛이 되지 못하고 오히려 지탄을 받고 있는 실정입니다. 참으로 안타깝고 믿음의 선진들과 하나님께 죄송할 따름입니다.

일제하의 교인들은 자원하여 민족의 십자가를 지면서 하나님에 대한 믿음과 사명을 민족 구원의 열망으로 불태웠습니다. 그래서 많은 민족 지도자들이 기독교에 들어오고, 기독교에서 그런 분들이 나왔습니다. 해방 이후 기독교는 대한민국을 근대화시키고 선진화시키는 역군으로 일조해 왔습니다. 과연 기독교 없이 한국이 이렇게 부강하고 민주화되고 국가의 위상을 높일 수 있었을까 생각해 봅니다. 결국 신앙의 길과 애국의 길은 별개가 아닙니다. 하나님을 향한 믿음이 곧 민족을 구원하고 번영하게 하는 지름길입니다.

숨어 계신 하나님

성경 가운데 여자의 이름으로 책명이 되어 있는 것은 "룻"과 "에스더"입니다. "에스더"는 총 10장에서 '하나님', '주님', '여호와'라는 단어나 표현이 한 번도 나와 있지 않습니다. 선지자, 제사장, 율법, 언약에 대한 직접적인 언급도 없습니다. 그래서 히브리인들은 구약 정경화 과정에서 이 책을 두고 많은 논란을 벌였습니다. 신약에서도 "에스더"에 대한 언급이나 인용이 거의 없어서 신학자들도 별로 관심을 기울이지 않았습니다. 종교개혁자 루터 같은 사람은 "에스더"가 왜 성경에 들어와야 되는지 모르겠다고 할 정도였습니다.

그렇다고 "에스더"를 부정하고 백안시할 이유는 없습니다. "에스더"에 하나님의 이름이나 하나님을 부르는 표현이 나오지 않고, 이스라

「아하수에로 왕 앞에 나아온 에스더(Esther before Ahasuerus)」 1630, 지오반니 안드레아 시라니, 캔버스에 유화, 헝가리 국립 미술관, 부다페스트.

엘의 민족적인 세속사만 기록되어 있는 것 같지만 사실은 그 역사 이면에 하나님이 움직이시는 것을 느낄 수 있습니다. 하나님은 때때로 '보이지 않는 손'(invisible hand)으로 역사를 주관하고 계시는 '숨어 계신 하나님'(Deos Absconditus)이시기 때문입니다.

인간이 하나님을 부르든 부르지 않든 역사의 주관자는 하나님이시며, 택한 백성을 불변하는 '헤세드'의 사랑으로 구원하시는 분이라는 것을 증명하기에는 충분합니다. 자신의 삶을 반추해 볼 때, 하나님을 미처 의식하지 못했던 순간에도 하나님이 나를 도우셨다는 사실을 나중에야 확인하는 경우도 얼마든지 있습니다. 하나님은 '침묵의 동행자'가 되십니다. "에스더"는 이스라엘의 하나님을 잘 섬기며 순종하

398
·
399

려는 두 인물 에스더와 모르드개에 의해서 유대인들이 어떻게 구원을 받게 되었는가를 보여 주고 있는 책입니다. 하나님은 그 모든 과정 이면에 역사하고 계셨습니다.

역사적 배경

바벨론에 사로잡혀간 유대인들은 이제 페르시아 제국의 지배를 받게 되었습니다. 페르시아는 정복된 백성들을 분산시키던 바벨론의 정책을 버리고 원하는 자는 자신의 고향으로 귀향하도록 허락하는 조치를 내렸습니다. 조상들의 땅에 열정이 있던 유대인들은 귀환했지만 전체적으로 보면 소수에 지나지 않았고 대부분은 포로지에 그대로 남아 있던 것으로 보입니다. 그래서 유대인 디아스포라는 그대로 유지되었습니다. 가나안 땅에 살 때는 완악하고 불순종하여 멸망을 당했지만, 포로로 잡혀와 낯선 이방 땅에서 여러 민족과 어울려 살면서는 오히려 자신들의 정체성을 분명히 한 듯합니다. 여호와의 백성으로서의 자각, 하나님을 향한 경배와 예식의 방법을 구체적으로 확립하기 시작한 것이 이때가 아닌가 합니다. 회당 제도가 생겨나고 구약의 각 성경책이 정경의 최종적인 모습에 가깝게 만들어진 것도 이 때일 것입니다.

유대인들은 포로지에서 독특한 민족으로 인식되었습니다. 이방 민족과 잘 교제하지 않고 자신들만의 풍습을 고집스레 이어갔습니다. 그렇다 보니 이방 민족들은 때론 그들을 멀리하고 때론 대적하여 해를 끼치기도 했습니다. 점점 유대인들은 고립되어 갔고 외부 환경은 적대적이 되어 갔습니다. "에스더"는 이런 배경에서 일어난 사건을 다루고 있습니다. 어찌 보면 고대 세계에 널리 퍼져 있던 반유대주의 정서의 초기 모습을 우리가 보고 있을 수도 있습니다. 국제 사회 속에서 유대인은 '작고 연약한 민족'이었고 주변 세계의 적대감과 위협 앞에 무방비 상태로 놓여 있었습니다. 스스로의 힘으로는 이 고난과 위기를 헤쳐 나갈 수 없는 상태였습니다. 하지만 아브라함에게 약속을 주신 여호와 하나님은 아브라함의 자손이 세상 어디에 있든지 항상 보호하고 지켜 주시는 신실한 하나님이십니다.

왕후가 된 에스더

헬라인들이 크세르크세스라고 부르는 아하수에로(주전 486-465 재위)는 부왕 다리오를 이어 페르시아 제국의 제4대 왕이 되었습니다. 당시 페르시아는 인도에서 지중해 연안, 이집트와 터키까지 지배하고 있었습니다. 성경 외의 문헌에 따르면 아하수에로가 즉위했을 때 많은 반란이 일어나 그것을 제압해야 했습니다.

모든 어려움을 평정하고 아하수에로는 즉위 3년에 큰 잔치를 벌이게 되었습니다. 교만과 허영심 때문인지 정략적인 계산 때문이지 모르겠지만 그는 동쪽의 인도로부터 서쪽의 지중해와 이집트에 이르기까지 모든 지방관을 모아 180일 동안 즉 6개월 동안 잔치를 벌임으로써 영화로운 나라의 부와 위엄의 혁혁함을 나타내고자 했습니다.

그 연회가 끝나자 왕은 도성인 수산 성 백성을 위하여 7일 동안 연회를 베풀었습니다. 연회의 마지막 날에 주흥이 오른 아하수에로 왕은 왕비 와스디를 백성에게 드러내 아름다움을 과시함으로 자신의 위신을 더욱 높이려 했습니다. 왕은 아내를 자신을 더 돋보이게 만들 '트로피 와이프'(trophy wife) 정도로 생각한 모양입니다.

하지만 당시 페르시아 궁중 법도에 따르면 왕후는 백성들에게 모

「에스더의 즉위식(Coronation of Esther)」 1556, 파올로 베로네세, 캔버스에 유화, 450×370cm.

습을 드러내지 않는 것이 정도였습니다. 게다가 술 취한 남자들 앞이었으니 왕비 와스디는 나서지 않는 것이 옳다고 확신한 모양입니다. 와스디는 거듭되는 왕의 명령과 요청을 끝내 거절했습니다. 와스디를 부르러 간 왕의 내시 7명이 거명되는 것으로 보아 왕은 7번이나 왕비를 부른 것 같습니다.

아하수에로는 그 자리에 있던 많은 사람들 앞에서 체면을 잃었다고 생각했습니다. '127개의 도를 다스리는 왕 중 왕이 아내에게조차 제대로 권위를 세우지 못한다고 사람들이 속으로 생각할까 조바심이 났을 법도 합니다. 이런 자격지심(自激之心)을 느끼는 왕의 기색을 살피고 왕국의 첫째에 앉는 자들은 현자들에게 와스디 왕후의 징벌 문제를 자문했고, 모사의 대표자인 므무간은 왕비를 폐하라고 간청했습니다. 이번 사건은 단순하고 사적인 일이 아니라 제국 내 모든 가정의 질서를 무너뜨릴 일이라고 했습니다. 가정 내의 선한 질서가 무너질 위험이 있다고 했습니다. 사실 복음도 아내들에게 남편에게 복종하고 아브라함의 아내 사라의 본을 따라 행동하라고 합니다. 하지만 기독교의 가정 질서는 일방적이고 권위적인 것이 아니라, 쌍방적인 사랑의 관계입니다. 남편은 아내를 제 몸처럼 사랑하고 그녀를 위해서 자신의 목숨이라도 내어놓아야 하기 때문입니다. 그러나 이렇게 해서 하나님은 이스라엘 민족을 구원하기 위해서 일찌감치 왕궁에 한 자리를 예비해 두신 것입니다.

시간이 지나 격노한 마음이 가라앉자 아하수에로는 이 일을 후회했습니다. 자신이 너무 과했다는 생각을 한 것입니다. 하지만 이미 엎질러진 물이라서 주워 담을 수도 없는 일이었습니다. 이후에 보일 아하수에로의 모든 행적도 이 사건과 유사합니다. 천성 때문인지 그는 성급하게 결정했다가 나중에 낭패를 당하여 고민하는 일을 반복합니다. 사람은 지위고하를 막론하고 모든 일을 진중하고 차분하게 심사숙고하여 처리해야 합니다. 하물며 제국의 왕은 어떠해야 하겠습니까? 수신제가 치국평천하(修身齊家 治國平天下)가 그냥 나온 말이 아닐 것입니다. 자신의 성품부터 통제하지 못한다면 큰 일을 그르치게 됩니다.

적적해하는 왕의 속마음을 읽은 대신들은 제국 내의 모든 아리따운 처녀를 모아 왕후를 간택하라고 조언했습니다. 이에 따라 아하수에로 왕은 모든 아름다운 처녀를 수산 궁에 모았습니다. 모르드개의 사촌 여동생인 에스더도 그곳에 들어가게 되었습니다. 모르드개는 사울 왕의 계보를 따르는 사람으로 베냐민 지파였고 바벨론에 포로로 잡혀 온 가문인 듯합니다. 에스더는 부모님이 돌아가신 뒤로 사촌 오빠인 모르드개에게 보살핌을 받았기 때문에 그를 아버지처럼 대했습니다.

왕궁으로 들어온 에스더는 다른 처녀들과 함께 일 년 동안 준비를 하고 다른 처녀들과 함께 왕 앞으로 나아갔습니다. 에스더의 용모는 타의 추종을 불허할 정도였고 드디어 그녀가 와스디를 대신할 왕후가 되었습니다.

역사가 헤로도토스에 따르면, 페르시아에서는 왕후를 결정할 때 일곱 명문가 안에서만 간택하였는데 에스더 왕후의 사례는 이것이 적용되지 않은 예외적인 사건임을 우리에게 보여 줍니다. 왕이 왕후를 뽑는데, 페르시아의 전통도 따르지 않고, 영토를 확장하거나 동맹을 견고하게 하는 국제적인 실리와도 무관하게 진행되었습니다. 신분과 민족과 출신도 묻지 않는 그야말로 '묻지 마 결혼'이었습니다.

이것저것 따졌다면 에스더는 결코 왕후가 되지 못했을 것입니다. 하나님이 간섭하신다면 인간 사회에서 안 된다고 하는 일도 성취됩니다. 하나님은 아하수에로 왕의 마음을 움직여 '가장 아름다운 여인'을 왕후로 간택하게 하신 셈입니다. 에스더는 하나님의 섭리에 의해서 아주 특별하게 왕후가 되었다는 것을 암시합니다. 이와 같이 하나님은 에스더를 절세미녀로 만드시고 높은 와스디를 낮추시며 낮은 에스더를 높이시고 아하수에로의 연약함을 통해서 그분의 일을 성취해 가셨습니다.

하나님은 또 한 가지 사건을 미리 준비하셨습니다. 모르드개로 하여금 반역 사건을 고발하게 함으로써 제국을 위해서 일하는 충성된 신하임을 미리 기록되게 하신 것입니다. 모르드개가 대궐 문에 앉는 직분을 맡은 것은 에스더가 왕후가 된 뒤였습니다. 그의 직임은 그렇게 높지도 않고, 그렇다고 낮지도 않은 듯합니다. 그는 대궐문에 앉아 있을 때 우연히 왕궁 문을 지키는 빅단과 데레스가 왕을 시해하려는 음모를 꾸미고 있음을 알게 되었습니다. 모르드개의 고발로 그 둘을 잡아 조사함으로써 반역을 막고 그들은 처형당했습니다. 하지만 일 등공신인 모르드개에게는 아무 포상도 주어지지 않았습니다.

민족의 위기
그리고 본격적으로 유대인의 위기가 시작되었습니다. 그것은 유대인을 미워하고 증오하는 한 사람에 의해서 진행된 것이었습니다. 바로 아각 사람, 함므다다의 아들 하만이었습니다. 아각은 사울 왕이 반드시 죽여야 했던 아말렉 족속의 왕이었습니다. 따라서 하만은 아말렉 족속이며 또한 아각 왕의 후손일 가능성이 높습니다. 유다 왕인 여호야긴이 포로지에서 복권되었듯이 하만도 왕통을 받은 사람으로서 포로에서 복권된 사람일 수 있습니다. 여하튼 그는 유대인과 오랜 원수입니다. 하나님이 진멸하라고 명하신 족속이었습니다. 이제 그 '유대인의 대적'이 힘을 얻어 오히려 하나님의 백성을 진멸시키려 하고 있습니다.

하만은 왕의 총애를 얻어 왕의 최측근이자 총리로 발탁되었습니다. 왕이 어찌나 그를 총애했는지 대소신료가 모두 하만 앞에 엎드려 절할 정도였습니다. 왕의 전폭적인 신임을 얻고 있던 하만입니다. 하지만 모르드개는 아말렉 사람인 그에게 경의를 표할 수가 없었습니다. 사람들의 끊임없는 질문에 자신이 유대인이기 때문이라고 밝혔습니다. 하나님께 돌아가야 할 영광을 사람에게 줄 수 없고, 게다가 그는 아말렉 족이 아닙니까! 모르드개의 입장이 하만에게 전달되자, 하만은 격분하여 모르드개와 유대인을 다 죽이려는 마음을 품었습니다. 유대 민족과 아말렉의 적대감이 팔레스타인을 넘어 제국의 수도인 수산 성에서 재점화된 것입니다.

그들이 침상에서 죄를 꾀하며 악을 꾸미고 날이 밝으면 그 손에 힘이 있으므로 그것을 행하는 자는 화 있을진저(미 2:1)

왕의 총애를 받았지만 하만은 고위직을 수행하기에 성품이 부족했습니다. 그는 매우 교만했습니다. 사람들이 자신에게 엎드려 절할 때 우쭐했고, 자신에게 절하지 않는다 하여 분노했습니다. 절하지 않은 당사자를 죽일 뿐만 아니라 그 민족 전체를 학살하려는 계획을 품는 극도의 잔인성을 보여 주고 있습니다.

하만은 새로운 해의 첫날 즉 설이 오기를 기다려 제비를 뽑아 유대 민족을 멸절시킬 날짜를 받으려 했습니다. 우습게도 하만은 그가 의지하던 점성술과 점 때문에 화를 당하게 됩니다. 점성술과 점은 거짓의 체계로서, 그것을 의지하는 자의 손을 찢는 상한 갈대이기 때문입니다. 제비 뽑아 나온 날짜는 아달월(Adar) 13일입니다. 이 날이 길일(吉日)이라고 나왔으므로 하만은 악한 꾀를 이루기 위해 거의 1년을 기다려야 했고 이 과정에서 유대인은 민족을 구원할 수 있는 조치를 취하게 된 것입니다.

하만은 '아달월 13일'을 마음속으로 되뇌면서 왕에게 나아가 왕을 속이고 유다 민족 전체를 진멸할 허락을 받게 되었습니다. 진실과 거짓이 교묘하게 섞인 말로써 왕을 기만했습니다. "한 민족이 왕의 나라 각 지방 백성 중에 흩어져 거하는데 그 법률이 만민의 것과 달라서 왕의 법률을 지키지 아니하오니 용납하는 것이 왕에게 무익하니이다"(에 3:8). 유대 민족이 독특하다는 것은 맞는 말이지만 왕에게 무익하다거나 해를 끼치는 백성이라는 말은 맞지 않습니다.

하만은 혹시라도 왕이 한 민족이 궐이 남으로써 부역과 세금이 줄어들 것을 염려할까 하여 자신의 금고에서 은 1만 달란트를 내겠다고 제의합니다. 어리석은 아하수에로 왕은 하만의 말만 믿고 왕의 반지까지 빼서 그에게 전권을 부여했습니다. 이렇게 해서 유대인을 진멸하라는 왕의 조서가 모든 지방과 모든 언어로 반포되었습니다. 유대인의 진멸은 이제 기정 사실이 되었습니다. 왕의 이름으로 쓰고 왕의 반지로 인을 친 조서는 절대로 변경할 수 없기 때문입니다. 이제 유다 민족은 죽음이 확정되었다고 보아야 합니다.

에스더를 설득하는 모르드개

모르드개는 이 소식을 들었을 때 깜짝 놀랐을 것입니다. 자신의 민족이 진멸당하도록 예정되었고 그 일의 원인을 제공한 자가 바로 자신이었기 때문입니다. 극도의 슬픔과 안타까움 속에서 모르드개는 굵은 베옷을 입고 울었습니다. 그리고 에스더가 있는 궁으로 가서 도움을 요청했습니다. 에스더는 시종들을 통해 모르드개가 그리 하는 이유를 다 알게 되었습니다. 모르드개는 간절하게 에스더에게 요청했습니다.

왕에게 나아가서 그 앞에서 자기 민족을 위하여 간절히 구하라(에 4:8)

하지만 왕후라고 모든 것을 할 수 있는 존재는 아니었습니다. 빈부 귀천 지위고하를 막론하고 모든 사람은 다 나름대로 삶의 제약과 어려움이 있는 법입니다. 그녀의 제약점은 이것입니다. "지금 왕의 애정이 예전만 못하여 부름받지 못한 지가 한 달이 되어 가고 있습니다. 그리고 어떤 사람이라도 왕의 부름을 받지 않고 왕에게 나아가면 죽게 되는 것이 엄한 법률입니다. 왕이 금홀을 내미는 사람만 살게 되는데 나에 대한 왕의 마음을 장담할 수 없습니다." 민족이 사느냐 죽느냐 하는 판에 이런 소리를 듣고 모르드개는 아무리 사촌동생이고 왕후이지만 엄하게 말했을 것입니다.

■ 홀로 목숨을 건지리라 생각하지 말라

모르드개는 에스더에게 경고합니다. "유대인이 다 죽는다 할지라도 너는 왕궁에 있으니 무사할 것이라고 생각하지 말라." 현재까지는 에스더가 유대인이라는 사실을 아무도 모르고, 모르드개도 에스더로 하여금 유대인임을 밝히지 말라고 했습니다. 그것은 적대적인 환경 속에서 민족을 밝히는 것이 화를 자초하는 일이 될 수 있기 때문입니다. 괜한 위험을 자초할 필요는 없습니다. 하지만 그것을 핑계로 민족의 운명을 외면해서는 안 됩니다. 사실 에스더는 왕위에 오른 이후 더욱 자신의 출신을 감추고 싶은 열망이 있었을지도 모릅니다.

사람들은 영달하고 나면 과거의 처지를 잘 잊어버립니다. 개구리 올챙이 적 생각을 못할 뿐만 아니라 하지 않으려 합니다. 과거 4·19세대가 지금 정치의 주도권을 잡고 있는데 그들이 젊었을 때 외쳤던 정의와 자유는 다 어디 가고 그들이 그토록 미워했던 사람들의 길을 걷고 있습니다. 며느리가 자라서 시어머니 되는 법입니다. 결국 인생은 이기주의와 자기 본위의 길을 걸어갈 수밖에 없는 것 같습니다. 자신이 편안해지면 남의 아픔은 아랑곳하지 않게 됩니다. 내 직장이 튼튼하면 남이야 실직을 하든 폐업을 하든 상관하지 않습니다. 모르드개는 바로 그런 인지상정(人之常情)을 거부하라고 경고하고 있습니다.

■ 네가 만일 잠잠하여 말이 없으면 다른 데로 말미암아 놓임과 구원을 얻으려니와

모르드개는 하나님이 그들을 구원하시리라는 확신을 가지고 있었습니다. 다만 그 일을 에스더를 통해서 하기 원하신다고 믿었습니다. 역사 이래로 하나님은 하나님의 일을 하셨습니다. 어떤 특정한 인물이 아니어도 하나님은 얼마든지 일하실 수 있습니다. 나 아니면 안 된다는 생각은 하나님께 통하지 않습니다.

예수님이 예루살렘에 입성하실 때 바리새인들이 군중의 찬양을 막아 보려고 하니 예수님은 "만일 이 사람들이 잠잠하면 돌들이 소리 지르리라"(눅 19:40)고 하셨습니다. 하나님은 능히 돌들로도 그분의 영광을 노래하게 하실 수 있습니다. 하나님은 사명을 감당치 않을 때 내 사명의 촛대를 다른 곳으로 옮기시고(계 2:5) 결국 하나님의 역사를 이루시고야 맙니다. 다만 내가 그 영광스런 기회를 저버린 것입니다.

■ 왕후의 자리를 얻은 것이 이때를 위함이 아닌지

여기에 모르드개의 신앙적인 역사 철학이 담겨 있습니다. 하나님의 섭리에 대한 믿음입니다. 에스더가 왕후가 된 것은 다 이때를 위하여 하나님이 미리 준비하신 일이라는 믿음입니다. 이것을 위해 에스더를 비천했던 고아 상태에서 왕비로까지 높이셨을지도 모른다는 것입니다. 높은 지위는 높은 사명을 의미합니다. 많은 재산은 많은 사명을 의미합니다. 탁월한 재능은 특별한 사명을 위한 것입니다. 따라서 에스더가 이 일을 하지 않은 것은 이 일을 위해 왕비로 세우신 하나님의 뜻을 저버리는 것입니다.

하나님이 우리를 구원하시고 각자에게 은사와 사명을 주신 뜻이 있습니다. 비천한 우리를 불러 변화시키시고 오늘날 높여 주시는 이유가 있습니다. 지금 주변 상황이 어렵습니까? 암흑과 무질서와 혼돈이 지배하고 있다고 보십니까? 사람들이 영적으로나 정신적으로 부패되어 있습니까? "이때를 위하여" 하나님이 당신을 예비해 두셨습니다. 이러한 상황에 대한 해결책으로 하나님은 당신을 사용하기 원하십니다. 결국 모르드개의 경고는 에스더로 하여금 회피하지 말고 나서라는 말입니다.

죽으면 죽으리이다

머뭇거리던 에스더는 모르드개의 말을 듣고 정신이 번쩍 들었습니다. '그렇지. 미천한 내가 오늘날 이 자리에 오른 것이 하나님의 인도하심과 은혜 아닌가. 내 동족 내 동포에게 학살과 살육이 예정되어 있는데 내가 어찌 혼자만 호의호식하고 있겠는가? 내가 떨쳐 일어나지 않아 백성들이 진멸된다면 내가 죽어 무슨 낯으로 조상들을 볼 것인가?' 결국 에스더는 민족을 위해서 자신의 목숨을 내놓기로 결정합니다. 용모만큼이나 아름다운 마음입니다. 참으로 아름다운 에스더입니다.

에스더는 기왕 목숨을 맡길 바에야 하나님의 은혜에 자신을 맡기겠다는 결심으로, 백성들의 온전한 3일 금식을 요구합니다. 자신도 시녀들과 함께 금식하고 왕에게 나아가려 합니다. 전적으로 하나님께 의탁하고 왕에게 나아갈 것입니다. 만약 그래도 죽게 된다면 죽을 것이라고 결단합니다. "죽으면 죽으리이다." 민족을 위한 비장한 각오가 느껴집니까? 자기 안위와 영달을 위해서 뛰는 소시민이 듣기에 부끄러워지는 소리, 마음에 큰 감동을 주는 말입니다. 에스더는 민족을 위하여 자기의 특권도, 신분도, 목숨도 바치고자 했던 것입니다.

에스더의 의로운 용기가 십자가 정신입니다. 하나님의 뜻을 위하여, 민족의 구원을 위하여, 다른 사람의 생명을 위하여 "죽으면 죽으리이다" 하고 나가는 것이 기독교 신앙입니다. 주기철 목사님은 신사 참배를 반대할 때 "일사각오"라는 설교를 하셨는데, 생명을 주관하시는 하나님께 모든 것을 맡기고 자신의 사명을 위하여 용감하게 산 위대한 신앙인입니다. 이들이 역사를 바꿉니다.

이미 언급했듯이 페르시아의 법에서는 부름 없이 왕의 앞에 나아가는 자는 죽임을 당해야 합니다. 그것이 왕비가 되었든 누가 되었든 말입니다. '부인이 남편을 찾아가는 것도 위험을 감수해야 하나?' 싶기도 합니다만 모든 것에는 이유가 있는 법입니다. 암살자가 횡행하는 시대였고, 왕비를 비롯해 왕의 여인들이 무수한 상황에서 각자의 소청을 가지고 왕에게 접근하는 것은 국가의 기강을 흔들 위험이 있기 때문입니다. 에스더가 비록 왕후이며 아하수에로의 아내이기는 하나 긴장하지 않을 수가 없었을 것입니다. 전 부인인 와스디도 왕의 명을 거역했다가 폐위되지 않았습니까? 하지만 이번 일은 폐위 정도가 아니라 목숨을 잃는 일입니다.

"아하수에로 앞에 선 에스더"에서 이런 정황을 포착할 수 있습니다. 왕 주위로 물샐틈없는 경비가 펼쳐지고 군인들이 그를 둘러싸고 있습니다. 이런 상황에서 에스더는 왕의 부름 없이 내원으로 들어갔습니다. 요세푸스는 그 광경을 다음과 같이 묘사합니다.

에스더는 두 명의 시녀와 함께 왔는데 그 중 한 명은 옆에서 왕후를 시종하고 있었고 또 한 명은 왕후의 예복을 잡고 있었다. 그녀의 용모는 너무도 아름다웠고 사랑스러웠지만 그녀의 마음속에는 번민이 있었다. 왕이 사나운 표정으로 바라보자 그녀는 얼굴이 창백해지고 정신이 혼미해져 옆에 서 있는 시녀 쪽으로 쓰러졌다. 그때 하나님이 왕의 심령을 변화시키셨다. 왕이 깜짝 놀라 즉시 보좌에서 일어나 그녀에게로 달려왔으며, 정신이 돌아올 때까지 그녀를 품에 안고 있었다. 그리고 정신이 돌아오자 왕은 다정한 말로 그녀를 위로했다.

사실 에스더는 이미 죽음을 맛본 것입니다. 에스더가 말한 바 "죽으면 죽으리라"는 표현은 과장이 아닙니다. 그것은 실재하는 위험이었습니다. 그림에서 왕은 홀을 내밀어 에스더를 가리킴으로써 시위 군인들이 왕비에게 손을 대지 못하게 했습니다.

「아하수에로 앞에 선 에스더(Esther before Ahasuenus)」 1733, 세바르티노 리치, 캔버스에 유화,
47×33cm, 로마.

에스더가 금령을 어기고 왕에게 나아갔음에도 불구하고 왕의 호의를 입고 살게 된 것은 유대인 구원을 위한 하나님의 서광(瑞光)이었습니다. 왕은 그녀를 용납해 주었을 뿐만 아니라 그녀의 소원을 물었습니다. "네 소원이 무엇이냐. 네 소청이 무엇이냐. 나라의 절반이라도 내가 시행하리라." 궁중의 과장된 표현을 사용하면서 왕은 친근하게 에스더에게 물었습니다. 에스더는 잔치 자리에 왕과 하만을 초대하면서 자신의 진짜 소원은 말하지 않았습니다. 에스더는 왜 즉각 말하지 않았을까요? 지금 금령을 어기고 나아갔다가 왕의 호의로 살아난 상황입니다. 왕이 철석같이 신임하는 하만을 정죄하고 탄핵하기에는 상황이 여의치 않습니다. 왕의 환심을 사기 위해서는 다소 시간이 필요하고 더 친밀한 관계가 필요했기 때문입니다. 죽음을 무릅쓰고 나아간 그날에 에스더는 왕과 하만을 불러 잔치를 벌였고 그 자리에서도 소원을 말하지 않고 다음날 다시 잔치에 참여해 달라고 했습니다. 어떻게 생각하면 좋은 기회를 그냥 날려 버릴 위험도 있습니다. 하지만 에스더는 아직은 적기가 아니라고 판단하며 하나님의 결정적인 때를 기다리고 있었는지도 모릅니다.

높임 받은 모르드개

하나님은 "죽으면 죽으리이다"라고 나아갔던 에스더를 긍휼히 여기시고 그녀를 통해 그 민족을 구원하기 위한 특이한 일을 하셨습니다. 왕의 잠을 빼앗으신 것입니다. 그날 많은 포도주를 마셨음에도 불구하고 왕은 잠이 오지 않았습니다. 그래서 시종을 불러 역대 일기를 읽게 했는데 마침 모르드개가 반란 음모를 고변하여 사전에 방지한 기사를 읽게 되었습니다. 왕은 모르드개에게 어떤 존귀나 관작이 주어졌는지 물었고 아무것도 주어지지 않았다는 보고를 받았습니다. 결국 왕은 모르드개에게 상을 주어야겠다는 생각을 품게 되었습니다.

　다음날 새벽녘에 하만이 왕궁에 들어와 있었습니다. 전날 왕후의 잔치에 참여했다가 돌아가는 길에 모르드개를 만났는데 그는 절은 고사하고 앉은 자리에서 일어나지도 않았습니다. 하만은 분한 마음을 아내에게 털어놓았고, 그 아내의 제안으로 그의 집에 모르드개를 달아맬 높은 나무를 세웠습니다. 그리고 왕에게 참소하여 모르드개를 달고자 새벽같이 왕궁으로 왔습니다. 아하수에로 왕은 누구라고 이름은 대지 않고 하만에게 묻기를, 왕이 존귀하게 세우기 원하는 사

람에게 어떻게 해야 하겠는가 물었습니다. 교만한 하만은 왕이 틀림없이 자기를 지칭하는 것이라고 생각하여 과도한 영예를 주라고 답하였습니다. 왕이 입는 옷과 왕관을 입히고 왕의 말에 태우며 왕의 최고의 신하의 손에 맡겨 거리를 유세하라는 것입니다. 사실 이것은 '최고 수준의 영광'을 넘어 '지나친 존귀'였습니다. 하지만 왕은 그 말을 듣고 "그렇다면 네가 네 말대로 행하여 유대인 모르드개를 데려다가 그와 같이 하라"고 했습니다. 참소하지도 못한 채 하만은 자신이 미워하는 모르드개의 시종이 되어 그에게 영광을 돌리는 일을 해야 했습니다. 철저한 굴욕입니다.

하나님의 개입이 없었다면 모르드개는 그날 죽었을 것입니다. 만약 왕이 잠이 들었다면, 왕이 다른 책을 읽었다면, 시종이 다른 부분을 읽었더라면 그가 살아날 가망은 없었습니다. 유대인 전승에 따르면 모르드개를 싫어하는 어떤 시종이 책을 폈는데 모르드개 부분이 나오자 다른 곳으로 넘기려 했다고 합니다. 하지만 곧바로 책장이 그 부분으로 다시 넘어가고 다시 넘어가는 바람에 그 부분을 읽을 수밖에 없었다고 합니다. 이 모든 것은 하나님의 섭리를 반증하는 것입니다.

내 민족을 내게 주소서

다음날 잔치가 벌어졌고 왕과 하만이 역시 초대를 받았습니다. 왕은 다시 에스더에게 소원을 물었습니다. 에스더도 그날 모르드개에게 벌어진 일을 듣고는 하나님이 자기와 유대 민족을 구원하기 시작하셨다는 확신 아래 더 이상 미루지 않았습니다.

> 왕이여 내가 만일 왕의 목전에서 은혜를 입었으며 왕이 좋게 여기시면 내 소청대로 내 생명을 내게 주시고 내 요구대로 내 민족을 내게 주소서 나와 내 민족이 팔려서 죽임과 도륙함과 진멸함을 당하게 되었나이다 만일 우리가 노비로 팔렸더라면 내가 잠잠하였으리이다 그래도 대적이 왕의 손해를 보충하지 못하였으리이다(에 7:3-4)

에스더는 자신의 영달을 구하지 않고 "내 생명과 내 민족을 내게 주소서"라고 했습니다. 자신의 생명과 민족의 운명이 결탁되어 있음을 알고 있었던 것입니다. 나 따로, 민족 따로가 아닙니다. 나와 민족이 함께한다는 의식입니다. 깜짝 놀라고 분노한 아하수에로가 "감히 이런 일을 마음에 품은 자가 누구며 그가 어디에 있느냐?"라고 묻자, "대적과 원수는 이 악한 하만이니이다"라고 대답했습니다.

사실 하만의 말만 믿고 유대인을 진멸하도록 전권을 준 것은 바로
왕 자신이었습니다. 하지만 그는 당시에 대수롭지 않게 생각하였고
하만이 틀림없이 공정하게 일을 하고 있다고 생각했습니다. 하지만 지
금 생각해 보니 그렇지 않은 것입니다. 하만의 주장은 틀렸습니다. 모
르드개를 보건대 유대 민족은 법과 질서를 지키는 민족이었습니다.
그런데 하만은 개인의 유익을 위해서 왕을 기만하고 왕을 그 일에 끌
어들인 것입니다. 왕은 하만에게 끌려다니는 바보였습니다. 게다가 그
일로 인해서 사랑하는 아내까지 두려움과 공포 가운데 떨게 되었다
는 것을 알게 된 것입니다. 아내조차도 지켜 주지 못하는 무능한 남편
이 되어 버린 것입니다. 분노한 왕은 즉시 잔치 자리를 떠나 그동안의

일을 다시 성찰하고 마음의 결정을 내렸을 것입니다.

　왕이 자리를 비운 사이 화가 자기에게 미친 줄 알게 된 하만은 왕비가 앉은 걸상 위에 엎드려 간구했는데 그 광경을 보게 된 왕이 "저가 궁중 내 앞에서 왕후를 강간까지 하고자 하는가"(에 7:8)라고 대노했습니다. 사실 어떻게 왕비를 범할 수가 있겠습니까? 하지만 한 번 잃어버린 신뢰 관계에서는 모든 행위가 미움을 받고 오해를 사기 쉽습니다. 이 일로 인해서 하만은 모르드개를 달고자 했던 나무에 오히려 자신이 달리게 되었고, 가산은 몰수되어 에스더 왕비에게 주어지고 이후에는 모르드개가 관리하게 되었습니다. 완벽한 '시적 정의'(poetic justice)입니다. 악한 자는 자기가 파놓은 함정에 빠집니다. 자신이 높아지려고 했던 것에 남을 높이고, 남을 달고자 했던 그곳에 자신이 달리게 되었습니다.

부림절의 제정

하만 대신 총리가 된 모르드개는 하만이 기안한 왕의 조서를 무효화하려 했습니다. 하지만 한 번 반포된 조서는 취소할 수 없었습니다. 에스더는 다시 한 번 위험을 무릅쓰고 왕 앞으로 나아갔고 왕에게 민족을 구원해 달라고 애원했습니다. 왕은 새로운 조서를 기록하여 유대인으로 하여금 자위 조치를 취할 수 있게 하였습니다. 이리하여 모르드개는 자신의 지혜대로 왕의 조서를 구성하여 전국에 반포하게 되었습니다.

　결전의 날인 아달월 13일. 두 개의 합법적인 조서와 그 조서를 의지한 세력의 대결이 있었습니다. 하만의 아들들은 최선을 다해서 아버지의 유업을 이으려 했고, 유대인을 미워하던 자들도 이 날을 기해 유대인을 진멸하려 했습니다. 이에 맞서 유대인도 한 곳에 모여 힘을 모으고 하나님이 돕는 역사를 따라 그들과 전쟁을 벌여야 했습니다.

하지만 왕과 왕후와 총리인 모르드개가 있는 한 세력 있는 사람들은 유대인을 적대하지 못하고 오히려 유대인을 도와주었습니다. 아달월 13일 도성 수산에서는 전투가 벌어져 원수들이 500명이 죽었고 하만의 열 아들도 다 죽임을 당했습니다. 에스더 9장 7절에서 9절에는 그 열 아들의 명단이 나와 있는데 유대인들은 이 부분을 읽을 때 열 명의 이름을 쉬지 않고 읽어 한 날에 죽었음을 드러낸다고 합니다.

하만이 유대인을 죽이려고 제비 뽑은 아달월 13일은 유대인의 승리에게 날이 되었고 구원의 날이 되었습니다. 전국적으로 유대인의 대적 7만 5,000명이 죽었다고 집계되었습니다. 왕후의 간청으로 도성 수산에서는 다음날인 아달월 14일에도 원수들에게 보복할 수 있게 되어, 추가적으로 300명이 죽임을 당하였습니다. 유대인은 "영광과 즐거움과 기쁨과 존귀"가 있고 "슬픔이 변하여 기쁨이 되고 애통이 변하여 길한 날이 되어"(9:22) 잔치를 베풀며 즐거워하게 되었습니다. 그래서 다른 사람들 가운데도 유대인으로 귀화하는 사람이 많았다고 합니다. 이렇게 해서 유대인은 페르시아 제국 내에서 진멸되지 않고 오히려 원수를 갚게 되었습니다. 하만 일파가 제거되었다면 이는 아말렉 족속의 진멸을 의미하는 것으로, 영원한 하나님의 명령이 이렇게 성취된 것을 볼 수가 있습니다. 유대인들은 아달월 13일의 결전을 끝내고 쉰 14일, 도성 수산에서는 15일에 안식을 가졌는데, 이 두 날을 기념하여 부림절(제비라는 의미의 '부르'의 복수형)로 선포하고 대대로 지키도록 하였습니다(2013년은 2월 24일과 25일에 명절을 지냈음).

지금도 유대인들은 유월절과 부림절을 민족의 대명절로 지킵니다.

부림절은 초상날이 축제일로 바뀐 날입니다. 그들은 이날 기쁨의 잔치를 벌이며 선물을 주고받고 가난한 사람을 돌봅니다. 부림절에 예루살렘 거리에는 온갖 치장을 한 남녀 청소년들이 화려한 의상, 특히 모르드개와 에스더의 가면과 복장을 하고 다닙니다. 또 이날에는 '하만의 귀'라는 삼각형 모양의 '하만 타쉔' 쿠키를 먹습니다.

하만 타쉔 | 부림절에 먹는 쿠키로 '하만의 주머니' 라는 뜻을 가지고 있다.

"에스더"는 하나님의 백성이 어떠한 적대적 환경 가운데 살더라도 하나님이 보호하신다는 진리를 우리에게 알려 줍니다. 하나님은 만왕의 왕이시고 만주의 주가 되시기 때문에 모든 지배자와 통치자를 움직여서라도 그분의 백성을 보호하시고 신실한 사랑을 계속해서 베푸십니다. 우리가 아무리 연약하고 미약하더라도 용기를 잃지 말아야 할 이유가 여기에 있습니다. 하나님은 연약한 자, 의지할 데 없는 자가 어디에 있든지 어떤 절박한 위기에 처해 있든지 위로와 격려와 구원을 주시는 분입니다.

『지명을 읽으면 성경이 보인다』 전체 차례